湖南社会/科学普及
Hunan popularization of Social Science

湖南省
社会科学普及读物
出版资助项目

文化名人

读书求学自述

杨里昂　彭国梁　主编

湖南大学出版社·长沙

图书在版编目（CIP）数据

文化名人读书求学自述 / 杨里昂，彭国梁主编. —长沙：湖南大学出版社，
2022.8

ISBN 978-7-5667-2223-2

Ⅰ. ①文… Ⅱ. ①杨… ②彭… Ⅲ. ①文化—名人—生平事迹—中国
Ⅳ. ①K825.4

中国版本图书馆CIP 数据核字（2021）第104791号

文化名人读书求学自述
WENHUA MINGREN DUSHU QIUXUE ZISHU

主　　编：杨里昂　彭国梁

责任编辑：刘　旺　雷　英

印　　装：长沙鸿和印务有限公司

开　　本：710 mm × 1000 mm　1/16　　印　　张：20.5　字　　数：290千字

版　　次：2022年8月第1版　　　　　印　　次：2022年8月第1次印刷

书　　号：ISBN 978-7-5667-2223-2

定　　价：68.00元

出 版 人：李文邦

出版发行：湖南大学出版社

社　　址：湖南·长沙·岳麓山　　　邮　　编：410082

电　　话：0731-88822559（营销部）　88820008（编辑部）　88821006（出版部）

传　　真：0731-88822264（总编室）

网　　址：http：// www.hnupress.com

湖南省社会科学普及读物出版资助项目

编　委　会

　　二〇二一年是中国共产党成立一百周年，也是习近平总书记在哲学社会科学座谈会上的重要讲话发表五周年。自二〇一六年习近平总书记重要讲话发表以来，湖南哲学社会科学事业迎来了发展的"春天"。《湖南省社会科学普及条例》正式实施，湖南省社会科学普及主题活动周连续成功举办，"湖湘大学堂"等社科普及品牌日益形成，多批次省级社科普及基地建成并授牌，社科普及进基层特色活动深入开展，省优秀社科普及读物推荐与资助出版反响良好，社科普及志愿者队伍不断壮大，我省社科普及工作踏"春"而来、循"春"而动、迎"春"绽放，在提升公众社会科学文化素质、推动湖南高质量发展方面发挥了积极的作用。

　　"十四五"征程全面开启，立足新发展阶段、贯彻新发展理念、构建新发展格局对社科普及工作提出了新的任务和要求。一方面，人民对美好生活的需要日益增长，对精神文化生活有了更高的追求与期待，迫切需要坚持以人民为中心的理念，切实做到"以精品奉献人民"，推动社科普及工作高质量发展。另一方面，面对社会思想观念和价值取向日趋活跃、主流和非主流并存、社会思潮纷纭激荡的新形势，如何巩固马克思主义在意识形态领域的指导地位，培育和践行社会主义核心价值观，巩固全党全国各族人民团结奋斗的共同思想基础，迫切需要社科普及工作更好地发挥作用。在这个背景之下，亟需社会科学普及工作者自觉担负起历史使命和时代责任，充分运用"社会科学普及+"思维，创新社会科学普及形式，在丰富人民群众精神文化生活的同时，对人民群众进行科学的教育、引导和疏导，培育和践行社会主义核心价值观，提高人民群众的人文社科素养。

基于新形势、新任务、新要求，湖南省社会科学界联合会、湖南省社会科学普及宣传活动组委会办公室贯彻落实《湖南省社会科学普及条例》，不断深化湖南省社会科学普及读物出版资助工作，面向在湘工作的社会科学理论工作者和实际工作者征集未公开出版的社会科学普及优秀作品，对获得立项的优秀作品进行资助出版。其目的就是激发广大社会科学工作者的创作热情，推出更多更好的优秀社会科学普及作品，把"大道理"变成"小故事"，把学术语言转化成群众语言，把"普通话"和"地方话"结合起来，真正让党的理论政策鲜活起来，让社会科学知识生动起来，让社会科学普及工作"成风化人、凝心聚力"，为大力实施"三高四新"战略，奋力建设现代化新湖南凝聚强大的正能量。

湖 南 省 社 会 科 学 界 联 合 会
湖南省社会科学普及宣传活动组委会办公室
二〇二一年五月

第一件好事还是读书

在所有与读书相关的对联中，我偏爱的是清代同治、光绪二帝的老师翁同龢所撰名联："世上几百年旧家无非积德，天下第一件好事还是读书。"

高尔基说："每一本书都好像一级台阶，我拾级而上，从动物上升为人，我对美好的生活有了明确的概念，并且渴望这种生活能够实现。我读了许多书，觉得自己好像是一件盛满了生命之水的器皿。"林语堂说："读书，可以开茅塞、除鄙见、得新知、增学问、广识见、养性灵。"

由翁同龢、高尔基、林语堂这些名人谈读书，我自然就对他们这些名人如何读书、如何求学、如何自学产生了浓厚的兴趣。于是，我就开始寻找与此相关的书和文章来读，谁知这一读，便读出了感觉，也读出了道道儿。

比如胡适谈他读小说。他说他九岁的时候，有一次在他四叔的房子里发现了一本无头无尾的破书，一翻开，就被吸引住了。他说，这一本破书为他开辟了一个新天地，为他的儿童生活打开了一个新鲜的世界。这是一本什么书呢？开头便是"李逵打死殷天锡"。原来这是一本《水浒传》的残本。李逵，他早已在戏台上看过。胡适说，他当时就站在一只破板箱子的旁边，一口气便把那残本看完了。看完后，既过瘾，又觉得不爽。前面讲的是什么呢？后面会怎么样呢？于是他开始找他那会"讲笑话"的五叔帮忙，帮他找《水浒传》的全本。

胡适说他有一个好朋友，是他的族叔近仁，他们两人经常交换小说看。他说："我们两人各有一个小手折，把看过的小说都记在上面，时时交换比较，看谁看的书多。这两个折子后来都不见了，但我记得离开家乡时，我的折子上好像已有了三十多部小说了。这里所谓'小说'，包括弹词、传奇，以及笔记小说在内。《双珠凤》在内，《琵琶记》也在内，《聊斋志异》《夜雨秋灯录》《夜谭随录》《兰苕馆外史》《寄园寄所寄》《虞初新志》等等也在内。从《薛仁贵征东》《薛丁山征西》《五虎平西》《粉妆楼》一类最无意义的小说，到《红楼梦》和《儒林外史》一类的第一流作品，这里面的程度已是天悬地隔了。我到离开家乡时，还不能了解《红楼梦》和《儒林外史》的好处。但这一大类都是白话小说，我在不知不觉之中得了不少的白话散文的训练，在十几年后于我很有用处。看小说还有一桩绝大的好处，就是帮助我把文字弄通顺了。"

胡适大量阅读这些小说的时候，还只有十二三岁。他还把这些看过的小说，讲故事给他的本家姐妹听。他说："我讲《凤仙》《莲香》《张鸿渐》《江城》。这样的讲书，逼我把古文的故事翻译成绩溪土话，使我更了解古文的文理。所以我到十四岁来上海开始作古文时，就能做很像样的文字了。"

像胡适这样，自己不小心闯进了一个新天地，发现了一个让他乐此不疲的新鲜世界，那是他的造化。也有一些名人，却是深受家庭的影响，比如余光中。

余光中出身于旧式家庭，父母虽算不上什么学者，但文言底子不薄。他刚进中学时，所学国文也就限于课本，课外研修的师承则来自家庭。他说："我一进中学，他们认为我应当读点古文了，父亲便开始教我魏征的《谏太宗十思疏》，母亲也在一旁帮腔。我不太喜欢这种文章，但感于双亲的谆谆指点，也就十分认真地学习。接下来读《留侯论》，虽然也是以知性为主的议论文，却淋漓恣肆，兼具生动而铿锵的感性，令我非常感动。再下来便是《春夜宴桃李园序》《吊古战场文》《与韩荆州书》《陋室铭》等几篇。我领悟渐深，兴趣渐浓，甚至倒过来央求他们多教一些美文。""父母教我这些，每在讲解之余，各以自己的乡音吟哦给我听。父亲诵的是闽南调，母亲吟的是常州腔，古典的情操从乡音深处召唤着我，对我都有异常的亲切。就这么，每晚就着摇曳的桐油灯光，一遍又一遍，有时低回，有时高亢，我习诵着这些古文，忘情地赞叹骈文的工整典丽，散文的开阔自如。这样的反复吟咏，潜心体会，对于真正进入古人的感情，去呼吸历史，涵泳文化，最为深刻、委婉。日后我在诗文之中展现的古典风格，正以桐油灯下的夜读为其源头。为此，我永远感激父母当时的启发。"

看到余光中的这些回忆，我不由自主地回想起儿时，在老屋的火炉旁，父亲戴着眼镜，就着昏黄的煤油灯，为我读《水浒传》和《西游记》的情景。

胡适和余光中，出生于殷实之家，只要是想读书，愿读书，那就可以好好读书。可是，以《黄河大合唱》闻名于世的音乐家冼星海可就没那么幸运了。他曾在法国的巴黎求学，那条件之艰苦，就不是一般人可以想象的了。他在《我学习音乐的经过》一文中写道，"我常常在失业与饥饿中，而且求救无门。在找到了职业时，学习的时间却又太少……我曾做过各种各样的下役，像餐馆跑堂、理发店杂役，做过西崽（boy），做过看守电话的佣人和其他各种被人看作下贱的跑腿。在繁重琐屑的工作里，只能在忙里抽出一点时间来学习提琴，看看谱，练习写曲"。他说，他在一个餐馆跑堂，有一次，因为白天上课很累，晚上在餐馆干到九点多，最后一次端菜上楼，一阵晕眩，连人带菜摔倒在地。餐馆老板把他骂了一顿，第二天就把他开除了。他说："我失过十几次业，饿饭，找不到住处，一切困难问题都遇到过。有几次又冷又饿，实在支持不住，在街上软瘫下来了。我那时想大概要饿死了。……有过好几天，饿得快死，没法，只得提了提琴到咖啡馆、大餐馆中去拉奏讨钱。忍着羞辱拉了整天得不到多少钱，回到寓所不觉痛哭起来，把钱扔到地上，但又不得不拾起来……"

冼星海在如此艰难的环境中求学，不但没有沉沦，反而更加坚定了信念：我要尽快地学成归国，投身到火热的抗日救亡之中。

早几年，我和杨里昂老师谈及这些名人与读书、求学相关的文章时，杨老师说，何不把我们所见过的类似文章汇集起来，编成一套丛书呢？我们一拍即合。于是开始查找资料，精选文章。我们拟编成六本，其书名分别为《百年树人蒙求始——我的启蒙教育》《漫读诗书长精神——我的中学时代》《开阔眼界书千卷——我的大学生活》《异乡一盏读书灯——我的留学经历》《秋水文章大自在——我的治学经验》《枕畔好书伴我眠——我的自学小史》。所收文化名人的文章，上自晚清，下迄中华人民共和国成立初期，面向青少年及其家长，以及其他爱读书的大众，极具启发性和可读性。

后来，我们与湖南大学出版社的编辑刘旺女士进行沟通，她建议先出版一本精选本，将原有的书名作为小标题进行分类。她这个建议好，我和杨老师非常认可。于是，便有了眼前的这本书。

不记得是哪一位名人说过，有时，一本适时的好书能够决定一个人的命运，或者成为他指路的明灯，确定他终身的理想。我可以负责任地说：摆在你面前的这本书，无疑是一本好书。好在哪？那就得劳驾你一页一页地翻开，一篇一篇慢慢地读了。

彭国梁

壹　**百年树人蒙求始——我的启蒙教育**

贰　**漫读诗书长精神——我的中学时代**

壹

百年树人蒙求始——我的启蒙教育

胡适　　陈衡哲　　苏雪林

马思聪　　郁达夫　　余光中

吴祖光

九年的家乡教育

胡 适

现代思想家

文学家　哲学家

一

　　我生在光绪十七年十一月十七日（一八九一年十二月十七日），那时候我家寄住在上海大东门外。

　　我生后两个月，我父亲被台湾巡抚邵友濂调往台湾，江苏巡抚奏请免调，没有效果。我父亲于十八年（一八九二）二月底到台湾，我母亲和我搬到川沙住了一年。十九年（一八九三）二月二十六日我们一家（我母，四叔介如，二哥嗣秬，三哥嗣秠）也从上海到台湾。我们在台南住了十个月。十九年五月，我父亲做台东直隶州知州，兼统镇海后军各营。台东是新设白州，一切草创，故我父不能带家眷去。到十九年底，我们才到台东。我们在台东住了整一年。

　　甲午（一八九四）中日战事开始，台湾也在备战的区域，恰好介如四叔来台湾，我父亲便托他把家眷送回徽州故乡，只留二哥嗣秬跟着他在台东。我们于乙未年（一八九五）正月离开台湾，二月初十日从上海起程回绩溪故乡。

　　那年四月，中日和议成，把台湾割让给日本。台湾绅民反对割台，要求巡抚唐景崧坚守。唐景崧请西洋各国出来干涉，各国不允。台人公请唐为台湾民主国大总统，帮办军务刘永福为主军大总统。我父亲在台东办后山的防务，电报已不通，饷源已断绝。那时他已得脚气病，左脚已不能行动。他守到闰五月初三日，始离开后山。到安平时，刘永福苦苦留他帮忙，不肯放行。到六月廿五日，他双脚都不能动了，刘永福始放他行。六月廿八日到厦门，手足俱不能动了。七月初三日他死在厦门，成为东亚第一个民主国的第一个牺牲者！

这时候我只有三岁零八个月，我仿佛记得我父死信到家时，我母亲正在家中老屋的前堂，她坐在房门口的椅子上。她听见读信人读到我父亲的死信，身子往后一倒，连椅子倒在房门槛上。东边房门口坐的珍伯母也放声大哭起来，一时满屋都是哭声，我只觉得天地都翻覆了！我只仿佛记得这一点悽惨的情状，其余都不记得了。

二

我父亲死时，我母亲只有二十三岁。我父初娶冯氏，结婚不久便遭太平天国之乱，同治二年（一八六三）死在兵乱里。次娶曹氏，生了三个儿子，三个女儿，死于光绪四年（一八七八）。我父亲因家贫，又有志远游，故久不续娶。到光绪十五年（一八八九），他在江苏候补，生活稍稍安定，他才续娶我的母亲。我母亲结婚后三天，我的大哥嗣稼也娶亲了。那时我的大姊已出嫁生了儿子。大姊比我母亲大七岁。大哥比她大两岁。二姊是从小抱给人家的。三姊比我母亲小三岁，二哥、三哥（李生的）比她小四岁。这样一个家庭里忽然来了一个十七岁的后母，她的地位自然十分困难，她的生活自然免不了苦痛。

结婚后不久，我父亲把她接到了上海同住。她脱离了大家庭的痛苦，我父又很爱她，每日在百忙中教她认字读书，这几年的生活是很快乐的。我小时也很得我父亲钟爱，不满三岁时，他就把教我母亲的红纸方字教我认。

父亲做教师，母亲便在旁做助教。我认的是生字，她便借此温她的熟字。他太忙时，她就是代理教师。我们离开台湾时，她认得了近千字，我也认得了七百多字。这些方字都是我父亲亲手写的楷字，我母亲终身保存着，因为这些方块红笺上都是我们三个人的最神圣的团居生活的纪念。

我母亲二十三岁就做了寡妇，从此以后，又过了二十三年。这二十三年的生活真是十分苦痛的生活，只因为还有我这一点骨血，她含辛茹苦，把全副希望寄托在我的渺茫不可知的将来，这一点希望居然使她挣扎着活了二十三年。

我父亲在临死之前两个多月，写了几张遗嘱，我母亲和四个儿子每人各有一张，每张只有几句话。给我母亲的遗嘱上说糜儿（我的名字叫嗣糜，糜字音门）天资颇聪明，应该令他读书。给我的遗嘱也教我努力读书上进。这寥寥几句话在我的一生很有重大的影响。我十一岁的时候，二哥和三哥都在家，有一天我母亲问他们道："糜今年十一岁了。你老子叫他念书。你们看看他念书念得出吗？"二哥不曾开口，三哥冷笑道："哼，念书！"二哥始终没有说什么。我母亲忍气坐了一会，回到了房里才敢掉眼泪。她不敢得罪他们，因为一家的财政权全在二哥的手里，我若出门求学是要靠他供给学费的。所以她只能掉眼泪，终年不敢哭。

但父亲的遗嘱究竟是父亲的遗嘱，我是应该念书的。况且我小时候很聪明，四乡的人都知道三先生的小儿子是能够念书的。所以隔了两年，三哥往上海医肺病，我就跟他出门求学了。

三

我在台湾时，大病了半年，故身体很弱。回家乡时，我号称五岁了，还不能跨一个七八寸高的门槛。但我母亲望我念书的心很切，故到家的时候，我才满三岁零几个月，就在我四叔父介如先生（名玠）的学堂里读书了。我的身体太小，他们抱我坐在一只高凳子上面。我坐上了就爬不下来，还要别人抱下来。但我在学堂并不算最低级的学生，因为我进学堂之前已认得近一千字了。

因为我的程度不算"破蒙"的学生，故我不须念《三字经》《千字文》《百家姓》《神童诗》一类的书。我念的第一部书是我父亲自己编的一部四言韵文，叫做《学为人诗》，他亲笔抄写了给我的。这部书说的是做人的道理。我把开头几行抄在这里：

> 为人之道，在率其性。子臣弟友，循理之正。
> 谨乎庸言，勉乎庸行。以学为人，以期作圣。
> ……

以下分说五伦。最后三节，因为可以代表我父亲的思想，我也抄在这里：

> 五常之中，不幸有变，名分攸关，不容稍紊。
> 义之所在，身可以殉。求仁得仁，无所尤怨。
> 古之学者，察于人伦，因亲及亲，九族克敦。
> 因爱推爱，万物同仁。能尽其性，斯为圣人。
> 经籍所载，师儒所述，为人之道，非有他术：
> 穷理致知，返躬践实，黾勉于学，守道勿失。

我念的第二部书也是我父亲编的一部四言韵文，名叫《原学》，是一部略述哲理的书。这两部书虽是韵文，先生仍讲不了，我也懂不了。

我念的第三部书叫做《律诗六钞》，我不记是谁选的了。三十多年来，我不曾重见这部书，故没有机会考出此书的编者。依我的猜测，似是姚鼐的选本，但我不敢坚持此说。这一册诗全是律诗，我读了虽不懂得，却背得很熟。至今回忆，却完全不记得了。

我虽不曾读《三字经》等书，却因为听惯了别的小孩子高声诵读，我也能背这些书的一部分，尤其是那五七言的《神童诗》，我差不多能从头背到底。这本书后面的七言句子，如：

人心曲曲弯弯水，世事重重叠叠山。

我当时虽不懂得其中的意义，却常常嘴上爱念着玩，大概也是因为喜欢那些重字双声的缘故。

我念的第四部书以下，除了《诗经》，就都是散文的了。我依诵读的次序，把这些书名写在下面：

（4）《孝经》。

（5）朱子的《小学》，江永集注本。

（6）《论语》。以下四书皆用朱子注本。

（7）《孟子》。

（8）《大学》与《中庸》（《四书》皆连注文读）。

（9）《诗经》，朱子集传本（注文读一部分）。

（10）《书经》，蔡沈注本（以下三书不读注文）。

（11）《易经》，朱子《本义》本。

（12）《礼记》，陈澔注本。

读到了《论语》的下半部，我的四叔父介如先生选了颍州府阜阳县的训导，要上任去了，就把家塾移交给族兄禹臣先生（名观象）。四叔是个绅董，常常被本族或外村请出去议事或和案子。他又喜欢打纸牌（徽州纸牌，每副一百五十五张），常常被明达叔公、映基叔、祝封叔、茂张叔等人邀出去打牌。所以我们的功课很松，四叔往往在出门之前，给我们"上一进书"，叫我们自己念。他到天将黑时，回来一趟，把我们的习字纸加了圈，放了学，才又出门去。

四叔的学堂里只有两个学生，一个是我，一个是四叔的儿子嗣秋，比我大几岁。嗣秋承继给瑜婶（星五伯公的二子，珍伯瑜叔，皆无子，我家三哥承继珍伯，秋哥承继瑜婶），她很溺爱他，不肯管束他，故四叔一走开，秋哥就溜到灶下或后堂去玩了（他们和四叔住一屋，学堂在这屋的东边小屋内）。我的母亲管的严厉，我又不大觉得念书是苦事，故我一个人坐在学堂里温书念书，到天黑才回家。

禹臣先生接收家塾后，学生就增多了。先是五个，后来添到十多个，四叔家的小屋不够用了，就移到一所大屋——名叫来新书屋——里去。最初添的三个学生，有两个是守瓒叔的儿子——嗣昭、嗣逵。嗣昭比我大两三岁，天资不算笨，却不爱读书，最爱"逃学"，我们土话叫做"赖学"。他逃出去，往往躲在麦田或稻田里，宁可睡在田里挨饿，却不愿念书。先生往往差嗣秌去捉，有时候，嗣昭被捉回来了，总得挨一顿毒打，有时候，连嗣秌也不回来了——乐得不回来了，因为这是"奉命差遣"，不算是逃学！

我常觉得奇怪，为什么嗣昭要逃学？为什么一个人情愿挨饿，挨打，挨大家笑骂，而不情愿念书？后来我稍懂得世事，才明白了。瓒叔自小在江西做生意，后来在九江开布店，才娶妻生子，一家人都说江西话。回家乡时，嗣昭弟兄都不容易改口音。说话改了，而嗣昭念书常带江西音，常常因此吃戒方或吃"作瘤栗"（勾起五指，打在头上，常打起瘤子，故叫做"作瘤栗"）。这是先生不原谅，难怪他不愿念书。

还有一个原因。我们家乡的蒙馆学金太轻，每个学生每年只送两块银元。先生对于这一类学生，自然不肯耐心教书，每天只教他们念死书，背死书，从来不肯为他们"讲书"。小学生初念有韵的书，也还不十分叫苦。后来念《幼学琼林》"四书"一类的散文，他们自然毫不觉得有趣味，因为全不懂得书中说的是什么。因为这个缘故，许多学生常常赖学。先有嗣昭，后来有个嗣祥，都是有名的"赖学胚"。他们都属于这每年两元钱的阶级。因为逃学，先生生了气，打得更利害。越打得利害，他们越要逃学。

我一个人不属于这"两元"的阶级。我母亲渴望我读书，故学金特别优厚，第一年就送六块钱，以后每年增加，最后一年加到十二元。这样的学金，在家乡要算"打破纪录"的了。我母亲大概是受了我父亲的叮嘱，她嘱托四叔和禹臣先生为我"讲书"：每读一字，须讲一字的意思；每读一句，须讲一句的意思。我先已认得了近千个"方字"，每个字都经过父母的讲解，故进学堂之后，不觉得很苦。念的几本书虽然有许多是乡里先生讲不明白的，但每天总遇着几句可懂的话。我最喜欢朱子《小学》里的记述古人行事的部分，因为那些部分最容易懂得，所以比较最有趣味。

同学之中有念《幼学琼林》的，我常常帮他们的忙，教他们不认得的生字，因此常常借这些书看。他们念大字，我却最爱看《幼学琼林》的小注，因为注文中有许多神话和故事，比"四书""五经"有趣味多了。

有一天，一件小事使我忽然明白我母亲增加学金的大恩惠。一个同学的母亲来请禹臣先生代写家信给她的丈夫，信写成了，先生交她的儿子晚上带回家去。一会儿，先生出门去了，这位同学把家信抽出来偷看。他忽然过来问我道："糜，这信上第一句'父亲大人膝下'是什么意思？"他比我只小一岁，也念过"四书"，却不懂"父亲大人膝下"是什么！这时候，我才明白我是一个受特别待遇的人，因为别人每年出两块钱，我去年却送十块钱。我一生最得力的是讲书：父亲母亲为我讲方字，两位先生为我讲书。念古文而不讲解，等于念"揭谛揭谛，波罗揭谛"，全无用处。

四

当我九岁时，有一天我在四叔家东边小屋里玩耍。这小屋前面是我们的学堂，后边有一间卧房，有客来便住在这里。这一天没有课，我偶然走进那卧房里去，偶然看见桌子下一只美孚煤油板箱里的废纸堆中露出一本破书。我偶然捡起了这本书，两头都被老鼠咬坏了，书面也扯破了。但这一本破书忽然为我开辟了一个新天地，忽然在我的儿童生活史上打开了一个新鲜的世界。

这本破书原来是一本小字木板的《第五才子》，我记得很清楚，开始便是"李逵打死殷天锡"一回。我在戏台上早已认得李逵是谁了，便站在那只美孚破板箱边，把这本《水浒传》残本一口气看完了。不看尚可，看了之后，我的心里很不好过：这一本的前面是些什么？后面是些什么？这两个问题，我都不能回答，却最急要一个回答。

我拿了这本书去寻我的五叔，因为他最会"说笑话"（"说笑话"就是"讲故事"，小说书叫做"笑话书"），应该有这种笑话书。不料五叔竟没有这书，他叫我去寻宋焕哥。宋焕哥说，"我没有《第五才子》，我替你去借一部，我家中有部《第一才子》，你先拿去看，好吧？"《第一才子》便是《三国演义》，他很郑重地捧出来，我很高兴地捧回去。

　　后来我居然得着《水浒传》全部。《三国演义》也看完了。从此以后，我到处去借小说看。五叔、守焕哥，都帮了我不少的忙。三姐夫（周绍瑾）在上海乡间周浦开店，他吸鸦片烟，最爱看小说书，带了不少回家乡。他每到我家来，总带些《正德皇帝下江南》《七剑十三侠》一类的书来送给我。这是我自己收藏小说的起点。我的大哥（嗣稼）最不长进，也是吃鸦片烟的，但鸦片烟灯是和小说书常作伴的，——五叔、守焕哥、三姐夫都是吸鸦片烟的，——所以他也有一些小说书。大嫂认得一些字，嫁妆里带来了好几种弹词小说，如《双珠凤》之类。这些书不久都成了我的藏书的一部分。

　　三哥在家乡时多，他同二哥都进过梅溪书院，都做过南洋公学的师范生，旧学都有根柢，故三哥看小说很有选择。我在他书架上只寻得三部小说：一部《红楼梦》，一部《儒林外史》，一部《聊斋志异》。二哥有一次回家，带了一部新译出的《经国美谈》，讲的是希腊的爱国志士的故事，是日本人做的。这是我读外国小说的第一步。

　　帮助我借小说最出力的是族叔近仁，就是民国十二年（一九二三）和顾颉刚先生讨论古史的胡堇人。他比我大几岁，已"开笔"做文章了，十几岁就考取了秀才。我同他不同学堂，但常常相见，成了最要好的朋友。他天才很高，也肯用功，读书比我多，家中也颇有藏书。他看过的小说，常借给我看。我借到的小说，也常借给他看。我们两人各有一个小手折，把看过的小说都记在上面，时时交换比较，看谁看的书多。这两个折子后来都不见了，但我记得离开家乡时，我的折子上好像已有了三十多部小说了。

　　这里所谓"小说"，包括弹词、传奇，以及笔记小说在内。《双珠凤》在内，《琵琶记》也在内，《聊斋志异》《夜雨秋灯录》《夜谭随录》《兰苢馆外史》《寄园寄所寄》《虞初新志》等等也在内。从《薛仁贵征东》《薛丁山征西》《五虎平西》《粉妆楼》一类最无意义的小说，到《红楼梦》和《儒林外史》一类的第一流作品，这里面的程度已是天悬地隔了。我到离开家乡时，还不能了解《红楼梦》和《儒林外史》的好处。但这一大类都是白话小说，我在不知不觉之中得了不少的白话散文的训练，在十几年后于我很有用处。

看小说还有一桩绝大的好处，就是帮助我把文字弄通顺了。那时候正是废八股文的时代，科举制度本身也动摇了。二哥三哥在上海受了时代思潮的影响，所以不要我"开笔"做八股文，也不要我学做策论经义。他们只要先生给我讲书，教我读书。但学堂里念的书，越到后来，越不好懂了。《诗经》起初还好懂，读到《大雅》，就难懂了；读到《周颂》，更不可懂了。《书经》有几篇，如《五子之歌》，我读得很起劲，但《盘庚》三篇，我总读不熟。我在学堂九年，只有《盘庚》害我挨了一次打。后来隔了十多年，我才知道《尚书》有今文和古文两大类，向来学者都说古文诸篇是假的，今文是真的。《盘庚》属于今文一类，应该是真的。但我研究《盘庚》用的代名词最杂乱不成条理，故我总疑心这三篇书是后人假造的。有时候，我自己想，我的怀疑《盘庚》，也许暗中含有报那一个"作瘤栗"的仇恨的意味罢？

《周颂》《尚书》《周易》等书都是不能帮助我作通顺文字的。但小说书却给了我绝大的帮助。从《三国演义》读到《聊斋志异》和《虞初新志》，这一跳虽然跳太远，但因为书中的故事实在有趣味，所以我能细细读下去。石印本的《聊斋志异》有圈点，所以更容易读。到我十二三岁时，已能对本家姊妹们讲说聊斋故事了。那时候，四叔的女儿巧菊，禹臣先生的妹子广菊、多菊，祝封叔的女儿杏仙，和本家侄女翠蘋、定娇等，都在十五六岁之间，她们常常邀我去，请我讲故事。我们平常请五叔讲故事时，忙着替他点火，装旱烟，替他捶背。现在轮到我受人巴结了。

我不用人装烟捶背，她们听我说完故事，总去泡炒米，或做蛋炒饭来请我吃。她们绣花做鞋，我讲《凤仙》《莲香》《张鸿渐》《江城》。这样的讲书，逼我把古文的故事翻译成绩溪土话，使我更了解古文的文理。所以我到十四岁来上海开始作古文时，就能做很像样的文字了。

五

我小时身体弱，不能跟着野蛮的孩子们一块儿玩。我母亲也不准我和他们乱跑乱跳。小时不曾养成活泼游戏的习惯，无论在什么地方，我总是文绉绉的。所以家乡老辈都说我"像个先生样子"，遂叫我做"穈先生"。这个绰号叫出去之后，人都知道三先生的小儿子叫做穈先生了，既有"先生"之名，我不能不装出点"先生"样子，更不能跟着顽童们"野"了。有一天，我在我家八字门口和一班孩子"掷铜钱"，一位老辈走过，见了我，笑道："穈先生也掷铜钱吗？"我听了羞愧得面红耳热，觉得大失了"先生"的身份！

大人们鼓励我装先生样子，我也没有嬉戏的能力和习惯，又因为我确是喜欢看书，所以我一生可算是不曾享过儿童游戏的生活。每年秋天，我的庶祖母同我到田里去"监割"（顶好的田，水旱无忧，收成最好，佃户每约田主来监割，打下谷子，两家平分），我总是坐在小树下看小说。

十一二岁时，我稍活泼一点，居然和一群同学组织了一个戏剧班，做了一些木刀竹枪，借得了几副假胡须，就在村口田里做戏。我做的往往是诸葛亮、刘备一类的文角儿。只有一次我做史文恭，被花荣一箭从椅子上射倒下去，这算是我最活泼的玩艺儿了。

我在这九年（一八九五至一九〇四）之中，只学得了读书写字两件事。在文字和思想（看文章）的方面，不能不算是打了一点底子。但别的方面都没有发展的机会。有一次我们村里"当朋"（八都凡五村，称为"五朋"，每年一村轮着做太子会，名为"当朋"），筹备太子会，有人提议要派我加入前村的昆腔队里学习吹笙或吹笛。族里长辈反对，说我年纪太小，不能跟着太子会走遍五朋。于是我失掉了这学习音乐的唯一机会。三十年来，我不曾拿过乐器，也全不懂音乐，究竟我有没有一点学音乐的天资，我至今还不知道。至于学图画，更是不可能的事。我常常用竹纸蒙在小说书的石印绘像上，摹画书上的英雄美人。有一天，被先生看见了，挨了一顿大骂，抽屉里的图画都被搜出撕毁了。于是我又失掉了学做画家的机会。

但这九年的生活，除了读书看书之外，究竟给了我一点做人的训练。在这一点上，我的恩师就是我的慈母。

每天天刚亮时，我母亲就把我喊醒，叫我披衣坐起。我从不知道她醒来坐了多久了。她看我清醒了，才对我说昨天我做错了什么事，说错了什么话，要我认错，要我用功读书。有时候她对我说父亲的种种好处，她说："你总要踏上你老子的脚步。我一生只晓得这一个完全的人，你要学他，不要跌他的股。"（跌股便是丢脸，出丑）她说到伤心处，往往掉下泪来。到天大明时，她才把我的衣服穿好，催我去上早学。学堂门上的锁匙放在先生家里，我先到学堂门口一望，便跑到先生家里去敲门。先生家里有人把锁匙从门缝里递出来，我拿了跑回去，开了门，坐下念生书。十天之中，总有八九天我是第一个去开学堂门的。等到先生来了，我背了生书，才回家吃早饭。

我母亲管束我最严，她是慈母兼任严父。但她从来不在别人面前骂我一句，打我一下。我做错了事，她只对我一望，我看见了她的严厉眼光，就吓住了。犯的事小，她等到第二天早晨我醒时才教训我。犯的事大，她等到晚上人静时，关了房门，先责备我，然后行罚，或罚跪，或拧我的肉。无论怎样重罚，总不许我哭出声音来。她教训儿子不是借此出气叫别人听的。

有一个初秋的傍晚，我吃了晚饭，在门口玩，身上只穿着一件单背心。这时候我母亲的妹子玉英姨母在我家住，她怕我冷了，拿了一件小衫出来叫我穿上。我不肯穿，她说："穿上吧，凉了。"我随口回答："娘（凉）什么！老子都不老子呀。"我刚说了这句话，一抬头，看见母亲从家里走出，我赶快把小衫穿上。但她已听见这句轻薄的话了。

晚上人静后，她罚我跪下，重重的责罚了一顿。她说："你没了老子，是多么得意的事，好用来说嘴！"她气得坐着发抖，也不许我上床去睡。我跪着哭，用手擦眼泪，不知擦进了什么微菌，后来足足害了一年多的眼翳病。医来医去，总医不好。我母亲心里又悔又急，听说眼翳可以用舌头舔去，有一夜她把我叫醒，她真用舌头舔我的病眼。这是我的严师，我的慈母。

我母亲二十三岁做了寡妇，又是当家的后母。这种生活的痛苦，我的笨笔写不出一万分之一二。家中财政本不宽裕，全靠二哥在上海经营调度。大哥从小就是败子，吸鸦片烟，赌博，钱到手就光，光了就回家打主意，见了香炉就拿出去卖，捞着锡茶壶就拿出去押。我母亲几次邀了本家长辈来，给他定下每月用费的数目。但他总不够用，到处都欠下烟债赌债。每年除夕我家中总有一大群讨债的。每人一盏灯笼，坐在大厅上不肯去。大哥早已避出去了。大厅的两排椅子上满满的都是灯笼和债主。我母亲走进走出，料理年夜饭、谢灶神、压岁钱等事，只当做不曾看见这一群人。到了近半夜，快要"封门"了，我母亲才走后门出去，央一位邻舍本家到我家来，每一家债户开发一点钱。做好做歹的，这一群讨债的才一个一个提着灯笼走出去。一会儿，大哥敲门回来了。我母亲从不骂他一句。并且因为是新年，她脸上从不露出一点怒色。这样的过年，我过了六七次。

大嫂是个最无能而又最不懂事的人，二嫂是个很能干而气量很窄小的人。她们常常闹意见，只因为我母亲的和气榜样，她们还不曾有公然相打相骂的事。她们闹气时，只是不说话，不答话，把脸放下来，叫人难看。二嫂生气时，脸色变青，更是怕人。她们对我母亲闹气时，也是如此。我起初全不懂得这一套，后来也渐渐懂得看人的脸色了。我渐渐明白，世间最可厌恶的事莫如一张生气的脸，世间最下流的事莫如把生气的脸摆给旁人看。这比打骂更难受。

我母亲的气量大，性子好，又因为做了后母后婆，她更事事留心，事事格外容忍。大哥的女儿比我只小一岁，她的饮食衣料总是和我的一样。我和她有小争执，总是我吃亏，母亲总是责备我，要我事事让她。后来大嫂、二嫂都生了儿子了，她们生气时便打骂孩子来出气，一面打，一面用尖刻有刺的话骂给别人听。我母亲只装做不听见。有时候，她实在忍不住了，便悄悄走出门去，或到左邻立大嫂家去坐一会，或走后门到后邻度嫂家去闲谈。她从不和两个嫂子吵一句嘴。

　　每个嫂子一生气，往往十天半个月不歇，天天走进走出，板着脸，咬着嘴，打骂小孩子出气。我母亲只忍耐着，忍到实在不可再忍的一天，她也有她的法子。这一天的天明时，她就不起床，轻轻的哭一场。她不骂一个人，只哭她的丈夫，哭她自己苦命，留不住她丈夫来照管她。她先哭时，声音很低，渐渐哭出声来。我醒了起来劝她，她不肯住。这时候，我总听得见前堂（二嫂住前堂东房）或后堂（大嫂住后堂西房）有一扇房门开了，一个嫂子走出房向厨房走去。不多一会，那位嫂子来敲我们的房门了。我开了房门，她走进来，捧着一碗热茶，送到我母亲床前，劝她止哭，请她喝口热茶。我母亲慢慢停住哭声，伸手接了茶碗。那位嫂子站着劝一会，才退出去。没有一句话提到什么人，也没有一个字提到这十天半个月来的气脸，然而各人心里明白，泡茶进来的嫂子总是那十天半个月来闹气的人。奇怪的很，这一哭之后，至少有一两个月的太平清静日子。

　　我母亲待人最仁慈，最温和，从来没有一句伤人感情的话。但她有时候也很有刚气，不受一点人格上的侮辱。我家五叔是个无正业的浪人，有一天在烟馆里发牢骚，说我母亲家中有事总请某人帮忙，大概总有什么好处给他。这句话传到了我母亲耳朵里，她气得大哭，请了几位本家来，把五叔喊来，她当面质问他她给了某人什么好处。直到五叔当众认错赔罪，她才罢休。

　　我在我母亲的教训之下住了九年，受了她的极大极深的影响。我十四岁（其实只有十二岁零两三个月）就离开她了。在这广漠的人海里独自混了二十多年，没有一个人管束过我。如果我学得了一丝一毫的好脾气，如果我学得了一点点待人接物的和气，如果我能宽恕人，体谅人，——我都得感谢我的慈母。

十九，十一，廿一夜

（原载《新习》，一九三〇年五月第三卷第三期，署名胡适）

我幼时求学的经过

陈衡哲

中国官派留美第一位女学生

新文化运动中最早女诗人 女作家

中国现代第一位大学女教授

　　进学校的一件事，在三十年前——正当前清的末年——是一个破天荒，尤其是在那时女孩子的身命上。我是我家中第一个进学校的人，故所需要的努力更是特别的大。虽然后来在上海所进的学校绝对不曾于我有什么益处，但饮水思源，我能免于成为一个官场里的候补少奶奶，因此终能获得出洋读书的机会，却不能不说是靠了这进学校的一点努力。而使我怀此进学校的愿望者，却是我的舅父武进庄思缄先生。

　　我的这位舅父是我尊亲中最宠爱我的一位。大约在我五六岁的时候，舅父便同了舅母和表兄表弟到广西去做官。但因为外祖母是武进原籍的，所以舅父也常常回到家来看望她。那时我家已把自己的大房子出赁了，搬到外祖母家的一所西院中去住着（我家虽然仍从湖南的籍贯，但因祖母也是武进人，故她曾在常州置有房子）。

　　每逢舅舅回家省亲的时候，我总是一清早便起身，央求母亲让我去看舅舅。舅舅向来是喜欢睡晚觉的，我走到外祖母家时，总是向外祖母匆匆的问了安，便一口气跑到舅舅的房里去。舅舅总是躺在床上，拍拍床沿，叫我坐下来。"今天我再给你讲点什么呢？"舅舅常是这样说，因为他是最喜欢把他的思想和观察讲给我听的。那时他做官的地方，已经由广西改到广东。广东省城是一个通商大口岸，它给他很多机会看见欧美的文化，尤其是在医学方面。那时他很佩服西洋的科学和文化，更佩服那些到中国来服务的美国女子。他常常把他看见的西洋医院，学校，和各种近代文化的生活情形，说给我听。最后的一句话，总是："你是一个有志气的女孩子，你应该努力的去学西洋的独立女子。"

我是一个最容易受感动的孩子，听到舅舅的最后一句话，常常是心跑到嘴里，热泪跑到眼里。我问他："我怎样方能学得像她们呢？"舅舅总是说："进学校呀！在广东省城里有一个女医学校，你应该去学医，你愿意跟我去学医么？"

有时舅舅给我所讲的，是怎样地球是圆的，怎样美国是在我们的脚底下，怎样从我们的眼睛看下去，他们都是脚上头下的倒走着的！又怎样在我们站的地方挖一个洞，挖着挖着，就可以跑到美国去了。有时他讲的，是中国以外的世界，世界上有什么国什么国。我常常是睁大了眼睛，张开了嘴听他讲话，又惊奇，又佩服。他见到我这个情形，便笑着说我是少见多怪。但在实际上，恐怕他心里是很高兴有这样一个忠诚的听者的。有时我又问他："舅舅怎能知道这么多？"他便说："你以为我知道的事情多吗？我和欧美的有学问的人比起来，恐怕还差得远呢。"他又对我说，他希望我将来能得到他没有机会得到的学问——对于现代世界的了解，对于科学救人的知识，对于妇女新使命的认识，等等。

"胜过舅舅吧！"天下哪有此事？我就在梦中也不敢作此妄想呵！但舅舅却说，"胜过我们算什么？一个人必须能胜过他的父母尊长，方是有出息。没有出息的人，才要跟着他父母尊长的脚步走。"这类的说话，在当时真可以说是思想革命，它在我心灵上所产生的影响该是怎样的深刻！

我们这样的讲着讲着，常常直到外祖母叫舅舅起身吃早饭，方始停止。可是明天一早，我等不到天亮，又跑到舅舅那里去听他讲话了。这样，舅舅回家一次，我要进学校的念头便加深一层，后来竟成为我那时生命中的唯一梦想。

在我十三岁的那年，我父亲被抽签到西南的一个省份去做官。我因为那地方来得僻远，去了恐走不出来，又因进学校的希望太热烈，便要求母亲，让我不到父亲那里去，却跟着舅舅到广东进学校去。那时父亲已经一个人先到做官的地方去了，母亲正在收拾行李，预备全家动身。她是一位贤明的母亲，知道我有上进的志愿，又知道舅舅爱我，舅母也是一位最慈爱的长者，故并不怎么反对。可是，又因为我年纪太小，又不怎么赞成我离开她。每当我要求她让我跟舅舅到广东去的时候，她总是说："让我想想看，慢慢的再说吧。"

那年秋天，舅父回来省亲之后，又要回到广东去了。临走的那一天，我跟着母亲送他到外祖母家的大门外，我说："请给舅母请安。"

舅舅说："你不是要到广东去吗？你自己亲身去请安吧。"

我回头问母亲："我真的能到广东去么？"

母亲说："你自己想想能吗？"

我说："能！"

我就对舅舅说："我一定亲身到广东去给舅母请安。"

舅舅说："这是你自己说的啊，一个有志气的孩子，说了话是要作准的。"

我说："一定作准。"说完了这句话，我全身的热血都沸腾起来了，眼泪像潮水一般的流了下来。我立刻跑回到自己的卧室去，伏在桌子上哭了一大场。这哭是为着快乐呢，还是惊惧，自己也不知道。但现在想起来，大概是因为这个决定太重要了，太使我像一个成年的人了，它在一个不曾经过情感大冲动的稚弱心灵上，将发生怎样巨大的震荡呵！孩子们受到了这样的震荡，除了哭一场之外，还有什么别的方法呢？

就在那年的冬天，母亲同着我们一群孩子，离开了常州，先到上海。那时我们有一家亲戚正要到广东去，母亲便决定叫我跟着他们到舅舅家里去。在上海住了几天，母亲同着弟妹们上了长江的轮船，一直到父亲做官的地方去。我也跟着母亲上了船，坐在她的房舱内。母亲含着眼泪对我说："你是一个有上进心的孩子，将来当然有成就；不过，你究竟还是一个小孩子呵！到了广东之后，一切要听舅父舅母的话，一切要小心；至少每个星期要给我和父亲写一封信来，好叫我放心。"我不待母亲说完，已经哭得转不过气来。母亲见了这个情形，便说："你若是愿意改变计划，仍旧跟我到父亲那里去，现在还来得及，轮船要到明天一早才开呵。"

现在回想起来，那时我心中的为难一定是很大的。可是对于这心灵上自相冲突的痕迹，现在却一点也记不得了。所记得的，是不知怎样的下了一个仍旧离开母亲的决心，一面哭泣着向母亲磕了一个头，一面糊里糊涂的跟着我的亲戚，仍旧回到那个小客栈里去。回去了以后，整整的哭了一晚，后悔自己不曾听着母亲的话，仍旧跟着她去。但似乎又有一种力量，叫我前进，叫我去追求我的梦想。

舅母是我自小便认识的，因她和母亲的友好，我们和她都很亲热。但是，一位从前常常和我一同游玩的表兄和一位比我小两三岁的表弟，现在却都死了。我到广东时，舅舅的家庭中是有了三位我不曾见过的表妹和表弟，故我便做了他们的大姐姐。其中最大的一个是二小姐，下人们便把我叫做"大二小姐"——因为我自己也是行二——而他们三人也都叫我做"大二姊"这一个称呼，看上去似乎无关轻重，实际上却代表了这个家庭对于我的亲爱。我不是表姐，而是两个二姐中的大的；这分明是舅父舅母把我当做自己的女儿看待了。这对于一个刚刚离开母亲的十三岁的女孩子，是给了多大的温情与安慰呵！至今舅母家的下人们，还是把我叫做"大二小姐"，表弟表妹们也仍旧把我叫做"大二姊"。而我每听到这个称呼时，也总要立刻回想到幼年在舅舅家住着时，所得到的那一段温情与亲爱。

因为这三位表弟妹都是生在广西的，舅母家的下人，说的又都是桂林话，而小表弟的奶妈，说的又是桂林化的湖南话，故我最初学习的第二方言，便是桂林化的国语。至今在我的蓝青官话中，常常还常有一点西南省份的口音，便是由于这个缘故。

我到广东不久，便央求舅母到医学校去报名。虽然在我的心中，知道自己是绝对不喜欢学医的，但除了那个医学校之外，还有什么别的学校可进呢？有一个学校可进，不总比不进学校好一点吗？可是，自我到了广东之后，舅舅对于我进学校的一件事——他从前最热心的一件事——现在却不提起了。等我对他说起的时候，他却总是这样的回答："我看你恐怕太小了一点，过了一年再说好不好？在此一年之内，我可以自己教你读书。你要晓得，你的知识程度还是很低呵。并且我还可以给你请一位教师，来教你算学和其他近代的科学。这样不很好吗？"

舅舅的不愿意我立刻进学校，当然是由于爱护我，知道我年纪太小，还不到学医的时候；知识又太低；而立身处世的道理又一点不懂。故他想用一年的工夫，给我打一点根基。后来想起来，这是多么可感的一点慈爱，不过那时我正是一个未经世故的笨孩子，对于尊长们为我的深谋远虑，是一点不能了解的。我所要求的，仍是"进学校"。

后来舅母和舅父商量之后，只得把我带到医学校去，姑且去试一试。我同舅母一进学校的房子，便有一位女医生，叫做什么姑娘的，出来招呼舅母，并笑着对我点点头。舅母对她说了几句广东话，那女医生就用广东话问我，"今年十几岁了？"

我回答她："十三岁，过了年就算十四岁了！"

她摇摇头，说："太小了，我们这里的学生，起码要十八岁。"

这些话我当然都不能懂，都是舅母翻译给我听的。我就对舅母说："我虽然小，却愿意努力。请舅母替我求求她，让我先试一年，看行不行再说。可以不可以？"

舅母便把这话对她说了，她说："就是行，也得白读四五年，反正要到十八岁的时候才能算正科生。"她又用广东话问我，"懂广东话呒懂？"

我也学了一句广东话回答她，"呒懂！"又赶快接着说，"可是我愿意学。"她听见我说"呒懂"两个字，笑了。她又对舅母说了一阵广东话，说完了，便大家站了起来。她给舅母说声再见，又笑着对我点点头，便走进去了，我只得跟着舅母带了一颗失望与受伤的心，回到舅舅家里去。

晚上舅舅回家后，舅母把白天的经过告诉了他，舅舅听了大笑说："是不是？你不听我的话，现在怎样？你只得仍旧做我的学生了！"

舅舅是一位很喜欢教诲青年的人，这也不能不说是我的好运气，因为在那一年之内，他不但自己教我书，还请了一位在广东客籍学校教数学的杭州先生，来教我初步数学。不但如此，他常常把做人处世的道理，以及新时代的卫生知识等讲给我听。对于他也只有敬爱与崇拜，对于他说的话，没有一个字是不愿遵行的。比如说吧，他要我每晚在十时安睡，早上六时起身。但是，晚上是多么清静呵！舅舅是常常在外宴会的，舅母到了九时便要打瞌睡，表弟妹是早已睡着了，我自己也常是睡眼蒙眬。可是，因为舅舅有这么一个教训，我便怎样也不敢睡，非到十时上床。

我到了广东不过三个月，舅舅便调到廉州去，将文作武，去统带那里的新军了。我跟着舅母在广东又住了约有三个月，方大家搬到了廉州。舅舅的职务是很繁忙的，但每天下午，总抽出一点功夫，回家来教我读书。他常穿着新军统领的服装，骑着马，后面跟着两个"哥什哈"，匆匆的回家，教我一小时的书，又匆匆的走了。有时连舅母自己做的点心也不暇吃。舅母是一位最慈爱的人，对此不但不失望，反常常笑着对我说，"你看，舅舅是怎样的爱你，希望你成人呵！他忙得连点心也不吃，却一定要教你这个功课！你真应该努力呀！"

我不是木石，舅母即不说明，我心里也是明白，也是深刻感铭的。舅舅所教的，在书本方面，虽然只是那时流行的两种教科书，叫做《普通新知识》和《国民读本》的，以及一些报章杂志的阅读；但他自己的旧学问是很有根基的，对于现代的常识，也比那时的任何尊长为丰富，故我从他谈话中所得到的知识与教训，可说比了从书本上得到的要充足与深刻得多。经过这样一年的教诲，我便不知不觉的，由一个孩子的小世界中，走到成人世界的边际了。我的知识已较前一年为丰富，自信力也比较坚固，而对于整个世界的情形，也有从井底下爬上井口的感想。

虽然一切是这样的顺适与安乐，但它们仍不能使我取消进学校的一个念头。后来舅舅被我纠缠不过，知道对于这一只羽毛未丰又跃跃欲飞的鸟儿，是没有法子去阻止她的冒险了。就在那年的冬天——正当我到舅舅家里的明年——乘舅母回籍省亲之便，舅舅便让她把我带到上海去。临走之时，又教训了我许多话，特别的指出我的两个大毛病——爱哭和不能忍耐——叫我改过。他说，"我不愿在下次见你的时候，一动又是哭呀哭的，和一个平凡的女孩子一样。我是常常到上海去的，一定常去学校看。但愿我下次再见你的时候，你已经是一个有坚忍力，能自制的大人了。别的我倒用不着操心，你是一个能'造命'的女孩子。"

舅舅叫我到上海进一个学校，叫做爱国女校的，因为那是他的朋友蔡子民先生创办的，成绩也很好。我正不愿意学医，听到这个真是十分高兴。到了上海后，舅母便把我送到一个客栈里，那里有舅舅的一位朋友的家眷住着。舅母便把我交托了那位太太，自己回家去了。但那位太太是什么都不知道的，我只得拿舅舅写给蔡先生的信，自己去碰。不幸左碰右碰也找不着蔡先生，我只有忍耐着，以为蔡先生总要回来的。多年之后，才知道那时蔡先生已经不在爱国女校了。正在这个时候，上海又产生了一个新的什么学校，因为种种的牵引，我就被拉了进去。这是后话了，现在不必去说它。所可说的，是我在那里读书三年的成绩，除了一门英文功课外，可以说是一个大大的"零"字！但那教英文的女士却是一位好教师。我跟着她读了三年英文，当时不觉得怎样。可是，隔了几年之后，当清华在上海初次考取女生时，我对于许多英文试题，却都能回答了。后来我得考中被派至美国去读书，不能不说是一半靠了这个英文的基础。

民国三年（一九一四），我在上海考中了清华的留美学额，便写信去报告那时住在北京的舅舅。可是，他早已在报上看见我的名字了。立刻写信给我，说，"……清华招女生，吾知甥必去应考；既考吾又知甥必取。……吾甥积年求学之愿，于今得偿，舅氏之喜慰可知矣。……"

我自幼受了舅舅的启发，一心要进学校。从十三岁起，便一个人南北奔走，瞎碰莽撞，结果是一业未成。直到此次获得清华的官费后，方在美国读了六年书，这是我求学努力的唯一正面结果。但是，从反面看来，在我努力过程中所得到的经验，以及失败所给予我的教训，恐怕对于我人格的影响，比了正面所得的知识教育，还要重大而深刻。而督促我向上，拯救我于屡次灰心失望的深海之中，使我能重新鼓起那水湿了的稚弱翅膀，再向那生命的渺茫大洋前进者，舅舅实是这样爱护我的两三位尊长中的一位。他常常对我说，世上的人对于命运有三种态度，其一是安命，其二是怨命，其三是造命。他希望我造命，他也相信我能造命，他也相信我能与恶劣的命运奋斗。

不但如此，舅舅对于我求学的动机，也是有深刻的认识的。在他给我的信中，曾有过这样的几句："吾甥当初求学之动机，吾知其最为纯洁，最为专一。有欲效甥者，当劝其效甥之动机也。"有几个人是能这样的估计我，相信我，期望我的?

民国九年（一九二〇），我回国到北大当教授，舅舅那时也在北京。我常去请安，请教，很快乐的和他在同城住了一年，后来我就到南方去了。待我再到北京时，他又因时局不靖，而且身体渐见衰弱，不久便回到原籍去终养天年。隔了两三年，我曾在一个严寒的冬夜，到常州去看了他一次。却想不到那一次的拜访，即成为我们的永诀，因为不久舅舅就弃世了，年纪还不到七十呢!

我向来不会做对联，但得到舅舅死耗之后，那心中铅样的悲哀竟逼我写了这么一副挽联来哭他：

知我，爱我，教我，诲我，如海深恩未得报；
病离，乱离，生离，死离，可怜一诀竟无缘。

这挽联做得虽不好，但它的每一个字却都是从我心头的悲哀处流出来的，我希望它能表达出我对于这位舅父的敬爱与感铭于万一。

一九三七年八月

（选自《陈衡哲早年自传》，安徽教育出版社二〇〇六年版）

童年追想曲

马思聪

小提琴家

作曲家

音乐教育家

　　我的家庭一向和音乐是很隔绝的，亲戚里头想找一位能拉拉胡琴，吹吹洞箫的人是办不到的事；因此我幼年和音乐接触的机会很少。我第一次听见音乐是当我三岁那年在外祖母家里的留声机上，母亲说我那时跟着唱片一齐唱，唱得怪有趣的。

　　近来我在Lavignac的一本书中看到小孩子倘有此类情形，便可断定他对于音乐有天聪，可使之习音乐。我七岁时听堂嫂嫂在风琴上弹中国调；不久我自己也学晓了，母亲就买一架风琴给我。记得我那时手细，不能效堂嫂嫂以八度音和奏，我就以三度音代之，现在想起来，这倒比较合于和声呢。

　　风琴是我的第一个乐器。我九岁入小学寄宿，同学们吹口琴，我也是其中之一。后来我又跟一位中学生学弹月琴；我会背出好几首长不愿绝的粤曲。

　　一九二三年大哥由法国回来，带回一个提琴，这是我第一次看见的提琴。大哥能拉几首容易的曲子，我觉得比我先前玩那乐器的声音都美妙得多了。"你高兴学吗？将来带你到法国去学。"大哥随便说出。我很高兴："我一定去。"我说。其实我高兴的并不全在乎去学提琴：离开学校到外国去看看新奇，这才好玩呢。我才十二岁，父母亲的意思都觉得年纪小去不得。可是我是很固执的小孩，以"一定"始就以"一定"终。

　　起程之日到了，小船把我们送上大船，小船又把送客送回去。失了魂似的我立在甲板上望着近山远山，望着阴天，望着海。我在想：这海将更辽阔，无涯，远，远；我便是这样如梦地离开了祖国。

我们在大雪之日到法国，巴黎给我童年的第一印象，只是黑房子，雪和雾。一切先前的兴采都消失了，这是寂寞加上荒凉，但并不回头想回国去。

我们先到枫丹白露（Fortaineblean）住。大哥给我请一位女教师，这是我第一位教师。我还记得我很看不起她的提琴。琴上全胶满黑墨墨膏药似的东西。后来我才明白这黑墨墨的膏药是用来把琴装饰得旧一点，因为旧琴才值钱。

她拿起弓，放在A弦上，来一个下弓。——"敢啥！"她说。我学了。"谢啥。"

我立刻明白"敢啥"一定是"这样子"。"谢啥"即"就是这样子"。这是我最早懂得的法语。

"敢啥"时代继续两个月，进步是很微的。我们迁居到巴黎东边一家Pension de Famille。我住一间大房子，阴沉沉的，那张床之大，足任我横睡直睡。大哥住在另外一房子里，不大理我。我整天禁在房子里，琴还未拉到能引起兴趣的程度，法文书当然也不会看，无聊得太要命就拿皮球对墙拍几下，这算是我惟一的消遣了。在巴黎请的也是一位女教师。她很严，进步也似乎快些。一天总起来算，得拉三个钟头。

如此者半年，于是又迁居。这回大哥送我到一家法国人家去住。房东是位七十多岁的红鼻子，也是我的法文先生。提琴先生又换一位，总算不阻止我进步。因为整天说法文，两个月的时间已把法文说得很流利了。后来提琴教师又换一位，是毕业于巴黎音乐院的女教师，这是第四位。记得有一次在大雨倾盆之下我骑单车到她家里上课，我全身湿淋淋。她看见我的情形又不能不让我进她屋子里，我所经过的地板简直像一条河流。她那副"大祸临头了，救救命！"的神气，真使我过意不去。

——"你为什么不穿件雨衣呢？"她问。

——"我这样已足够了。"我说。

真的原因还是在于我童年时一股傻气。我要做一个天不怕地不怕的好汉，无论冬天夏天、晴天雨天，只限穿两件衣，大雨也是照常出入，冬天洗冷水澡。结果并不伤风，也不病倒，身体却非常壮健起来。

很早我就有所谓创作欲。少时崇拜项羽，便作了一首命名曰《楚霸王乌江自刎》的提琴独奏曲，还有一首名曰《月之悲哀》，是取义于同名的一篇童话的。

在红鼻子先生——忘其名，姑以此代之——家里住了一年，觉得还是入学校好。我便去投考南锡音乐院，却很不费力的便考入高级。

我的教师是一位美须公，短小而好说笑话。师母有一对奇怪的眼睛，倘生为金鱼，必是标准美鱼。我们同班十四人，因为教师爱说笑，我们上课很舒服，随便谈话，做鬼相都不禁止的，和后来在巴黎音乐院的严肃真大不相同了。必修科除提琴外尚有视唱、乐理和室乐，我更选箫为副科。

我加入音乐院，给学校一件意外的新奇。校长也颇感到兴趣。因为我音弹得颇准，有一天他问我："是不是你们中国人的耳朵是特别好呢？"我说："恐怕是吧。"其实我夸口，若其然，则中国乐器早该准了。

我住在一位老妇人的家里，大女儿近三十，擅钢琴，次女擅理家务。因为大女常和我合奏，我就到一家音乐商店租乐谱；在整个半年中，提琴的书籍几乎给我搜罗殆尽了。

生活开始有生气起来，课是很多；计起来每星期的提琴课到学校上二课，到先生家里上二课，视唱三课，箫二课，钢琴二课，法文每天都有。同学们对我都很好，他们都爽直而且快活。

回想起来，我在南锡音乐院所得的益处，与其说是质方面，则不如说是量方面的，论提琴则弓的运用是错误的，钢琴算起了头，箫只吹了两个月，最得益的要算视唱和乐理。罗特先生在我看来可说是音乐院最好的先生了，我永忘不了有一次在音乐院的预奏时，我司理着打三角（triangle）的职务，他在吹着喇叭，忽然他把贝多芬第五交响乐的命运主题向我耳边猛吹几下，我的耳膜猛受震动，倘不是命运对我还算不坏，我必被贝多芬收去作他的聋徒弟了。

我至今还爱好着南锡城，它的安静是最令人回忆的。园内的树高到好像要顶到天，这是我在任何别的公园所见不到的。南锡的居民大多是良善的天主教徒，这和巴黎有很大的分别。提起巴黎人谁都知道是代表无乐不享的人。南锡位于法国东北部，冬天天气比巴黎要冷些，我的"二衣主义"还保持着。零度下二十度没有使我投降，我的窗门是永远不关的。房东们号我的房子曰"冰箱"。

大考到了，我弹Paganini Concerto，这是一次对着一大厅人演奏。许多人说第一次演奏会慌到脚也立不住，我可没有这样的感觉。大考的结果我得最优第二奖，这于我并没有什么高兴，因为究竟我已不大看得起南锡音乐院，更信任不过我的提琴教师。我便决意回巴黎去。

回到巴黎，毫无头绪，拜哪一个师父呢？一位法国朋友介绍他的多年老师Oberdoerffer先生，是巴黎国立歌剧院的提琴独奏者。我见他时弹*Lalo Symphonie Espagnole*，他听了表示非常的兴趣。他说："表情好，技巧上许多是差误的。"这技巧的差误大部分在于右手执弓之方法，小部分在左手的指头上。我很快便改好了。我来法国这是第三年，此回才得一位正派的教师，把我从歧途改转来。幸巧还改得早，倘若再过几年，差误深了，改转来要比从头起首学还要困难。在此奉告习提琴者，首先须从学于正派的好教师，不然把一个差误弄坚固了，其害处是把光阴白花在绝路上。

Oberdoerffer先生是我的第五位教师，我现在回想：倘若我初到法国即就学于一位好的教师，我必可把时间省一半。从学于Oberdoerffer先生，使我在技巧方面和表情方面都突然向上。Oberdoerffer夫人更是我的钢琴教师。她也是颇好的钢琴家，且是第一流教师。从此时起，我的时间大部分专工于提琴，每天约弹六小时。当我从他学了半年，他正给我预备投考巴黎音乐院，我颈的一块起初不令人注意的瘤渐渐长大起来，到后来，竟成了弹琴的阻碍物。医生说须立刻停止弹琴，到Berck海滨去医治，那里的空气是适合此症的。

Berck是一处很大的海滨，沙滩广阔无际：那是骨病病人的大本营，他们大都卧在马车上，自己驾马。夏天，无病的人也来避暑，各处的客店都有人满之患。白天里，人们穿着游水衣，千千万万聚于沙滩。我和我的哥哥到了只两天，便和许多青年好汉交结，不久我们的队伍增至十人，这样已足有打平天下之势了。这暑假是幸福的，过节似的日子，回首起来，那才觉得万分眷恋。

暑期完了，避暑的朋友们先后离去，Berck的人口减其大半，末了，我发觉自己独住在"隐士"客店里。

孤独。沙滩上只剩我一个人。随着海滨,我行到很远去,那边简直是大沙漠。这边是大海,海涛不停地涌着,尤其是冬天,北风像鬼一样呼号,卷起沙石,把海气带上岸来。没有一个时期给我更如此经常而且细心地看落日、月和星辰。这个时期给我的印象非常深,直到现在,我常常回想到当日的情景。

因为拉不得提琴,我就专工于钢琴。我到一位先生家去上课,法文我也有一位教师。我更到一家书店借书看。半年间我看书的数量不少,质量也好,因为向来看书非名著不看,现代和古代的都是一样看待。

我在Berck一共住了九个月,虽然提琴是毫无进境,但在另一方面看,我自觉是颇有所得的。现在拿起一九二七年的小日记看,觉得颇有趣味。

十二月廿七日(星期二)的日记中有如下的一段:

"早餐。十时到不仑牙上第一次和声学课。大雪。路上只见渔人和咖啡馆。天气怪阴沉的。课后,出了噩梦样回Berck。啊,坏天气!大风,大雪,寒冷。"

这是我留在Berck最后一天,次日我就回巴黎,重到Oberdoerffer先生家里上课。一直至暑假又过了,我便考入巴黎国立音乐院Boucherif先生领导的提琴班,这回我又作了第一个考入此音乐院的黄种人。我永远感谢Oberdoerffer先生,我所得的东西,无论直接或间接,多由他所赐,后来从Binenbaum先生学作曲也是听他的主张。我的提琴和钢琴奏鸣曲谨献给他,藉以感谢他。

后记

国亮先生要我写一篇关于我学音乐的经过,尤其讲及我初学音乐时的吃苦情形,我说:"我并未吃过什么苦,怎么好写呢?"他说:"那也不要紧,你写就是了。"读者想必也嫌我没有吃苦吧。我也自引为憾。聊以自慰者,却是幸而没有到外国去白花岁月而已。

(原载《良友》,一九三五年第一一二期)

　　每个人的童年未必都像童话，但是至少该像童年。若是在都市的红尘里长大，不得亲近草木虫鱼，且又饱受考试的威胁，就不得纵情于杂学闲书，更不得看云、听雨，发一整个下午的呆。我的中学时代在四川的乡下度过，正是抗战，尽管贫于物质，却富于自然，裕于时光，稚小的我乃得以亲近山水，且涵泳中国的文学。所以每次忆起童年，我都心存感慰。

　　我相信一个人的中文根底，必须深固于中学时代。若是等到大学才来补救，就太晚了。所以大一国文之类的课程不过虚设。我的幸运在于中学时代是在纯朴的乡间度过，而家庭背景和学校教育也宜于学习中文。

　　一九四○年秋天，我进入南京青年会中学，成为初一的学生。那家中学在四川江北县悦来场，靠近嘉陵江边，因为抗战，才从南京迁去了当时所谓的"大后方"。不能算是什么名校，但是教学认真。我的中文跟英文底子，都是在那几年打结实的。尤其是英文老师孙良骥先生，严谨而又关切，对我的教益最多。当初若非他教我英文，日后我是否进外文系，大有问题。

　　至于国文老师，则前后换了好几位。川大毕业的陈梦家先生，兼授国文和历史，虽然深度近视，戴着厚如酱油瓶底的眼镜，却非目光如豆，学问和口才都颇出众。另有一个国文老师，已忘其名，只记得仪容儒雅，身材高大，不像陈老师那么不修边幅，甚至有点邋遢。更记得他是北师大出身，师承许多名士耆宿，就有些看不起陈先生，甚至溢于言表。

高一那年，一位前清的拔贡来教我们国文。他是戴伯琼先生，年已古稀，十足是川人惯称的"老夫子"。依清制科举，每十二年由各省学政考选品学兼优的生员，保送入京，也就是贡入国子监，谓之拔贡。再经朝考及格，可充京官、知县或教职。如此考选拔贡，每县只取一人，真是高材生了。戴老夫子应该就是巴县（即江北县）的拔贡，旧学之好可以想见。冬天他来上课，步履缓慢，意态从容，常着长衫，戴黑帽，坐着讲书。至今我还记得他教周敦颐的《爱莲说》，如何摇头晃脑，用川腔吟诵，有金石之声。这种老派的吟诵，随情转腔，一咏三叹，无论是当众朗诵或者独自低吟，对于体味古文或诗词的意境，最具感性的功效。现在的学生，甚至主修中文系的，也往往只会默读而不会吟诵，与古典文学不免隔了一层。

为了戴老夫子的耆宿背景，我们交作文时，就试写文言。凭我们这一手稚嫩的文言，怎能入夫子的法眼呢？幸而他颇客气，遇到交文言的，他一律给六十分。后来我们死了心，改写白话，结果反而获得七八十分，真是出人意料。

有一次和同班的吴显恕读了孔稚珪的《北山移文》，佩服其文采之余，对纷繁的典故似懂非懂，乃持以请教戴老夫子，也带点好奇，有意考他一考。不料夫子一瞥题目，便把书合上，滔滔不绝，不但我们问的典故他如数家珍地详予解答，就连没有问的，他也一并加以讲解，令我们佩服之至。

国文班上，限于课本，所读毕竟有限，课外研修的师承则来自家庭。我的父母都算不上什么学者，但他们出身旧式家庭，文言底子照例不弱，至少文理是晓畅通达的。我一进中学，他们就认为我应该读点古文了，父亲便开始教我魏徵的《谏太宗十思疏》，母亲也在一旁帮腔。我不太喜欢这种文章，但感于双亲的谆谆指点，也就十分认真地学习。接下来是读《留侯论》，虽然也是以知性为主的议论文，却淋漓恣肆，兼具生动而铿锵的感性，令我非常感动。再下来便是《春夜宴桃李园序》《吊古战场文》《与韩荆州书》《陋室铭》等几篇。我领悟渐深，兴趣渐浓，甚至倒过来央求他们多教一些美文。起初他们不很愿意，认为我应该多读一些载道的文章，但见我颇有进步，也真有兴趣，便又教了《为徐敬业讨武曌檄》《滕王阁序》《阿房宫赋》。

父母教我这些，每在讲解之余，各以自己的乡音吟哦给我听。父亲诵的是闽南调，母亲吟的是常州腔，古典的情操从乡音深处召唤着我，对我都有异常的亲切。就这么，每晚就着摇曳的桐油灯光，一遍又一遍，有时低回，有时高亢，我习诵着这些古文，忘情地赞叹骈文的工整典丽，散文的开阖自如。这样的反复吟咏，潜心体会，对于真正进入古人的感情，去呼吸历史，涵泳文化，最为深刻、委婉。日后我在诗文之中展现的古典风格，正以桐油灯下的夜读为其源头。为此，我永远感激父母当日的启发。

不过那时为我启蒙的，还应该一提二舅父孙有孚先生。那时我们是在悦来场的乡下，住在一座朱氏宗祠里，山下是南去的，嘉陵江，涛声日夜不断，入夜尤其撼耳。二舅父家就在附近的另一个山头，和朱家祠堂隔谷相望。父亲经常在重庆城里办公，只有母亲带我住在乡下，教授古文这件事就由二舅父来接手。他比父亲要闲，旧学造诣也似较高，而且更加喜欢美文，正合我的抒情倾向。

他为我讲了前后《赤壁赋》和《秋声赋》，一面捧着水烟筒，不时滋滋地抽吸，一面为我娓娓释义，哦哦诵读。他的乡音同于母亲，近于吴侬软语，纤秀之中透出儒雅。他家中藏书不少，最吸引我的是一部插图动人的线装《聊斋志异》。二舅父和父亲那一代，认为这种书轻佻侧艳，只宜偶尔消遣，当然不会鼓励子弟去读。好在二舅父也不怎么反对，课余任我取阅，纵容我神游于人鬼之间。

后来父亲又找来《古文笔法百篇》和《幼学琼林》《东莱博议》之类，抽教了一些。长夏的午后，吃罢绿豆汤，父亲便躺在竹睡椅上，一卷接一卷地细览他的《纲鉴易知录》，一面叹息盛衰之理，我则畅读旧小说，尤其耽看《三国演义》。《西游记》《水浒传》，甚至《封神榜》《东周列国志》《七侠五义》《包公案》《平山冷燕》等等也在闲观之列，但看得最入神也最仔细的，是《三国演义》，连草船借箭那一段的《大雾迷江赋》也读了好几遍。至于《儒林外史》和《红楼梦》，则要到进了大学才认真阅读。当时初看《红楼梦》，只觉其婆婆妈妈，很不耐烦，竟半途而废。早在高中时代，我的英文已经颇有进境，可以自修《莎氏乐府本书》（*Tales from Shakespeare：by Charles Lamb*），甚至试译拜伦《海罗德公子游记》（*Childe Harold's Pilgrimage*）的片段。只怪我野心太大，头绪太多，所以读中国作品也未能全力以赴。

我一直认为，不读旧小说难谓中国的读书人。"高眉"（high-brow）的古典文学固然是在诗文与史哲，但"低眉"（low-brow）的旧小说与民谣、地方戏之类，却与市井与江湖的文化所寄，上至骚人墨客，下至走卒贩夫，广为雅俗共赏。身为中国人而不识关公、包公、武松、薛仁贵、孙悟空、林黛玉，是不可思议的。如果说庄、骚、李、杜、韩、柳、欧、苏是古典之葩，则西游、水浒、三国、红楼正是民俗之根，有如圆规，缺其一脚必难成其圆。

读中国的旧小说，至少有两大好处。一是可以认识旧社会的民情风土、市井江湖，为儒道释俗化的三教文化作一注脚；另一则是在文言与白话之间搭一桥梁，俾在两岸自由来往。当代学者慨叹学子中文程度日低，开出来的药方常是"多读古书"。其实目前学生中文之病已近膏肓，勉强吞咽几丸《孟子》或《史记》，实在是杯水车薪，无济于事，根底太弱，虚不受补。倒是旧小说融贯文白，不但语言生动，句法自然，而且平仄妥帖，词汇丰富；用白话写的，有口语的流畅，无西化之夹生，可谓旧社会白语文的"原汤正味"，而用文话写的，如《三国演义》《聊斋志异》与唐人传奇之类，亦属浅近文言，便于白话过渡。加以故事引人入胜，这些小说最能使青年读者潜化于无形，耽读之余，不知不觉就把中文摸熟弄通，虽不足从事什么声韵训诂，至少可以做到文从字顺，达意通情。

我那一代的中学生，非但没有电视，也难得看到电影，甚至广播也不普及。声色之娱，恐怕只有靠话剧了；所以那是话剧的黄金时代。一位穷乡僻壤的少年要享受故事，最方便的方式就是读旧小说。加以考试压力不大，都市娱乐的诱惑不多而且太远，而长夏午寐之余，隆冬雪窗之内，常与诸葛亮、秦叔宝为伍，其乐何输今日的磁碟、录影带、卡拉OK？而更幸运的，是在"且听下回分解"之余，我们那一代的小"看官"们竟把中文读通了。

同学之间互勉的风气也很重要。巴蜀文风颇盛，民间素来重视旧学，可谓弦歌不辍。我的四川同学家里常见线装藏书，有可能还是珍本，不免拿来校中炫耀，乃得奇书共赏。当时中学之间，流行的课外读物分为三类；即古典文学，尤其是旧小说；文学，尤其是三十年代白话小说；翻译文学，尤其是帝俄与苏联小说。三类之中，我对后面两类并不太热衷，一来因为我勤读英文，进步很快，准备日后直接欣赏原文，至少可读英译本；二我对当时西化而生硬的新文学文体，多无好感，对一般新诗，其是普罗八股，实在看不上眼。同班的吴显恕是蜀人，家多古典藏书，常携来与我共赏，每遇奇文妙句，辄同声啧啧。有一次我们迷上了《西厢记》，爱不释手，甚至会趁下课的十分钟展卷共读，碰上空堂，更并坐在校园的石阶上，膝头摊开张生的苦恋，你一节，我一段，吟咏什么"颠不剌的见了万千，似这般可喜娘的宠儿罕曾见"。后来发现了苏曼殊的《断鸿零雁记》，也激赏了一阵并传观彼此抄下的佳句。

至于诗词，则除了课本里的少量作品以外，老师和长辈并未着意为我启蒙，倒是性之相近，习以为常，可谓无师自通。当然起初不是真通，只是感性上觉得美，觉得亲切而已。遇到典故多而背景曲折的作品，就感到隔了一层，纷繁的附注也不暇细读。不过热爱却是真的，从初中起就喜欢唐诗，到了高中更兼好五宋之词，历大学时代而不衰。

最奇怪的，是我吟咏古诗的方式，虽得闽腔吴调的口授启蒙，兼采二舅父哦叹之音，日后竟然发展成唯我独有的曼吟回唱，一波三折，余韵不绝，跟长辈比较单调的诵法全然相异。五十年来逢独处寂寞，例如异国的风朝雪夜，或是高速长途独自驾车，便纵情朗吟"弃我去者昨日之日不可留，乱我心者今日之日多烦忧！"或是"长洪斗落生跳波，轻舟南下如投梭，水师绝叫凫雁起，乱石一线争磋磨！"顿觉太白、东坡就在肘边，一股豪气上通唐宋。若是吟起更高古的"老骥伏枥，志在千里。烈士暮年，壮心不已"，意兴就更加苍凉了。

《晋书·王敦传》说王敦酒后，辄咏曹操这四句古诗，一边用玉如意敲打唾壶作节拍，壶边尽缺。清朝的名诗人龚自珍有这么一首七绝："回肠荡气感精灵，座客苍凉酒半醒。自别吴郎高咏减，珊瑚击碎有谁听？"说的正是这种酒酣耳热，纵情朗吟，而四座共鸣的豪兴。这也正是中国古典诗感性的生命所在。只用今日的国语来读古诗或者默念，只恐永远难以和李杜呼吸相通，太可惜了。

前年十月，我在英国六个城市巡回诵诗。每次在朗诵自己作品六七首的英译之后，我一定选一两首中国古诗，先读其英译，然后朗吟原文。吟声一断，掌声立起，反应之热烈，从无例外。足见诗之朗诵具有超乎意义的感染性，不幸这种感性教育今已荡然无存，与书法同样式微。

去年十二月，我在"第二届中国文学翻译国际研讨会"上，对各国的汉学家报告我中译王尔德喜剧《温夫人的扇子》的经验，说王尔德的文字好炫才气，每令译者"望洋兴叹"而难以下笔，但是有些地方碰巧，我的译文也会胜过他的原文。众多学者吃了一惊，一起抬头等待下文。我说："有些地方，例如对仗，英文根本比不上中文。在这种地方，原文不如译文，不是王尔德不如我，而是他捞过了界，竟以英文的弱点来碰中文的强势。"

我以身为中国人自豪，更以能使用中文为幸。

一九九三年二月二十六日

（选自《桥跨黄金城》，人民日报出版社二〇〇七年版）

漫谈学艺经过
（节选）

吴祖光

戏剧家

书法家

　　因为我从来没有正经学过戏剧创作。我写戏完全是凭兴趣出发的。从一个观众开始，然后自己就动笔写剧本了，所以一点儿理论都没有，书又读得非常之少，什么道理都说不出来。尤其今天在座的呀，我看了一下名单，都是今天写戏取得了成就的同志，又都年轻，前途不可限量，是中国戏剧的希望。所以我就更不敢讲了。

　　我从小一开始接触文学是从读唐诗开始的。我的祖母是一个很严格的教师。我是我家孩子里头最大的男孩，我祖母一直很喜欢我。在我念小学的时候，她就教我读唐诗。我每天放学回家祖母都坐在那儿等着。我只要一进门就给扣住了，绝对不准出去玩，而是让我读那么几首诗。怎么个读法？当时我们是用铜钱的，她就拿二十个铜板搁在桌上。她说，你老老实实坐在那儿给我念。念一遍之后，她就拿一个铜板搁在这边，什么时候把这垛铜板全搁到另一边就许我出去玩了。诗的内容意思并不太懂，但是能背上来，到现在我还能背。诗是用最精炼优美的文字，传达最丰富深刻的思想感情的艺术。所以我见到比我年轻的爱好写作的同志，我时常劝他们多读诗，尤其是唐诗。

　　在座的多半是写话剧的，我开始也是写话剧的，后来我写过电影剧本，然后又写戏曲剧本。我什么都干，却什么都是半吊子。但是我兴致很高，不怕人笑话，什么都爱看，什么都学，所以我接触面比较广。我现在就谈谈我学艺的经过吧。开始我是个戏迷，迷得很深。在十六七岁时，大概将近一年的时间，我每天下午都没到学校去，而是到剧场去，逃学看戏，是地下活动，因为如果父母知道是不答应的。

我写过一个话剧叫《风雪夜归人》，这个话剧剧本里写了个戏迷。这个戏迷是个非常讨厌的人，总是在不恰当的时候，人家不欢迎他的时候，他就出现了。所以那个跟他打交道的人啊，总是皱着眉头来对付他。这个人不是我，我有一个好处，就是有点自知之明，自己能约束自己别让人讨厌。自己不让人讨厌是由于自己最懂得让人讨厌的人之讨厌。由于这人物是从生活里来的，所以他至今在舞台上出现的时候呀，观众还是对他很感兴趣，因为讨厌的人在生活里随时都有的。提到这个人物，主要是我想知道我在这里讲话会不会招你们讨厌，如果你们讨厌我，我就不讲了。

我对戏剧这点儿喜爱是从小的时候培养起来的。我完全没想到将来大了会写戏，那时候倒有这么一个愿望，就是长大了想做演员。

同样是写剧本的，但话剧的作者在今天处于相当优越的地位，这是我和许多写戏曲剧本的同志的共同感觉。现在有大量的写戏曲剧本的同志对前途感觉失望，有人甚至说京剧要消亡，京剧危机，戏曲危机。我的看法是，我们的戏曲不但不会消亡，而且会征服世界。但是为什么戏曲剧本处于目前这个好像不被人所重视的情况，这还得从我们写戏曲剧本作者本身来找原因，就是我们写的质量不高。

我刚才说到学习唐诗是我接触文学创作的开始，再进一步，除了看戏之外，读宋词，读元明杂剧传奇，就对戏剧艺术有了深入一层的理解。那些剧本都有很高的文学性，但后来发展到京剧，剧本的文学性都很差。另外还有一个极其特殊的现象，就是元杂剧、明清传奇和杂剧都是有作者的，都是有作者的名字的，什么"关、马、郑、白"四大家，王实甫、汤显祖、孔尚任这都是我们中国文学史上极其重要的人物。但是到了京剧，剧作者都消失了。我说是不是这个原因：演员的表演艺术发展到了高度，表演越来越好，演技越来越丰富，演员便成了中心，相形之下剧作者就处在了一个附属的地位。所以我跟戏曲作者说不要气馁，要从自身上来打翻身仗，就是加强剧本的思想性和文学性。首先要充实自己的文学修养。我们话剧作者呢，也要多读中国的戏曲剧本，中国的戏曲传统是举世无双的。即使在剧本的写作上也是手法翻新，手段多样的。今天的剧作者、导演热衷于取法国外的现代派手法，这当然也很好，应当多方借鉴，但我认为首先还应当向民族的传统学习。我现在一下想起我小时看过的一出京剧，名叫《一匹布》，也叫《张古董借妻》，其中有一场戏完全用的是今天的电影手法。故事讲的是：有一个人叫张古董，此人好吃懒做，嗜酒贪杯，把一份家财糟践光了。这一天在家里到处翻找，想找点东西拿出去当卖换钱，最后把他妻子织好的一匹布翻了出来，他妻子拦也拦不住，吵了一架还是让他拿走了。张古董抱着一匹布在街上走，没想到遇见了多年没见面的表弟。表弟满腔心事，正在发愁，原来他的未婚妻死了，他的丈人家里头有给女儿的一笔遗产，根据当地的风俗，如果原来的女婿又娶上了一房妻子，就可以继承岳父家的那笔遗产。而这个表弟却穷得没有可能娶上一门媳妇。张古董立即向表弟提出，愿意把自己的妻子借给表弟权充妻子，把丈人手里的这笔女儿的陪嫁骗到手，然后和表弟平分这笔遗产。他把表弟带回家，和妻子商量，妻子听了很生气，但在丈夫再三威胁之下终于同意。临别之前，他提出一个条件，就是不许表弟和表嫂在丈人家过夜，在城门没关之前你一定回来。这一对年轻人就进城到丈人家去了。岳父一见女婿带来个年轻美貌的新媳妇，非常喜欢，摆酒设宴，再三挽留他们不许回去。这是那边的事。这边呢，张古董在家里就如同油锅上的蚂蚁，左等右等，也不见妻子和表弟回来。实在坐不住了，他就赶进城去找他们，急急忙忙赶到城门，刚要关城，他硬挤进外层门，却被关在里外两层门之间，既出不来也进不去。同时和他关在一起的还有一个赶脚的驴夫。这时候舞台上左右两边同时出现了两个场面，这边城门洞里头是张古董和驴夫，那边表弟和他的表嫂睡在一间屋里。两场戏同时进行，互相呼应，两边对话含蓄、影射，意在言外，形成极为浓郁的喜剧效果。这种戏的主要演员大都是小丑、小旦、小生，一般是很少唱，很少舞，也没有什么武打，以说白为主，也即所谓"三小"戏。我认为假如没有受西方思想的影响而产生近代的话剧的话，我们很有可能从"三小"戏演变产生我们民族的话剧。

（选自《吴祖光自述》，大象出版社二〇〇四年版）

书塾与学堂
——自传之三
郁达夫

作家 诗人

　　从前我们学英文的时候，中国自己还没有教科书，用的是一册英国人编了预备给印度人读的同纳氏文法是一路的读本。这读本里，有一篇说中国人读书的故事。插画中画着一位年老背曲拿烟管戴眼镜拖辫子的老先生坐在那里听学生背书，立在这先生前面背书的，也是一位拖着长辫的小后生。不晓为什么原因，这一课的故事，给我印象特别的深，到现在我还约略谙诵得出来。里面曾说到中国人读书的奇习，说："他们无论读书背书时，总要把身体东摇西扫，摇动得像一个自鸣钟的摆。"这一种读书背书时摇摆身体的作用与快乐，大约是没有在从前的中国书塾里读过书的人所永不能了解的。

　　我的初上书塾去念书的年龄，却说不清楚了，大约总在七八岁的样子；只记得有一年冬天的深夜，在烧年纸的时候，我已经有点蒙眬想睡了，尽在擦眼睛，打呵欠，忽而门外来了一位提着灯笼的老先生，说是来替我开笔的。我跟着他上了香，对孔子的神位行了三跪九叩之礼；立起来就在香案前面的一张桌上写了一张"上大人"的红字，念了四句"人之初，性本善"的《三字经》。第二年的春天，我就夹着绿布书包，拖着红丝小辫，摇摆着身体，成了那册英文读本里的小学生的样子了。

　　经过了三十余年的岁月，把当时的苦痛，一层层地摩擦干净，现在回想起来，这书塾里的生活，实在是快活得很。因为要早晨坐起一直坐到晚的缘故，可以助消化，健身体的运动，自然只有身体的死劲摇摆与放大喉咙的高叫了。大小便，是学生们监禁中暂时的解放，故厕所就变作了乐园。我们同学中间的一位最淘气的，是学官陈老师的儿子，名叫陈方；书塾就系附设在学宫里面的。陈方每天早晨，总要大小便十二三次，后来弄得先生没法，就设下了一支令签，凡须出塾上厕所的人，一定要持签而出；于是两人同去，在厕所里掏鬼的弊端革去了，但这令签的争夺，又成了一班学生们的唯一的娱乐。

陈方比我大四岁，是书塾里的头脑；像春香闹学似的把戏，是由他发起，由许多虾兵蟹将来演出，因而先生的挞伐也以落在他一个人的头上者居多。不过同学中间的有几位狡猾的人，委过于他，使他冤枉被打的事情也着实不少；他明知道辩不清的，每次替人受过之后，总只张大了两眼，滴落几滴大泪点，摸摸头上的痛处就事。我后来进了当时由书院改建的新式的学堂，而陈方也因他父亲的去职而他迁，一直到现在，还不曾和他有第二次见面的机会；这机会大约是永也不会再来了，因为国共分家的当日，在香港仿佛曾听见人说起过他，说他的那一种惨死的样子，简直和杜格纳夫所描写的卢亭，完全是一样。

由书塾而到学堂！这一个转变，在当时的我的心里，比从天上飞到地上，还要来得大而且奇。其中的最奇之处，是我一个人，在全校的学生当中，身体、年龄，都属最小的一点。

当时的学堂，是一般人的崇拜和惊异的目标。将书院的旧考棚撤去了几排，一间像鸟笼似的中国式洋房造成功的时候，甚至离城有五六十里路远的乡下人，都成群结队，带了饭包、雨伞，走进城来挤看新鲜。在校舍改造成功的半年之中，"洋学堂"的三个字，成了茶店酒馆，乡村城市里的谈话的中心；而穿着奇形怪状的黑斜纹布制服的学堂生，似乎都是万能的张天师，人家也在侧目而视，自家也在暗鸣得意。

县里唯一的这县立高等小学堂的堂长，更是了不得的一位大人物，进进出出，用的是蓝呢小轿；知县请客，总少不了他。每月第四个礼拜六下午作文课的时候，县官若来监课，学生们特别有两个肉馒头好吃；有些住在离城十余里的乡下的学生，于文课作完后回家的包裹里，往往将这两个肉馒头包得好好，带回乡下去送给邻里尊长，并非想学颍考叔的纯孝，却因为这肉馒头是学堂里的东西，而又出于知县官之所赐，吃了是可以驱邪启智的。

实际上我的那一班学堂里的同学，确有几位是进过学的秀才，年龄都在三十左右。他们穿起制服来，因为背形微驼，样子有点不大雅观，但穿了袍子马褂，摇摇摆摆走回乡下去的态度，却另有着一种堂皇严肃的威仪。

初进县立高等小学堂的那一年年底，因为我的平均成绩，超出了八十分以上，突然受了堂长和知县的提拔，令我和四位其他的同学跳过了一班，升入了高两年的级里；这一件极平常的事情，在县城里居然也耸动了视听，而在我们的家庭里，却引起了一场很不小的风波。

是第二年春天开学的时候了，我们的那位寡母，辛辛苦苦，调集了几块大洋的学费书籍费缴进学堂去后，我向她又提出了一个无理的要求，硬要她去为我买一双皮鞋来穿。在当时的我的无邪的眼里，觉得在制服下穿上一双皮鞋，挺胸伸脚，得得得得地在石板路上走去，就是世界上最光荣的事情。跳过了一班，升进了一级的我，非要如此打扮，才能够压服许多比我大一半年龄的同学的心。为凑集学费之类，已经罗掘得精光的我那位寡母，自然是再也没有两块大洋的余钱替我去买皮鞋了，不得已就只好老了画皮，带着了我，上大街上的洋广货店里去赊去；当时的皮鞋，是由上海运来，在洋广货店里寄售的。

一家，两家，三家，我跟了母亲，从下街走起，一直走到了上街尽处的那一家隆兴字号。店里的人，看我们进去，先都非常客气，摸摸我的头，一双一双的皮鞋拿出来替我试脚；但一听到了要赊欠的时候，却同样地都白了眼，作一脸苦笑，说要去问账房先生的。而各个账房先生，又都一样地板起了脸，放大了喉咙，说是赊欠不来。到了最后那一家隆兴里，惨遭拒绝赊欠的一瞬间，母亲非但涨红了脸，我看见她的眼睛，也有点红起来了。不得已只好默默地旋转了身，走出了店。我也并无言语，跟在她的后面走回家来。

到了家里，她先撸着鼻涕，上楼去了半天；后来终于带了一大包衣服，走下楼来了，我晓得她是将从后门走出，上当铺去以衣服抵押现钱的。这时候，我心酸极了，哭着喊着，赶上了后门边把她拖住，就绝命地叫说："娘，娘！您别去吧！我不要了，我不要皮鞋穿了！那些店家！那些可恶的店家！"

我拖住了她跪向了地下，她也呜呜地放声哭了起来。两人的对泣，惊动了四邻，大家都以为是我得罪了母亲，走拢来相劝。我愈听愈觉得悲哀，母亲也愈哭愈是厉害，结果还是我重赔了不是，由间壁的大伯伯带走，走上了他们的家里。

自从这一次的风波以后，我非但皮鞋不着，就是衣服用具，都不想用新的了。拚命地读书，拚命地和同学中的贫苦者相往来，对有钱的人，经商的人仇视等，也是从这时候而起的。当时虽还只有十一二岁的我，经了这一番波折，居然有起老成人的样子来了，直到现在，觉得这一种怪僻的性格，还是改不转来。

到了我十三岁的那一年冬天，是光绪三十四年（一九〇八），皇帝死了。小小的这富阳县里，也来了哀诏，发生了许多议论。熊成基的安徽起义，无知幼弱的溥仪的入嗣，帝室的荒淫，种族的歧异等等，都从几位看报的教员的口里，传入了我们的耳朵。而我印象最深的，是一位国文教员拿给我们看的报纸上的一张青年军官的半身肖像。他说，这一位革命义士，在哈尔滨被捕，在吉林被满清的大员及汉族的卖国奴等生生地杀掉了，我们要复仇，我们要努力用功。所谓种族，所谓革命，所谓国家等等的概念，到这时候，才隐约地在我脑里生了一点儿根。

（选自《郁达夫自传》，江苏文艺出版社一九九六年版）

作家　学者

苏雪林

我的学生时代（节选）

　　我的学生时代前后不过九年，正所谓说长不长，说短不短，由低级学校跨上高级，又一向采用"躐等"方式。就是说我曾进过半年小学，三年半中学，二年高等学校，又留学外国三年左右。此外所度的便完全属于所谓"人之患"生活了。

一

　　小学以前，我以为应该先从私塾叙起。像我这样一个出生于由农民变为官吏，保守习惯十分坚强的家庭的女孩，先就谈不上教育权利，为的那只是男孩的专利品，我们想鼎尝一脔也戛乎其难。但彼时中国正在戊戌维新的时代，家长们折衷于"女子无才便是德"和女子也不妨略为识字的两个观念之间，于县署幕友所居一幢屋子里，收拾出一间简陋的书斋，请了个原在署中当幕友的老年本家，教我姊妹念书习字。那位老先生论行辈是我们的族祖，虽说从前也进过学，学问却很有限，教书时遇有难字总懒得翻字典，只随便捏造一个音读，或者仅读半边，他会把虫豸的"豸"字读成"兽"字，寒风凛冽的"凛"字读成"禀"字。从这样一位明师传授衣钵，我们学业成绩之如何也可想而知了。所以我们也装了一肚皮别字，那怕我后来读书能由上下文认识某个字的意义，那怕我后来能彀做出数百字的诗，数千字的文，并能写出整本著作，但不能开口，一开口便要闹笑话。直到当了国文教师才逐渐矫正。但在担任中学教师那个阶段，实犯了不少误人子弟之罪，现在我只有很恳挚地向那批曾经在我班上读过国文课程的学生们道歉，希望他们能彀原谅我，因为这事我至今还是耿耿于怀的呢。

在私塾两年，读了一本三字经，一本千字文，一部女四书，老师上完就了事，从来不肯替我讲解半句，所以除了模糊印象认识千余字以外文理一窍不通。但到了第二年的下半年，新式学堂的风气也侵入了我们这古老家庭。我的年轻的叔父和哥哥弟弟们已在四书五经功课外添了英算史地，并为合乎这时代教育需要而产生的国文教科书。老师认为姊姊的程度已可给她"开讲"，于是便有一本新式教科书到了我们书斋里。他于授完了姊姊的《汤头歌诀》和《本草纲目》（当时认为女孩儿们读书时期短，应该尽可能的灌输一点实用知识，所以姊姊读完女四书便来接受这类家庭药物学）之后，每天午后给她讲解一课教科书。这部书叫什么名目现已完全记不起，但据我现在的回想，似基督教会所编。因为其中尝夹杂一两节《圣经》上的文句，如儿子向父亲求饼，父亲决不给予石和蛇；灯应放在台上普照世人而不应放在斗下之类，但大部分是《伊索寓言》里的小故事。我虽然没有权利与姊姊同读这书，但我的耳朵却是自由的，一面在距离先生教桌丈余之遥的小桌上练习描红大楷，一面澄着心思，竖起耳朵，追逐先生的讲解。那些龟兔赛跑；狐狸吃不着葡萄便怪葡萄酸；贪馋的狗衔肉过桥，因抢夺自己影子之所衔，而失却原有口中之物；等等，对于一个一向只知背诵着莫名其妙的"人之初，性本善""天地玄黄，宇宙洪荒"的孩子是何等趣味深长啊！当放学之后，我独自留在书斋里，翻开那本教科书，借助于书里插图，寻出先生才讲过的那一课，用耳朵所听见的白话解释，印证书上之乎也者的文理，居然十得八九。于是我对于文义的了解，引起了迫切的要求，竟大着胆请先生也替我讲解所读的功课，屡次都被严厉拒绝。一天，我真忍不住了，对他说道："先生，教书是应该言的，你不知道：'教不言，是'师之惰'吗？"虽然我用耳朵得来不大可靠的知识，错把"严"缠作"言"，但先生意想不到一个七岁的孩子居然能活用三字经里的言语对他讥讽，睁大了眼睛很惊奇地望着我，接着想到此种"刁风"之决不可长，和教师尊严之不得不维持，但拍案大怒起来，把我痛骂了一顿。从此他就把我认为一个小叛徒，一个刁钻古怪的鬼精灵，很长一段时间. 不给我以丝毫温和颜色。

二

两年以后，先生以老病辞幕返里，姊与妹由书斋回到闺阁，抹粉调脂，描鸾刺凤，过着那个时代女孩儿正经生活。我姊姊对于祖母则更过着与其说小姐无宁说是丫头的生活。我以既不善服勤为祖母所嫌，对于女红又毫没兴趣，不知从哪里拾来了一两册残缺不全的《征东传》和《西游记》，模模糊糊地读下去，认不得字或应用以前老师传授我们的"认字认半边，不怕跑上天"的秘诀，或写在一张纸上等叔父们或哥哥们来到"上房"时请教他们。不久我便由现实的世界，逃入书中的世界。很亲切地认识了薛仁贵、尉迟恭和孙行者、猪八戒性格和行事。常常以孩子的天真，孩子丰富的同情，为书里的英雄欢欣或流泪。我的现实世界所遇无非是祖母的呵斥，一般人的冷淡与歧视（旧时代的女孩儿本是卑贱得同路旁野草一般，人人可以践踏），这个世界对于我们是仄隘而冷酷的，然而书里的世界却比较广大，比较温暖，至少是比较自由。所以我沉溺于其间而不愿出来了。渐渐由白话而文言，读《聊斋志异》及其他笔记式的小说。又进而读风行当时的林译小说。当我十一二岁时候就能模拟林琴南先生的笔调写了一厚册的日记。其中不乏一段段自成起讫的活泼清新的小品散文。可惜这本日记后来被我自己扯碎烧却了，不然也算得我童年时代一部忠实的生活记录。

三

民国二年（一九一三）我家由上海搬到安庆，曾经留学过扶桑半载因闹什么取缔风潮而返国的二叔，思想比家里任何人都开通，他主张把我和她女儿，即同我家塾读书二年的从妹都送入那时教会设立的××女学。为的教会学校规则严，把女孩儿放在里面不至于学坏，所以家长们倒也没说什么反对的话。那女学不过小学程度，校舍是颇为壮观的洋楼，此外则碧绿的操场，成行的大树，四时不断的繁花，具有十足美国学校作风，确实无愧于"儿童乐园"四字。可惜功课简陋，校风又极腐败。一般人常说基督教在中国办理教育事业是实行文化侵略政策，这话我并不敢信以为真，但他们所教育的人才，似乎是一种特殊人才：第一目标在养成教会忠顺的奴仆，第二目标在养成殖民地人民而非中国国民。特别我所进的那个××女学，学生十分之九都是贫寒人家子女，受教会的救济而得读书，每于不知不觉间把外国人认为"恩主"，何况这些外国人，吃的是玉液琼浆，穿的是冰绡雾縠，起居的是白石玲珑的楼阁，游憩的是花木幽茜的园林，嬉戏的是整洁的网球场、澄碧的游泳池，还有和雅的乐歌、铿锵的琴韵、精美的饰品、金碧的图书，在出身于蓬门荜户的穷小子眼中看来无一不是新奇璀璨，可惊可慕，所以即不把他们当做天上神仙，至少也会把他们看成另一种高贵种族，无形间自然养成一种媚外心理，样样都是外国人的好中国人的不好了。平心而论，这些主持校务的外国人，自校长至于教职员都有西洋上流社会的修养，待人接物，极讲礼貌，见了我们和蔼可亲的气象，真教人"如坐春风"。所可讨厌的还是那些教会学校出身的中国教职员，她们对待她们的主子外国人是一副面目，对待我们学生又是一副面目。美国人办的学校天然带有美国学校风气，高年级学生享有种种特殊权利，俨然是半个教职员。我们受教职员无理的压迫，同时还要受同学无理的压迫。压迫所引起的反应只有两端，非反抗则卑屈。积威之下我们的反应，可怜竟是属于后者。学生对教职员争妍取怜，以得其一颦一笑为荣，简直教我于今犹羞于描写。习惯最易传染，何况我那时又不过是一个无知识的孩子，记得有一时期我也把那些骄横傲慢动辄打人骂人的教职员当做天人看待。有一回，有一个女教员偶尔对我们讲起她的父母，我心里竟涌起一种奇异的感觉，我想她这样一个人也能在人膝前做儿女么？假如她干错了事，是不是也要受她父亲的斥责，或母亲的打骂呢？我觉得那似乎不可能，因为她委实是太崇高，太尊贵了。谈到功课，则除国英算外，一切学科均付缺如。勉强说有，也不过教员在黑板上没头没尾写上几课，叫学生抄录诵习，并无所谓教科书。但也有一端好处，即不以学生程度牵就年级，假如一个一年生，国文好，可以住六年级，算术好可以插入四年级。上课时注重问答，不惟上过一课英文，第二天要你诵读、解说，要报出一个个生字叫你写，一段段文句叫你默，其他各课也天天要问。儿童都有表现自己的本能，更有渴想超越他人的本能，所以班上问答也成了我们很大的快乐。当要受考问之际，眼光注视着教师，心轻轻跳着，浑身血液加速地流转着，惟恐教师不问及自己。若所答无误，被教师夸奖几句，则其荣如膺九锡，答不出被先生责备几句，也无非当堂哭泣一场，下课铃响，早已揩干眼泪，与同学跳跃唱歌去了。还有一种快乐的副产品，那就是儿童顽皮天性可以得到充分流露的机会。那些年龄较幼的同学站在讲坛前受教师的诘问，一面偷向同学愁眉苦脸，摇头吐舌，做尽各样手势，扮尽各色鬼脸；胆大而更顽劣的，当教师转身之际，或向她努一努嘴，或虚虚捣去一拳，表示我不怕你，你看我就能反抗你。但这类革命性举动也不过是闹着好玩而已，并不是真对教师有什么反感。因儿童既视教师为天人，对教师总怀着一腔敬畏之意，并且能由这种敬畏之意生出一种亲爱之心来，不但不敢反抗，而且也不忍反抗。或把儿童这类举动视为恶劣习惯，非取缔不可，则亦不明儿童心理之过。我后留学法邦，也曾在彼中学混过一两学期，亲见幼年同学受教师考问时，种种顽皮表演，与本文所叙殊无二致，教师虽明知之，亦置之不理。问诸其中某教师，她说儿童都是小野蛮，不惟不怕受压制，而且乐于受压制，他们对你的敬爱正是由这个上面来的。野蛮人尊君敬长之情，乐为君长效死之心，都远胜于文明人，其理由在此。所以对儿童过分姑息放任，或处处把他当做大人看待，并不能使他们快乐。他们长大以后或者还会埋怨他的父母或教师。不过压制不是无理的压迫，必须出之以正直公平，以取得儿童对你的敬爱，要他们服从你的命令，鼓励他们对你教的功课更加用功为宗旨。你万不可妨害了他们的自尊心，而养成他们的奴隶根性。至于儿童在教师压制之下所引起的顽皮举动，乃系儿童纯洁的游戏，也是儿童的陶醉，儿童的满足，我们是不该加以剥夺的。因此××女学教师之尊严自居，本也没甚不对，不过她们的举动却并不公平正直，又禀承外国主子意旨，想把学生都养成洋奴，那就大大不该了。下面一个关于我的故事，足以证明此言。我们国文教师是一个素来靠教会赡养的老先生，虽不像我那启蒙先生之不通，却也不能说如何饱学。但他为人甚好，看见我的作文成绩，喜得他老人家心花怒放，认为是他教学以来第一次遇见的好学生。于是激起高年级几个同学莫大的嫉妒，利用她们优越地位，对我百端欺凌。终于美国校长也信了谗言，见了我就板起一个脸。学期终了时，安庆最高军政长官柏文蔚亲自到校给奖，第一名的金牌本该归我，校长却拿去给了高年级一个体己学生。我那时还是个孩子，心地浑朴，有如一块未雕之璞，自己权利被人强占，竟像不知有这回事，毫不在乎。但有一回，我的父亲来校看我，照家中习惯，他牵着我的手，一面在操场上缓缓走着，一面同我说着话，被校长在楼上看见，当晚把我喊到她房里，盘问那是什么人？为甚么你们这样亲密？我回答是父亲。她道是父亲也不该牵着手，你已不是一个七八岁的小女孩，你的表样做得太不好看。言时声色俱厉，大有她那贵校一向严厉的男女大防，已被我破坏了的意思。我在家读过不少林译小说，也知道西洋父女间亲爱的表示，尚不限于牵手，她是明明听了高年级同学的话，对我有心欺侮。况且美国人对待我们一向容色温和，行事也一向根据道理，于今一反其道而行之，便觉得比中国教员的压迫，更加几倍的难于接受。况且那时我母亲要回太平故乡，把我留在学校里有点放心不下，到暑假便代我向学校提出退学，一同动身回乡去了。

四

第二年听说安庆省立女子师范恢复，本科在招考插班生，预科在招新生。在上海时也有爱国文明各女学，大人们从来不叫我们进，我们也从来不知要求。现在我对于求学已发生一种自觉心理。而且在家乡住了一年也感无聊，于是请求家人让我去考这学校。这不算是请求，简直是打仗，费了无数的眼泪、哭泣、衷恳、吵闹，母亲虽软化了，但每回都为祖母或乡党间几位顽固的长辈，轻描淡写两三句反对论调，便改变了她的初衷。愈遭压抑，我求学的热心更炽盛地燃烧起来。当燃烧到白热点时，竟弄得不茶不饭，如醉如痴，独自跑到一个离家半里名为"水口"的树林里徘徊来去，几回都想跳下林中深涧自杀，若非母亲因为对儿女的慈爱，战胜了对尊长的服从，絜带我和堂妹至省投考，则我这一条小命也许早已结束于水中了。现在我回头分析当时要求升学的心理：说是为了读书名誉好，则乡党间视青年女郎出外读书为不守闺训，有何名誉之可言？说为了能在社会上占一位置，使将来自己生活更加自由舒适，则那时我还想不到这么远。我那时心理是极单纯的，竟也可以说是一种盲目的冲动，像树芽之挣出地面，像伏泉之向外奔进，是受着一股不易阻遏的力量的支持；又似飞蛾投火，非将火扑熄则自己焦骨焚身。我只抱着简单的一念：要上进，换言之，追求我前途的光明而已。这才知道要求向上，追逐光明，是人类的本能。一千五百年前西行求法的高僧，渡过千里无人烟的沙漠，攀登壁立万仞积雪数丈的高山，饥寒交迫，死亡相继，而非达目的地不休，已给我一种很明白的解答。古今中外无数先知先觉的哲学家和思想家、发明家，或不婚不宦，牺牲人生应享的乐趣，或累月穷年，把自己幽闭在实验室里，或不顾举世的讥讽轻侮，冒犯牢狱、放逐、死亡的危险，实现他们的理想，使自己成为一个真理的证明者，正义的拥护者，也给了我一种很明白的解答。又如古今亡国之际，每有千千万万的志士仁人，不惜断头流血，亡家湛族，以期捧虞渊之落日，挽鲁阳之颓戈；更如现在我们前线数百万将士正与暴敌作着生死存亡的斗争，企求延续国脉，发扬正义和平于天下，也许与前二者都出于同一动机吧？

五

虽然费了很大的努力，进了女子师范，然而现实与理想仍然远不相符。这是个完全属于中国风的学校，教会学校那种媚外自卑的奴才心理，这里可以说完全没有。学生多来自中上阶层，穷人家的孩子也不能说少，但平等观念异常发达，富者既不敢以其铜臭熏人，穷者亦有自尊的觉醒，像教会学校由外国人有意养成的贫谄富骄心理，这里也绝对找不出。不过皖省僻处内地，文化本比京沪一带落后多年。女子教育在本省又是第一次注意到的问题。这个师范学校创立于民元前，未及一年因革命发生而停顿，如今才开始恢复。历史既如此之短，内容当然说不上什么笃实光辉。惟教科还相当完备，教师都由同城男师范的先生兼任，虽非硕学鸿儒，教我们也可以说胜任愉快。但授课方式与××女校大异其趣，完全采用注入式，教师每天将知识填鸭子似的硬填进学生脑海，填完以后，便把这只鸭子撇在一边，永远不闻不问，数月以后，或学期终了时，才教你整个倾吐一回。我们每天上五六小时的课，全是静悄悄地听着教师的解释，抄着教师黑板上写的文句，没有一丝刺激，也没有一丝兴奋，除了发放作文卷子的那个钟头，心灵略有扰乱与变化以外，其余时间，这颗心似乎已被放入冰窖，完完全全的冰结了。这才领会到教课问答的好处，学生为怕第二天先生要问，不敢不充分预备，对于记忆当然有莫大帮助，而且不愤不启，不悱不发，问答之际，死的知识会变成活的，片段的会变成系统的，本来模糊的会变成明确的。我们的脑筋天天放在砺石上磨砺一回，即顽钝异常的也会变成锋锐。后有一新来的教师，主张采用问答，但未及数星期便因同学反对而中止，原来一则这里同学不习惯于问答，是以极其怕羞，当教师发问时，虽明知而故不举手，被教师指名询问，则又故意呐呐若不能出口，这样每耽搁许多宝贵的时间；二则愚拙者，不用功者，看见聪明者勤勉者答得出，深恐自己落于下风，便设法阻挠，把全班程度拉成自己一样平，不惜对教师明说或向校长进言，她们不需要这种制度，于是那热心的教师本来想教我们的脑筋细胞，每天都来一回新陈代谢，现在惟有让它们仍旧停滞发霉。

六

教会学校一味鼓励学生妆饰打扮，拼命追逐时髦风气，不知养成多少奢华的恶见，本校在这一端上正与相反，崇尚朴素，请求整齐划一，学生必须梳一样的髻子，穿着规定的校服。这本来无可非议，可是学生长年梳着一个盘龙髻，一堆牛屎股顶在当头，冬天是一袭灰色爱国布衫，夏天是一袭白洋布衫，无冬无夏一条虽名为黑，其实已转成灰的布裙——我们下课后回到寝室中，偶尔换上自己家里带来的衣裳，或放假后出门做客穿着略为华艳，被监学或舍监看见，也要受着他们的许多指摘——爱美本来是年轻女郎的天性，听其发展固不可，过分压抑亦不宜，于今把我们一个个弄成庵堂里的尼姑，即使素以名士派出名不爱修饰的我，也有不能忍受之感。在这肄业师范的几年里，心则槁木死灰，已证禅家最高境界，行动则循规蹈矩，虽不能上跻圣域，亦可勉入贤关，但不知什么缘故，一股恹恹欲绝的空气，弥漫于整个学校之中，大家都感觉十分厌倦，但又说不出厌倦的对象是什么。到真正受不了时，转学于京沪者有之，退学者有之，提早结婚者有之。我既无力转学，又不愿退学，更不愿结婚，只好强捺心性，一天一天挨下去，直挨到毕业文凭拿到手中为止。记得有一回听说××女学已改为初中，我回忆她那广大的运动场，各种有趣的游戏，上课时充满活泼空气的问答，以及蔼然如春的外国女教师的笑容，竟一度萌生再回该校读书的愿望，可是一想到教会学校种种牢不可破的坏习气，我的心又冷了下来。

七

现在我想借此机会讨论一个关于国文教育的问题。学生作文，作得好可博教师几句好批，从功利主义讲也可获得较优学分使考试时名次冠冕一点；作得不好则除了要接受上述反面效果，自信心与自尊心也不免要起动摇，因此不免引起快乐与痛苦的感觉，固亦人情之常。但课堂作文目的系在练习，既云练习，则一篇文章的好坏，并不足判定作者终身程度的高下，又何必将它结果看得如此郑重。我在法邦中学时见学生作文也有得教师之嘉许的，也有挨骂的，获嘉许的，自己不敢骄，旁人也不捧；挨骂者当堂哭一顿，事后即付淡忘，她们似乎从来没有把作文这回事和荣誉心连结在一起。决不像中国学生，一篇作文被教师涂改几句，等于割掉他身上几块肉，蒙受几句坏批，又不啻挖掘了他的祖坟，强者对教师怀恨，对同学嫉妒，弱者则精神郁抑，酿成严重神经病态，甚至有因此致命者——我在母校任预科国文教员时，有一皖北籍学生，亦非常要强，以作文不能获取冠军，终日书空咄咄，竟发愤成疾而死。啊，何等可怕的现象——若说中国人神经特别灵敏，是以区区文字得失，也能发生许大的反应，但我们对于别的问题何以那样麻木呢？所以我怀疑这与数千年科举制度有关。科举时代以文章取士，一篇文字之得失，确可以影响作者一生的荣辱升沉。是以士子入场，名曰"文战"，他们以纸为阵图，以砚为堡垒，以笔墨为干戈，运用心兵，抱着必死的决心，与命运争一朝之胜负。不幸而失败，则那情形就悲惨万分。有的痛哭项王庙将一腔失败的悲哀，发泄于这位失败英雄身上；有的大骂考官瞎眼，像蒲留仙竟能编出一部聊斋来挖苦他们；有的背弃祖国，别图发展，如张元、吴昊之入西夏；有的甘心落草，向现政制报仇，如黄巢、洪秀全之起兵，至遁迹方外，绝命人间，则更不可胜数。怨毒之气，上亘九天，下澈幽冥，结晶而为一单纯的得失观念。这观念盘踞国人脑海，蒂固根深，渐渐变成一种民族气质，潜行于民族血管，酝酿于民族性灵，故科举虽废，而新式学校之中亦不期而然会发生这种现象。

八

话休烦絮，言归正传。那×同学作文虽不中教师之意，争取第一的雄心并不因此而挫。考试时往往焚膏继晷，彻夜不眠，各门课本，都要倒背如流。这可大大地苦了我。我的体质自幼脆弱，从来没用过"死功"，于今为要和她竞争，非同她一样用"死功"不可，考试时也就三更灯火五更鸡早夜熬煎，各科讲义也门门以能背诵为度。譬如地理吧：某省分为几州几县，州名县名是什么？有几座山，几条河，山名河名是什么？譬如动植物学吧：某种树叶是三个裂口；某种花有雄蕊几根，雌蕊几根，某虫腹部由十环节合成，某虫则十二；某虫胸部有脚几对，腹部几对，尾部几对。都要分别得清清楚楚，一字一句，念得滚瓜烂熟。我把有限的脑液消磨于这些呆板琐碎的记叙上，体力自然随之消耗。到了临场之际，反而多所遗忘，而且思考力也变得很迟钝，那一次考试成绩，竟远逊于平时。幸而×同学的精神也势成弩末，所以我竟以大考平均分数几厘之差，超过了她。前面已说过，我对于本校的第一名素视为不足轻重，何以现在竟这样出死力来争呢？则因本省文风闭塞，科举余毒尚存，大家把考试名次看得极其重要，校中师友如此，一般社会也如此，自然会酿成一种空气鼓励你向前竞争。况×同学，宣言非从我手中把第一夺去不可，我服不下这口气，更要牢牢将它抓住。且同学之观战者又日夕从旁挑拨怂恿，激起我俩的虚荣心和浮躁的意气，更不顾一切，拼命向前。可怜这一双斗士打得两败俱伤，无非博得壁上人几阵掌声，几声喝彩，此外究竟得到些什么呢！

以上种种，我今日回述，倘不禁脸上一阵阵发烧。我的性情自幼恬淡和平，不知争名夺利为何事，在××学校时，空虚的荣誉以外，还有实质的奖品，被人夺去，我还不知动一动情感，况上文又说过，我虽年轻识短，志趣却有相当之高，理想里自有一种学问标准，现在变得如此龌龊委琐，几乎愿意拿性命来殉虚荣，实可算是心理上一时的变态。始知好胜乃青年之常，用之得当，则可以造就自己远大的前程；用之不得当，则身心皆蒙其害，我不幸处于女师那种环境，所以我的好胜心所结成的果实是属于坏的一面。

现在请再把当时过度用功所引起生理影响，详述几句。每年暑假与堂妹回乡，我必利用，那两个月的自由光阴，抄读我所爱读的古人诗词；并自己学着做。这一年回家，虽并未面黄肌瘦，而神气索寞，懒言懒动，对平日心爱的诗词无心欣赏，想做诗则心思如一堆断线，联贯不起来。精神则一会无端兴奋，一会又无端消沉，心灵上重重压着一团黑影，思想也倾向于厌挞悲观，颇使家人惊讶。后来自己才知道我所患的是青年最易上身的神经衰弱。

当时中国医学界尚未注意这症名，更没有什么赐保命，类药针来给我注射。只靠自己体中元气和病魔抵抗，直到一年以后，病态始渐减轻，然而它已在我身体里留下根株，叫我以后永远不能勤勉用功，直到入了中年以后，神经组织坚固，这病才算同我不辞而别。

九

×同学既屡次被我压倒，更感无穷不平，于是变成了一个愤世嫉邪主义者，她蔑视学校规则，更瞧不起那些缺乏学识的监学和舍监，每故意同她们捣乱，也瞧不起我们这一群埋头读书，恪守校规的人，认为是"巴结学行分数"。她鼻红，同学绰号她为"红中"，我脸白，同学浑名我"白板"，一部分年事较轻，性情浮躁的同班生，都附和她，年事较长，举动稳健者，则拥护我。她的羽翼就叫做"红中党"；我的同志，就叫做"白板党"。一班仅有同学十四五名，除几个超然派外，其余则不归杨则归墨。两派人数大约相等，声势亦复相当，于是展开了对垒的阵容，日以寻隙觅衅为事。自古以来，稳健派总像是在朝党，激进派总像是在野党，后者总喜欢以清高自命，对前者横肆攻击。当时我们这白板党觉得红中党行动幼稚，并且毫无意义，所以每当她们对我们有所挑拨，我们老是一味置之不理。一天，红中失去金指环一只，其同党冤诬白板好友某某所偷，闹得那位同学寻死觅活，白板仗义执言，一改平日沉默态度。两方相磨相荡，激起一场掀天动地的风潮。惊动了校长江先生，将全校学生召集训话，红中固被记大过，次，白板也被葫芦提记小过一次。风潮虽云平息，冤仇却愈结愈深，卒业以后，我们两个还抱了一种竞争之心。她升学于北京，我也非升学不可，我赴了法国，她也非赴美不可。直到游学回来，两人重在社会上相见，彼时青春已逝，火气全消，回想过去种种，不禁哑然失笑。我留法学美术，不幸半途而废，她赴美学教育，却大有成就而归。她才干优长，历任女子中学校长，乐育英才，报效国家甚大，而我则仅成了一个弄弄笔头的文人，比较起来究竟红中比白板优胜得多啊！

十

师范卒业后，被母校留任附属小学教书，听见学敌红中入了北京高等女子师范预科，我怦然心动。修书回家向家长提议也要赴京。这一仗打得比投考初级女师时候更加激烈。虽然彼时头脑已渐复杂，不致萌生自杀念头，然而多日的愤郁忧煎，触发了幼时潜伏颈部的瘰疬，红肿溃烂，痛楚万分，其去死亡亦仅毫发之间而已。假后肿着一个大如瓠瓜的颈子，扎着层层绷带，仍在小学及母校预科教书。一面写信与上海南京素著令名的女学校，企图前去升学。但如女子金陵大学，中西女学等则须经过考试而后可入，我的英文、算学又太不行。像爱国女学等又仅中学程度，我已读过中等学校课程，再去也无味。彼时上海颇有以补习国文相号召的学社，我写信去索章程并略述自己的补习国文的志愿，回信倒蒙其大夸我写的信文理优长，不敢请我去做学生，却要请我去当教员。又有某某鸳鸯蝴蝶派的文人组织国文函授学校，我也报名缴费，除了每月寄来若干份不三不四的油印讲义，其他一无所有。我那时有如一匹被幽室中的苍蝇，到处乱碰乱钻，只想找出一线光明之路。无奈面前漆黑一团，闯得你力尽精疲，还是一无结果。每失望一回，便要痛哭一回。每因焦灼而通宵不能合眼，患了很严重的失眠症，又留下了日后的病根的一端。业务既劳，颈创又未收口，心里又有这样的一把阴火日夜煎熬，所以身体更一天一天坏下来。

民国八年（一九一九），北京高等女子师范改为本科，设立各种学系登报招生。但国文系乃预科所改，名额已足，不再招补。我的目的原在国文，于今希望之门已开，偏偏没有我进去的份。无可奈何，惟有强聒校长徐皋甫先生用学校名义行文该校；请求容我去做一个旁听生。起头是不蒙准许，当校长将该校回文给我阅看时，我伤心之极，竟当校长之面呜咽痛哭起来。害得那个好老人劝导不是，安慰又不是，也频频叹息，几乎落下同情之泪。这位校长具有旧时代教育家怜才爱士的美德，于我素以大器相期，爱护之深，劝勉之切，诚可谓无微不至。他本想将我留在校中，为他臂助，但见我升学决心之不可动摇，遂亦想尽方法来成全我。他很恳切地向女高国文系再去了几道文书，请求通融收纳。最后居然成功。于是我遂与几个初同学后同事的女伴到了北京。那几个同学分别考入她们所愿进的学系，我与庐隐女士则做了国文系旁听生。当时只要能够挤进这个学校，并不计及名义之为如何。但旁听生要缴纳学膳费，虽为数无多，却也叫寒士如我们者煞费周章。幸系主任陈钟凡先生很欣赏我俩国文成绩，一学期后，便由他作主把我们改为正科生。我的朋友红中虽比我先升学两年；仍然与我一班，旧敌相逢，岂非又要呕心绞脑，展开从前一样激烈的竞争？我俩心灵岂非又不能平静？啊，感谢上天；这一回不再吃这无谓苦头了。我俩心境因环境而改变了。原来女高并不注重考试，并无可以竞争的目标，况同学大都是来自各省的女界英才，有的曾当过几年中小学教员，有的曾任过校长，下笔则斐然成章；登坛则辩才无碍，社会活动则又个个足称先觉，人人不让须眉。我俩在本省虽亦佼佼乎庸中，一旦置身其间，自亦黯然无色，想到从前蛮触蜗争，不禁自笑眼界之不广，所以我们只各自埋头用功，再不向别人去较长比短，在母校时我俩数年不交一言，现在虽不曾成为密友，但她因我比她后到，一切殷勤关照，也算一个休戚相关的好同学。后来我的朋友闻我留法而亦死活要求赴美，则不过是从前母校相竞时摇曳混漾的一脉余波，而十分之九，还是受着每个青年完成自我的欲望驱使。

十一

我到北京的那一年，正值五四运动发生未久，我们在讲堂上所接受的虽还是说文的研究，唐诗的格律，而我们心灵已整个地卷入那奔腾澎湃的新文化怒潮，每天我们都可以读到许多有关新文化运动的报纸副刊，周期性的杂志，各色各样的小册。每天我们都可以这些精神粮食里获取一点营养料，每天我们都可以从名人演讲里，戏剧宣传里，各会社的宣言里得到一点新刺激，一点新鼓动。我们知道什么是革命，什么是反抗，什么是破坏。我们学习革命，学习反抗，学习破坏。我们也崇拜革命，崇拜反抗，崇拜破坏。对于旧的学术思想，我们都从头给予评判，对于我们素所崇拜的偶像都推倒了，素所反对的反而讴歌赞叹起来了。我们都是旧社会出来的人，深受旧社会压迫的痛苦，我们也都是被传统思想束缚过的人，深知传统思想妨碍进步之大，所以用不着多少宣传劝说，我们自然会争先恐后地向着光明阵营跑。那罪恶已显著的如不自然的大家庭制度，不自由的婚姻制度，片面的贞操观念，基于宗法社会的孝的道德，虽在中国社会已拥有数千年深固的威权，只需几篇论文，几场辩论，便顷刻间冰消瓦解。那尚有可以讨论价值的如女子承袭权问题、自由离婚问题、恋爱神圣问题、儿童公育问题，我们的结论也自然而然归到肯定方面。但我们对于各种问题，都是平心静气地研究、讨论，不容许有丝毫成见与偏心存乎其间，所以我们的破坏并不是盲目的，我们的反抗也非意气作用。我们那时把康德所谈的"人类理性"发展到了最高点，无论什么问题都要拿来放在理性的权衡上称量一下。只需理性这一端的砝码略为向下低沉，即使我们平素至所溺爱的，至所偏袒的，也不敢不放弃，不愿不放弃。胡适之先生叙述五四时代的真貌，曾引尼采的话道："这个时代是重新估定一切价值的时代。"我也可以说五四时代是理性主义当王的时代。法国大革命时，摧毁一切庙堂神像，代以新塑的一尊女神——理性。我们那时所有的信仰也完全破产，但我们心龛里却供奉者一尊尊严无比仪态万方的神明——理性。我后采对于文坛无理的谩骂，恶意的讽刺，为发泄一己私怨的人身攻击，学术界麻醉的宣传，利诱的勾引，威逼的顺从，以及什么宗派主义，行帮主义，每引起极大的反感，甚深的憎恶。不问他们所抱持的主张对不对，只这咄咄逼人的气焰，这不讲理的横蛮举动，先就教一个我一般的受过五四理性主义薰陶的人不愿请教了。

十二

我们的国文系主任陈先生为满足我们的求知欲望起见，不但替我们订阅了许多报章杂志，叫还替我接洽了几个新文化运动大师如胡适之先生、李大钊先生、周作人先生、陈衡哲女士来教我们的书。胡先生给我们的印象当然最为深刻，当他来教他自编的《中国哲学史》时，别系同学都来旁听，即年在四五十以上的学监、舍监及校中各部门职员，也自己端个凳子坐在我们后面，黑压压的水泄不通的一堂人，鸦雀无声，聚精会神，聆受这位大师的宏论。李大钊先生讲书极有条理，上课时滔滔千言，如瓶泻水，但你永远莫愁他的笔记难记，因为他说话只直说下去，不着一句废话，也没半点游姿余韵，所以一点钟的话记述下来，自然成为实实在在的一章讲义。他的朴实诚恳的面貌和性格也同他的讲授一般，很引起我的敬爱。后来听说他为张作霖所害而死，曾使我悲痛惋惜了好些时光。杜威、罗素来华讲学，我们也躬逢其盛，我们也去听过他们的公开演讲。杜威的实证哲学，虽因胡适之先生的介绍，可以略懂皮毛，罗素的学说的精义，则竟非浅陋如我们者所能窥测其万一。但能够瞻仰他们丰采也就叫我们满足了。名山大川不可不游，伟大人物也不可不见，他自有一种无形的吸力吸引着你的人格向上升腾。苏子由将泰山黄河之峻阔，帝都宫室之壮丽，府库之充实，与韩太尉的秀伟奇杰相提并论，是有他特殊见解的！

十三

关于文字方面，胡适之、陈独秀两先生早于五四运动以前倡议改革。陈先生所办的《新青年》也曾流入安庆少数知识阶级的书斋里。我母校有一位陈慎登先生本来是我们历史教员，后来又做我们国文教师。他的国学确是渊深，但多读古书的人，思想每易为传统所囿，他崇拜孔子，迷信中国旧文化，都比一般老先生为热烈。《新青年》反对孔子，改革旧文学的言论是何等叫他痛苦啊！我们将卒业的半年中已听了他不少骂《新青年》的话，并且苦口婆心劝我们万勿为这种异端邪说所动，要好好做个圣贤之徒。当时我们并不知外面有新文化运动这回事，并且也不知陈胡为何人，感谢慎登师的反宣传，我对这问题倒注意起来了。不过当时虽零零碎碎借来了几本《新青年》，无非感觉其中议论新奇可喜，并不认识它的真实理由。况且我们久受慎登师尊孔思想的灌输，见了他们那打倒孔家店的举动，虽不至视为大逆不道，确也期期不以为可。又觉得他们主张白话为文是多此一举，因为古文进化到五四以前，可以让梁启超一类人拿来发表政论，可以让严复、林纾拿来翻译西洋哲学和文艺，也算纵横恣肆，运用自由了，还要改弦更张做甚？但后来看见林琴南与蔡子民争辩的二封信，和林先生的什么荆生啦、妖梦啦，反而把我的同情逼到新的方面。琴南先生原是我的私淑国文教师，自我能读书以来，我就整个沉浸于他译著里。对他的崇拜几乎像现代青年之崇拜鲁迅一般，但比较有意义，为的现代青年不过由宣传而信仰鲁迅，而我却是读过林氏全部著作的。林蔡二函，蔡则态度平和，措词明爽，言之有物，林则思想既固陋，言语又无杂，充分表示他头脑的不清。《荆生》《妖梦》则更可以看出林先生的仗已打输，所以显出那么枪法大乱的神气来。至安福部宣传小册形容陈独秀的猪喙，胡适之的徽州英语，更容易叫人看出作者人格的卑劣，造谣伎俩之无意义，为了人类天然正义感之所激，我虽欲不倾向陈胡也不可得了。始知与人辩论不依据真理而以丑诋为能，先就落了下风，会收到料想不到的反面效果。读者心里自有权衡，你能哄骗哪个？但现代青年每把理由归之于叫得响骂得凶的人，每把自己的鼻子穿上绳索亲自递在强者手里，那心中自然的权衡似已失去了作用。此则当是由于政治作用，其中夹杂有切身利害关系，人到利害关头，自然糊涂了；我们那时既不想借新文学登龙，更不想借新运动谋自己出路，心地光明纯洁，是以能够辨别是非，选择我们应当走的道路。

十四

我在本省时先已倾心于新文化运动，到了北京当然很快地与这运动沆瀣一气。我们抛弃了之乎也者，学做白话文。我们也把红楼水浒做圣经宝典来研究，我们又竭力阅读西洋名著，易卜生的戏剧，安徒生的童话，斯德林堡、库普林、托尔斯泰、杜斯妥益夫斯基等人的小说，对我们都是很大的诱惑。那时候文坛提倡写实主义，又鼓吹什么"人的文学"。有什么"抹布主义"要从污秽破烂、湿漉漉的抹布折叠里，寻出灵妙细腻的感情。叶圣陶先生似乎曾在这上面创造了最高的成功记录。我开笔学做小说也趋向这一派，有些则是抨击所谓吃人礼教的。我把冻死雪地的小乞儿，被婆婆虐死的童养媳，为了贪图贞节牌坊而牺牲一世青春和幸福女人……做题材，写过几篇小说用笔名发表在报纸上。后来为了经济关系，与同学周莲溪借益世报一角之地，合编了一种什么妇女特刊，每月至少要写万把字，两人各得十块钱。更把正常功课束之高阁，一心干这"弩外"工作。所写也不全属文艺创作，杂凑的论文，零乱的随感亦复不少。因技巧太不成熟，所以存稿一篇没有保留。

　　我虽为了每月十块钱，这样贱卖我的光阴劳力，因而不能正经用功，但对于英文却不敢荒废。我认英文是我们做学问的工具，非将它弄好不可。但我的英文基础说来真可怜。在××女学时读了半本猫儿狗儿的启蒙课本，返乡后请哥哥将这书教完。考进女师，起初也有所谓英文课程，每周三小时。但同学年龄有二十七八的，有三十一二的，叫他们读英文，其情形之惨实为讲人道主义者所不忍目睹。她们念了一年，二十六字母还不能准确读出，考试时，当然免不了要吃大烧饼一枚，所以她们恨英文入于骨髓，上课时往往故意同教员冲突。一位上海中西女学卒业的什么小姐，教授法也还好，因在黑板上写别了一个中国字，被学生抢白，羞愤而辞职了。一位由隔壁××女学请来兼任的教员——也是我从前的老师——叫学生复诵时，有人故意把书里所有的"The God"句句读成了"The dog"，气得这位上帝信徒只是翻白眼，也自动走了。一连换了几个先生，始终不能教完一学期功课。最后同学因请求校长取消英文不允，激成风潮，大家将课本撕碎，投入炉中，发誓不再上这门课。校长也觉得英文对于我们师范生无甚用处，只好容纳众人的要求，取消了这门课程。

　　我在学校虽读不到英文，但每年暑假返里，必请兄长们替我补习。断续读完了鲍尔温读本第二册，浅近文法一二册。到高师。又派在吴××先生所教的班里，接着读鲍氏读本第三册。吴先生教书最严格，最负责，而且教授也极有方。由她教导二年，虽每周钟点仅五小时，但我的确获得很大的进步。我也能写出几百字文法尚无大误的文章了，也能自动阅读商务出版的《莎氏乐府本事》《天方夜谭》《司惠夫特海外漫游记》的节本了，也能把未曾读过的鲍氏读本第五册几篇名著译成中文了。可惜吴先生于第三年开始之际，改任了英文系主任，不久又因故辞职，不能再教我们，我又于民十年（1921）间赴法读书，以后十余年与英文不再见面，所学当然全部璧还了吴先生。现在研究文学艺术的人，非通达几种外国文不可，我因过去环境欠佳，没有学习英文的机会，高师二载才弄清一点门径，又因事实上的不得已而抛开，后来改习法文也因英文根基太浅而不能迅速进步。返国后为了饭碗问题。日与粉笔墨板为伍，英文固全部抛荒，法文亦不能温习，面对着万象森罗的学术宝库，只恨没有钥匙去开。若我幼时能进上海中西、金陵女大一类学校，像我这样资质尚非鲁钝，对于外文实亦感着浓郁深厚兴趣的人，则精晓英语又复何难？若机会好考取出洋，则至少也可以博通三四国文字，文林学海，任我回翔，全世界学者文豪心血的英华，也可以让我随意沉酣，从容斟酌，岂非人生之至乐！

但因不幸生于陈旧时代，顽固家庭，进个区区不花钱的师范学校，还费了九牛二虎之力，又哪里谈得上赴沪与出洋？这只有归咎自己的命运，实不能怨尤何人。今日有好机会好环境读书的人，若不及时努力，那就太对不住国家和自己了。

赴法后，我的学生生活又延长了三年。三分时间，一分虚耗于患病，一分枉费于恋爱问题的烦扰，思亲情绪的萦缠，我的书之读不好也是当然的。至三年留学生涯，已另有专书叙述，此处恕不重复了。

十五

回顾自己过去九年学生生活，我也算得一个有志上进的女青年，一个能够努力的好学生。特别那两回升学的奋斗史，于今追叙时，尚觉血泪模糊，可歌可泣。但若问代价在哪里？唉，可怜，竟可以说完全没有。第一先把做学问的根本——身体，弄坏了。压迫于偏重名次的不自然的考试制度之下，盲目的用功，不得其道的勤读，已消耗我多少脑力与体元，更加之学校膳食欠良，中学四年，每天的食单是臭腌菜、开水汤、几片瘟猪肉和糙米饭，高师二年，又是天天凉拌粉皮，开水汤；留学三年，每天是薯粉代咖啡的薄浆、回生的面包、老而且瘦的马肉，叫正在发育时代的我，生理受着严重影响。

于今多灾多病，未老先衰的种种痛苦皆伏因于此。第二并没有得着什么学问，先就国文论，中学三年，上了好多篇方苞姚鼐表彰节孝的文章，又上了许多唐宋八家抒情写景的文章，作文每星期一次，后来校长还叫四年级学生逐日做日记，由他亲自阅改。但对于我文字的进步似乎无多帮助。我的旧诗词是自己由抄读古诗学会的。文章的文藻、典实、成语，是自己从古书里、杂志里、报纸上，各处随便掇拾来的。我们的历史用的是本什么教科书，先生句梳字栉讲得很详细，但我现在的历史知识却是因为要编中国文学史讲义，自己看史书得来。地理算已由本国讲到外国，但郑州属河南省，澳大利亚在南太平洋，恐怕还是抗战以来每天的报纸告诉我的。算学由四则学到代数几何，我于今算家用账还靠侄儿帮忙。升学后，一心骛外，讲堂上听受的本来没有充分咀嚼与消化，所以获益更说不上，但我想即像中学时代将那些课本一字一句背出，恐怕也没有多大好处。记得耶稣曾以播种譬喻听道，种子有播在路旁为飞鸟所吃者，有落于浅土因根浅而为日所晒枯者，有落荆棘丛，而不能结实者，有落于肥沃土壤而结实三十，六十，百倍者。

现来我转请每一个曾受学校教育的中年人平心想想，有谁让课本上的知识开花结果？有谁不是薄土与石田？哪能由学堂所得结出三十，六十，百倍的果实的？我想百人中找出一个都难吧。有人说我们的脑筋也同房屋般容积量是有限的，所以我们对于知识贵能记忆也贵能遗忘，若青年时代之所学一齐堆积脑筋之中，则以何地位来容纳新知呢？这话也未尝无理，但十余年贪夫殉财般日夕营求，到后来化为一场梦幻，则长期苦辛代价，究为何物？又有人说，吾人求学由浅入深，循序渐进，高深博大的学问原由琐屑知识积累而成，我们看见金字塔之高，每不注意构成它的砖石之细，但舍砖石之细，亦无以成金字塔之高，所以学问基础还是要培养的。况且旧知识虽若失去，其实并未失去，不过融和混合，腐烂发酵，变成了新知识的养料罢了。这话当然更对，但这类知识亦可由自动研究得来，何必一定要在讲堂上呆学？人类天性于不知道的事物方能引起追求的好奇心，一定有了整个的知识系统，才能发生学习的兴趣，于今把知识凌迟碎割，一点儿一点儿地给学生，徒然疲劳他们的胃神经，实不易使他们获得充分的营养。又小中大各级学校的课程，虽有大小精粗之不同，其实叠床架屋，陈陈相因，也容易迟钝学者的注意力，酿成很重的厌倦心情。所以我对于现代的教育制度，根本怀疑，我以为只有基本课程国文、英文、算学之类非反复练习不能记忆，必须于学校学习，其余备课则尽可由教者揭示原则，多备有系统的参考书，鼓励学生自由披阅。我们与其叫学生强记某叶有几个裂口，某虫由几环节组成，不如叫他们自己到科学杂志上去读一篇杜鹃鸟的秘密，或一篇火星里是否有人类的争论。与其叫学生在小学里听讲天宝之乱，到中学又听较详细的一次，到大学又听更详细的一次，不如发给一部杜少陵的诗集，叫他们自己从石壕村老夫妇的泣别里，新安县父母送瘦男出征的哭声里，去体认那个时代的一般社会情形。至文理学科应自小学时代即行分开，则志于文艺者不致被那些后来于他毫无用处的理化课程，夺去他作赋吟诗的灵感，志于理工者亦不至于被他将来不能受用的文艺课程，妨碍他试验室实习场的功夫。或者有人说教育目的在培养国民常识，更在养成通才，你说这话岂非不明教育意义么？则我又以为有了基本学问工具常识，自然能自动以求，前面早已述及；养成几千万一知半解的通才实不如一个专才贡献之大，况通者未必能专，专者则一定能通，这又有学问本身可以给我回答，此处似可不必详说。我的学校教育受之于二十年前一个文化落后的省份，一个专以养成小学教员为目标的师范学校，本亦不配拿来与今日学校相提并论，但今日学校的情况与我所进的学校相较，恐亦不过五十步与百步之差，所以我们的牢骚也不能说完全是无的放矢。

若勉强追问九年学校教育给我的好处，我以为只能说这样一句话：

——不过使我混得一种资格，由一个家庭女性变成一个社会女性罢了。

（原载《妇女新运》，一九四二年四月第五期《我的生活》）

漫读诗书长精神——我的中学时代

夏丏尊

苏步青

茅　盾

钱学森

周　尧

我的中学生时代

夏丏尊

文学家　语文学家

出版家　翻译家

　　中学校时代，在年龄上是指十三四岁到十八九岁的一段。我今年四十六岁，我的中学校时代已是三十年以前的事了。那时正是由科举过渡到学校的当儿，学校未兴，私塾是唯一的学校。我自幼也从塾师读经书，学八股，考秀才，后来且考过举人。及科举全废的前两三年，然后改进学校，可是未曾在什么学校里毕过业，未曾得过卒业文凭。

　　我上代是经商的，父亲却是个秀才。在十岁以前，祖父的事业未倒，家境很不坏，兄弟五人中据说我在八字上可以读书，于是祖父与父亲都期望我将来中举人点翰林，光大门楣，不预备叫我去学生意。在我家坐馆的先生也另眼相看，我所读的功课是和我的兄弟们不同的。他们读毕四书，就读些《幼学琼林》和尺牍书类，而我却非读《左传》《诗经》《礼记》等等不可。他们不必做八股文，而我却非做八股文不可。因为我是要预备将来做读书人的。

　　十六岁那年我考得了秀才，以后不久八股即废，改"以策论取士"。八股在戊戌政变时曾废过，不数月即恢复，至是时乃真废了。这改革使全国的读书人大起恐慌。当时的读书人大都是一味靠八股吃饭的，他们平日朝夕所读的是八股，案头所列的是闱墨或试帖诗，经史向不研究，"时务"更所茫然。我虽八股的积习未深，不曾感到很大的不平，但要从师也无师可从，只是把《大题文府》等类搁起，换些《东来博议》《读通鉴论》《古文观止》这类的东西来读，把白折纸废去，临摹碑帖，再把当时唯一的算术书《笔算数学》买来自修而已。

那时我家里的情况已大不如从前了。最初是祖父的事业失败，不久祖父即去世。父亲是少爷出身，舒服惯了的。兄弟们为家境所迫，都托亲友介绍，提早作商店学徒去了。五间三进的宽大而贫乏的家里，除了母亲和一个嫂子，就剩了父子两个老小秀才。父亲的书箱里，八股文以外有一部《史记》，一部《前汉后书》，一部《韩昌黎集》，一部《唐诗三百首》，一部《通鉴纲目》，一部《文选》，一部《聊斋志异》，一部《红楼梦》，一部《西厢记》，一部《经策通纂》，一部《皇清经解》，还有几种唐人的碑帖与《桐荫论画》等论书画的东西。父子把这些书作长日的消遣，父亲爱写字，种花，整洁居室，室里干净清静得如庵院一般。这样地过了约莫一年。

亲戚中从上海回来的，都来劝读外国书（即现在的所谓进学校）。当时内地无学校，要读外国书只有到上海。据说上海最有名的是梵王渡（即现在的圣约翰大学），如果在那里毕业，包定有饭吃。父母也觉得科举快将全废，长此下去究不是事，于是就叫我到上海去读外国书。当时读外国书的地方并不多，外国人立的只有梵王渡、震旦与中西书院，中国人立的只有南洋公学。我是去读外国书的，当然要进外国人的学校。震旦是读法文的，梵王渡据说程度较高，要读过几年英文才能进去，中西书院（即现在东吴大学的前身）入学比较容易些，我于是就进中西书院。

那时生活程度还很低，可是学费却已并不便宜，中西书院每半年记得要缴费四十八元。家中境况已甚拮据，我的第一次半年的学费还是母亲把首饰变卖了给我的。我与便友同伴到了上海，由大哥送我入中西书院。那时我年十七。

中西书院分为六年毕业，初等科三年，高等科三年，此外还有特科若干年。我当然进初等科，那时功课不限定年级，是依学生的程度定的。英文是甲班的，算学如果有些根底就可入乙班，国文好的可以入丙班。我英文初读，入甲班，最初读的是《华英初阶》；算学乙班，读《笔算数学》；国文，甲班；其余各科也参差不齐，记不清楚了。各种学科中，最被人看不起的是国文，上课与否可以随便，最注重的是英文。时间表很简单，每日上午全读英文，下午第一时板定是算学，其余各科则配搭在数学以后。监院（即校长）是美国人潘慎文，教习有史拜言、谢鸿赉等。同学一百多人，大多数是包车接送的富者之子，间有贫寒子弟，则系基督教徒，受有教会补助，读书不用花钱的。我的同学中很有许多现今知名之士。记得名律师丁榕，经济大家马寅初，都是我的先辈的同学。

中西书院门禁森严，除通学生外，非得保证人来信不能出大门一步，并且星期日不能告假（因为要做礼拜），情形几等于现在的旧式女学校。告假限在星期六下午。我的保证人是我的大哥，他在商店做事，每月只来带我出去一次，有时他自己有事，也就不来领我。我在那里几乎等于笼鸟，尤其是礼拜日，逃不掉做礼拜觉得很苦。

礼拜真正多极。每日上课前要做礼拜，星期三晚上做礼拜，星期日早晨要做礼拜，晚上又要做礼拜。每次礼拜有舍监来各房间查察，非去不可。每日早晨的礼拜约需三十分钟，其余的都要费一小时以上。唱赞美歌，祷告，讲经，厌倦非凡。这种麻烦，如果叫现今每周只做一次纪念周犹嫌费事的学生诸君去尝，不知能否忍耐呢。

读了一学期，学费无法继续，于是只好仍旧在家里，用《华英进阶》《华英字典》（这是中国第一部英文字典，商务出版）、《代数备旨》等书自修。另外再作些策论《四书义》，请邑中的老先生评阅。秋间再去考乡试，举人当然无望，却从临时书肆（当时平日书店很少，一至考试时，试院附近临时书店如林）买了严译《原富》《天演论》等书回来，莫名其妙地翻阅。又因排满之呼声已起，我也向朋友那里借了《新民丛报》等来看，由是对于明末清初的故事与文章很有兴味，《明季稗史》《明夷待访录》《吴梅村集》《虞初新志》等书，都是我所耽读的。

十八岁那年，因了一位朋友的劝告，同到绍兴府学堂（即现在浙江第五中学的前身）入学。在那一二年中，内地学堂已成立了不少。当时办学概依奏定学堂章程，学制很划一。县有县学堂，性质为现在的高小程度，府学堂则相当于现在的中学，省学堂相当于大学预科，京师大学堂即现在的所谓大学了。学堂的成立，并无一定顺序，我们绍兴是先有中学，后有小学的。府学堂不收学费，宿费更不须出，饭费只每月二元光景。并且学校由书院改设，书院制尚未全除，月考成绩若优，还有一元乃至几毛钱的"膏火"可得（膏火是书院时代的奖金名称，意思是灯油费）。读书不但可以不花钱，而且弄得好还有零用可获得的。

府学堂的科目记得为伦理、经学、国文、英文、史学、舆地、算学、格致（即现在的理化博物）、体操、测绘（用器画舆地图），功课亦依程度编级，一如中西书院的办法。我因英文已有半年每日三点钟及在家自修的成绩，居然大出风头，被排在程度顶高的一级里，算学与国文的班次也不低。同学之中年龄老大的很多，班级皆低于我，我于是颇受师友的青眼。

国文是一位王先生教的，选读《皇朝经世文编》，作文题是《范文正公为秀才时便以天下为己任》《士先器识而后文艺》之类。经学是徐先生（即刺恩铭的徐锡麟烈士）担任的，他叫我们读《公羊传》，上课时大发挥其微言大义。测绘也由这位徐先生担任。体操教师是一位日本人。他不会讲中国话，口令是用日本语的，故于最初就由他教我们几句体操用的日本语，如"立正""向前"之类。伦理教师最奇特，他姓朱，是绍兴有名的理学家，有长长的须髯，走路踱方步，写字仿朱子。他教我们学"洒扫应对""居敬存诚"，还教我们舞佾，拿了鸡尾似的劳什子作种种把戏。据他的主张，上课时书应端执在右手，不应挟在腋下；上班退班都须依照长幼之序"鱼贯而行"，不应作鸟兽散；见先生须作揖，表示敬意。我们虽不以为然，却不去加以攻击，只依老古董相待罢了。

当时青年界激昂慷慨，充满着蓬勃的朝气，似乎都对于中国怀着相当的期待，不像现在的消沉幻灭。庚子事件经过不久，又当日俄战争，风云恶劣，大家都把一切罪恶归诸满人，以为只要把满人推倒，国事就有希望了。《新民丛报》《浙江潮》等杂志大受青年界的欢迎，报纸上的社论也大被注意阅读。那时恋爱尚未成为青年间的问题，出路的关心也不如现在的急切（因为读书人本来不大讲究出路），三四朋友聚谈，动辄就把话题移到革命上去，而所谓革命者，内容就只是排满，并没有现在的复杂。见了留学生从日本回来没有辫子，恨不得也去留学，可以把辫子剪去（当时普通人是不许剪辫子的）。见了花翎颜色顶子的官吏，就暗中憎恶，以为这是奴隶的装束。卢梭、罗兰夫人、马志尼等，都因了《新民丛报》的介绍，在我们的心胸里成了令人神往的理想人物。罗兰夫人的"自由，自由！天下几多罪恶假汝之名以行！"已成了摇笔即来的文章的套语了。

我在这样的空气中过了半年中学生活，第二学期又辍学了。这次辍学并非由于拿不出学费，乃是为了要代替父亲坐馆。父亲在一年来已在家授徒了，一则因邻近有许多小孩子要请人教书，二则父亲嫌家里房屋太大，住了太寂寞，于是在家里设起书塾来。来读的是几个族里与邻家的小孩。中途忽然有一位朋友要找父亲去替他帮忙，为了友谊与家计，都非去不可。书馆是不能中途解散的，家里又无男子，很不放心，于是就叫我辍学代庖。功课当然是我所教得来的。学生不多，时间很有余暇，于是一壁教书，一壁仍行自修。家里人颇思叫我永继父职，就长此教书下去。本乡小学校新立，也邀我去充教习，但我总觉得于心不甘。

恰好有一个亲戚的长辈从日本留学法政回来，说日本如何如何地好，求学如何如何地便利。我对于日本留学梦想已久了，听了他的话，心乃愈动。父母并不大反对，只是经费无着，乃遍访亲友借贷，很费力地集了五百元，冒险赴日。

当时赴日留学成为一种风气。东京有一个宏文学院，就是专为中国留学生办的，普通科二年毕业，除教日语外，兼教中学课程。凡想进专门以上的学校的，大概都在那里预备。

我因学费不足两年的用度，乃于最初数月请一日本人专教日文，中途插入宏文学院普通科去。总算我的自修有效，英算各科居然尚能衔接赶上。在那里将毕业的前二三月，东京高等工业学校招考了，我不待毕业就去跨考，结果幸而被录取。当时规定，入了官立专门学校就有官费的，而浙江因人多不能照办。我入高工后快将一年，就领不到官费，家中已为我负债不少，结果乃又不得不中途辍学回国，谋职糊口。我的中学时代就此结束了，那年我二十一岁。

总计我的中学时代，经过许多的周折，东补西凑，断续不成片断。我为了修得区区的中学课程，曾经过不少磨难，空费过长期的光阴。这种困苦的经验，当时不但我个人有过，实可谓是一般的情形。现在的中学生在这点上真足羡艳，真是幸福。

一九三一年六月

（原载《中学生》第十六号）

我的中学生时代及其后

作家 文学评论家 茅盾

　　时常这么想：如果我现在又是个中学生，够多么快活！我时常希望在梦中我居然又是中学生：我居然又可以整天跑、嚷、打架，到晚上睡在硬板铺上丝毫不感困难地便打起鼾来；居然又可以熬整夜预备大考把大捆的讲义都强记着，然后又在考试过后忘记得精光；居然又可以坐在天桥上和同学们毫无顾忌地谈自己的野心，幼稚地然而赤诚地月旦人物。呵呵！热烈愉快的中学生时代！前程远大的中学生时代！在那时，如果有谁不觉得整个世界是他的，那他一定不是好中学生，我敢说！

　　然而我始终未尝在梦中再为中学生，甚至中学时代的同学也不曾梦见半个。不过是十多年呢，然而抵得过一百年的沧桑多变的这十多年，已经去得远远，已经不能再到梦中来使我畅笑，使我痛哭，使我自负到一定要吞下整个世界！

　　是的，吞下整个世界！是中学生，一定得有这个气魄：有一个挨得起饿，受得起冻，经得起跌打的身体；有一个不怕风吹，不会失眠，不知道什么叫做晕眩的脑袋。还有，二三十年大好的光阴，原封不动地叠在他前面，他自己将来的一切，社会将来的一切，人类将来的一切，都操在他手里，都等待他去努力创造，他怎么可以自己菲薄？

遇到了年青的朋友时，我总喜欢听他们谈他们的中学生生活。听到了他们这时代所特有的斗争生活的紧张和快活，我常常为之神往；再听到了他们这时代所特有的青年的苦闷，我又常常为之兴奋而惆怅。不错，现代的青年，尤其是前程远大的宝贝的中学生，都不免有些苦闷，都曾经有过一度的苦闷；始终不感得此苦闷者；若非"超人"，便是浑浑噩噩的傻瓜。超人非此世所有，因而只有好中学生才会有苦闷，有一时的苦闷罢？这是我们当此受难时代所不得不经过的"洗礼"呀！时代的特征就是每一个有造化的青年必得经过一度苦闷。应该欢迎苦闷，然后再战胜这苦闷，十分元气地要吞下全世界似的向前向前，干着干着，创造你自己将来的一切，社会将来的一切，和人类将来的一切罢！

　　斗争的生活使你干练，苦闷的煎熬使你醇化；这是时代要造成青年为能担负历史使命的两件法宝。

　　在我的中学生时代，却没有福气来身受这两件法宝的熏陶。相差不过十多年呀，然而我的中学生时代是灰色的平凡的，只把人煨成了恂恂小丈夫的气度。在我的中学生时代，没有发生过一件事情使我现在回想起来还感受着兴奋和震荡，也许就是为此我始终不再梦见我的中学生时代了。

　　我的中学生时代是灰色的，平凡的；没有现在的那许多问题要求我们用脑力思考，也没有现在的那许多斗争来磨炼我们的机智胆略。学校生活的最大的浪花是把年青的美貌的一年级同学称为face而争着和他做朋友，争着诌七言的歪诗来赞颂他，或是嘲笑那些角逐中的对方。我经历过三个中学校，浙西三府的三个中学校，我的最可宝贵的中学生时代也就在这灰色的空气中滑过去。如果一定要找出这三个中学校曾经给予我些什么，现在心痛地回想起来，是这些个：书不读秦汉以下，骈文是文章之正宗；诗要学建安七子；写信拟六朝人的小札；举止要风流潇洒；气度要清华疏旷……当时固然没有现在那些新杂志新书报，即使也有一二种那时所谓的新的，我们也视为俗物，说它文章不通，字非古义。在大考时一夜的"抱佛脚"中，我们知道了欧洲有哪些国、哪些战争，和中国有哪些条约，有所谓法国大革命，拿破仑，普法战争，日俄战争，然而我们照例是过了大考就丢在脑后去了。世间有所谓社会科学，我们不知道，且也不愿意去知道。是在这样的畸形闭塞的空气中，我度过了我的中学生生活，这结果使我现在只能生在这里写文章，过所谓"文士生涯"。

那时我们亦无所谓"苦闷"。苦闷的人是有福的，因为这是思想展开到某种程度的征象。因为通过了这一时期的苦闷，他的思想就会得确定，他将无往而不勇敢，而不愉快。我们的中学时代却只有浑噩，至多不过时或牢骚，一种学来的牢骚：太息于前辈风流不可再见，叔季之世无由复闻"正始之音"那种无聊的非青年人所宜有的牢骚。

中学毕业的上一年，"辛亥革命"来了。住在沪杭铁路中段，每天可以接读上海报纸的中学生的我们，大概也有些兴奋罢？大概有一点。因为我们也时常到车站上买旅客手里带着的上海报，并且都革去了辫子了。然而这兴奋既无明确的意识的内容，并且也消灭得很快。每一个阳历元旦，在府学明伦堂上开了什么市民大会一类的东西，有一位，本来是我们这中学的校长且又是老革命党而又新任什么军政分府，演说"采用阳历的便利"；那天会里，这是唯一的演说。现在我还依稀记得的，是他拿拳头上指骨的凸出处来说明阳历各月的月大月小。如果说我在中学校曾经得了些新知识，那恐怕只有这一件事罢？

后来我又进过北方某大学，读完了三年预科，我还是我，除了多吃些北方的沙土，并没新得些什么，于是我也就厌倦了学校生活了。

现在，三十许的我，在感到身体衰弱的时候，在热血涂涌依然有吞下整个世界的狂气的时候，每每要遗恨到我的中学生时代的太灰色太平凡了。我总觉得我的太平凡太灰色的中学生时代使得我的感情理智以及才能，没有平衡的发展，只成了不完备的畸形的现在的我。时代不让我的青年时代，最可宝贵的中学生时代，在斗争的兴奋和苦闷的熬炼中过去，不让我有永远可以兴奋地回忆着的青年时代的生活浪花，这也许就是所谓早生者的不幸罢？

这也就是为什么我时时有这样的感想：如果我现在又是中学生，够多快活！好像是一个失败的围棋手，在深切地认知了过去的种种"失着"以后，总想要再来一局，而又况我的过去的"失着"都好像罪不由己，都好像是早生几年者该得的责罚似的。

相差不过十多年呢，然而在现今这大变化的时代作中学生是幸福的！各种的思潮都在你面前摊开，任由你凭着良心去选择，很不像我的中学生时代只能听到些"书不读秦汉以下"一类的话语。学校生活不复是读死书，不复是无聊到仅仅在一年级新生中间发见face，而是紧张的不断地有斗争，还是社会的活动。这些，多么能够发展你的才具，充实你的生活！历史的大轮子正在加速度转进，全世界的人类正在唱着伟大的进行曲，你们，现代的中学生，躬逢其盛地正好把年富力强的数十年光阴贡献给社会给人类！历史需要着成千成万的中学生青年来完成光荣的使命！谁觉得出了中学校的大门便没有路走，那他不是傻瓜便是软骨头！

历史的悲壮剧的展开是数百年而始得一见的，青春，中学生时代，人生也只有一次；正在青春而又正在前程无穷的中学生时代，而又躬逢数百年一见的历史的悲壮剧展开，而或又更幸而未生在富贵家庭被捧在掌里含在嘴里做活宝贝，这真是十全的"八字"，应该不要辜负，应该不要自暴自弃，应该比什么人都兴高采烈些！

只有不幸而生于富厚之家被捧在掌里含在嘴里做活宝贝烘软了骨头的现代青年，才是很不幸地只配在历史的大轮子下被碾成肉泥！

这样的不幸儿是可怜的，他没有自由的身体，他没有选择他的生活的自由，他就不配有吞下整个世界的豪气。

我很庆幸我没有被捧在掌里含在嘴里当作过活宝贝，所以虽然我的中学时代是那样的灰色平凡，从那样的陈腐闭塞几乎将我拖进了几千年的古坟里去，可是历史的壮潮依然卷我而去，现在我还坐在此间写这一篇文字。但是我依然羡慕着现今为中学生的幸而不被捧在掌里含在嘴里当作活宝贝的年青的朋友。呵呵！尚在中学校或将出中学校的年青的朋友呀，不要以为你是一个小小的中学生看着那庞大混杂的社会而自惭形秽，不是这么的，正因为你是个寒苦的中学生，你的骨头尚未为富贵禄利所熏软，你有好身体，你有坚强的意志，你肯干，你是无敌的，你刚在人世，你有年富力强的二三十年好光阴由你自己支配，你自己将来的一切，社会将来的一切，人类将来的一切，都操在你手里，都等待你去努力创造呢！

自然在你创造的途中有些困难等着你，但是你总不至于忘记了"不遇盘根错节，无以见利器"的古语；也许你在创造的途中丧失你个体的存在，但是你总可以想见富家的公子常常会碰到绑匪，或者是吃得太多送了性命！

三十年代照例是新历史的展开期，前程远大的，什么都足以骄人的中学生呀，新时代在唱着进行曲欢迎你，欢迎你！

一九三〇年十一月廿三日

（选自《印象、感想、回忆》，文化生活出版社一九三六年版）

昆虫分类学家

周尧

雕虫话沧桑
（节选）

"科学救国"

1932年暑假后，我进了江苏南通大学农学院，这学校是张謇创办的。张是清朝末代的状元，却对辛亥革命有过贡献。他还是袁世凯的老师，袁要做皇帝时，把他骗到北京，封他做"太师"，但他从北京逃回南通，通电反对袁世凯称帝。

当时日本军舰经常侵犯我沿海地区，也来到南通，张謇发动群众，把它扣留了。日本政府通过中国政府要求释放，他根本不理，一定要日方承认错误，保证不再来犯，才释放它。为了动员群众，他把100年前为南通农民所杀死的"倭寇"的乱坟，重新堆成一个五六米高的大坟，树立了"倭子坟"的大石碑；在附近还为那次抗击倭寇的农民领袖建立了祠堂，叫"曹公祠"。这个民族英雄的塑像提着大刀，有些像舞台上的关云长，非常神气，以此来激励人民的爱国热忱。

他主张"实业救国"，开辟沿海盐垦区；鼓励群众种棉花。他办了纺织工厂、轮船、汽车、公路，医院、博物馆、女红传习所、盲哑学校、师范学校，大学有农、纺、医三个学院。他的事业是第一次世界大战时发展起来的。他为人民做了大量好事，使贫苦的南通农民生活比起苏北其他地区有了普遍的提高。我到南通时，他已逝世了，但我对这位先校长是怀着无限敬意的。他的实干精神对我产生了影响。南通人民传统的爱国精神，也给我留下了深刻的印象。

南通大学农学院是有特色的，给我留下了很深的印象。这个学校是以棉花为教学科研中心的，我国老一代的棉作专家都和这所学校有过关系，有的在那里教过书，有的就是在这个学校里培养出来的。前者如王善佺（尧臣）、孙思廌（玉书），后者如俞启葆、于绍杰、王翌金、郑学年、徐树基、唐高远等。除棉作学外，别的教师的阵营也是很强的：园艺教授有蒋芸生、吴耕民；化学教授有杨守珍、铁明；畜牧教授有陆理成；昆虫教授有尤其伟；植病教授有杨志农。

当时社会上宗派林立，农学界就有"中大派""金大派"。南通的学生不爱搞那一套，他们很少卷到派系斗争中去。对有些宗派观念强的老师，心里是看不起的。我们尊重的是老师的学问和道德。

我们同学之间，普遍存在有"科学救国""实业救国"的思想，并且是相互团结友爱的。五四运动的精神对我们这一代青年是有巨大影响的，我们真正理解了"国家兴亡，匹夫有责"的道理。

那时正是"九一八""一·二八"之后，同学们在一起经常谈论国事，慷慨激昂，声泪俱下。在全校学生会的统一领导下，进行过许多政治斗争，要求政府停止内战，一致抗日；到南京请愿，要求政府收复失地；等等。社会上爱国青年如孙大鹏等，有时也来和我们取得联系。

我们学校还有艰苦朴素的作风。新生入学时规定要做一件实习衣：草绿色的布大衣和一顶草绿色的学生帽，同今天的干部帽一样，但帽顶是方形的。以后四年，天天穿戴的都是它们，脏了洗，破了补，不再重做新的，因为穿旧实习衣，标志着高年级老大哥的光荣。

我们所学的课程是很扎实的，特别是基础课。我是农艺系毕业的，但我走上了昆虫学的道路。学校很重视实习，实验。我在一二年级结合劳动参加了对棉花生长由种到收两个全过程的大田观察。到西北农学院后，我大学时做的畜牧学的实验报告"鸡的解剖"被畜牧系老师吴士英见到后要去了，说可以作为他著作的插图。我的植物学和作物学的实验报告同样被别的老师要走了。实验室是经常为同学们的学习而开门的。有几个畜牧系的同学（王烜之，戴以坚）还集资在学校附近办了一个奶牛场，另有一个畜牧系同学由少到多养了上百只鸭子，我们叫他"鸭司令"。

这个学校还实行一种工读的办法，对成绩优良而家庭贫寒的学生，让他担任一定的工作，给予一定的报酬。我记得王翌金和徐晓白两位同学当时就兼任图书管理员和化学实验员，李西庚同学兼任作物学助教，我从三年级起就兼任了昆虫学助教，从那时起就决定了我一生努力的方向，也加强了我的实干精神和"科学救国"的思想。

在这民族存亡之秋，我从不曾考虑过个人的幸福。早在立达时期，我就喜欢了同班的一位叫陶萃贤的女同学，她在生物课后，经常借我的生物学报告看，但我们见面时总是善意地相互微笑，从不曾彼此倾吐一句衷情，我们相互尊重。我想，这感情会有成熟的一天。在"一·二八"战争以后，我来了南通，她却不知去向。有一天，有人告诉我，就在沪战中她被家庭逼婚，婚后生活很不幸，终于出走了。我听后很伤心，为什么她的命运和我这样相似呢！

当夜我做了一个梦，梦见她已是一个沦落的天使了。正当她在芦花瑟瑟的河边向我诉述生平时，突然来了几个强盗要绑架她。为了保护她，我和强盗进行了格斗。强盗的武器打中了我的头，我被惊醒，原来我的头碰在床架子上了，但已是满枕泪痕！此后我到处打听她，却渺无踪影。当时我相信她一定还活在多难的祖国！我只有在生物科学的学习上更加努力，才不辜负她对我的希望！

骆驼精神

我一年级的时候，对植物分类感到浓厚的兴趣，在孙子铁老师的指导下，经常去倭子坟、啬公墓和狼山采集植物标本，编写《南通植物名录》，开过腊叶标本展览会；并以日本类似著作为蓝本，根据当地的气候写了一本《植物花时历》，正式出版。这期间，我常去上海内山书店，购买《日本植物大图鉴》等参考书，在那里多次见到鲁迅先生。

我还办了"通农世界语学会"，开了班，出过几期壁报，叫做《绿园》（Verda Gardeno）。我用世界语翻译了荷兰H. J.Bulthuis的剧本《虚心的人》（中华书局出版），并同国际上很多人士，如苏联园艺学家米丘林等，通讯，进行学术上的探讨。

我除了从事这些学术活动外，也很注意体育锻炼。我的房子里常陈列有大刀、棍棒和长矛。当时学校里已有一个体育组织叫"健行队"，是由我的朋友徐树基为首的一批长跑运动员组织的，我跑得慢，没有资格参加进去，但我认识到长跑是锻炼身体和意志最好的运动，我和唐高远等同学就另外组织了一个慢跑的"跑到队"，以骆驼的图案作为队旗。学校开运动会时，和"健行队"一起参加一万米和五千米的长跑，规定个个都要跑到底。平时每星期天举行一次一二十里的"长征"。我以后能在各种困难条件下斗争到底，这毅力和体力就是当年锻炼出来的。"跑到队"有一首队歌，是我和傅云鹄合作编写的，套的是当时流行的《苏武牧羊》的调子，至今我还能哼哼它：

"要雪东亚病夫耻，要炼体如钢，要锻铁心肠；活泼泼，气昂昂，准备赴沙场。雄心惊倭寇，壮志吓蛮邦；徒步千万里，发轫若飞镞。愿吾男儿奋起猛进莫颓唐！眼看旧山河，破烂已无多。大丈夫，莫蹉跎，赶快去沉疴！我们组织了，'跑到队'如何？越野比赛也，精神如骆驼。驱逐倭奴；光复河山，共唱凯旋歌！"

学校想出一份学报，筹备了几年，教师们成立了多次编委会，但都没有办起来。我担任学生会学术干事，主动承担起这一工作。一年后由我主编的学校的校报《通农期刊》创刊号出版了，受到全校师生和社会各界的赞扬。

到了二年级，我对昆虫学发生了更大的兴趣，我又从内山书店买了不少日本的昆虫书籍并采制了不少昆虫标本。我对昆虫学的兴趣无疑是尤其伟先生培养的结果。从三年级起我兼任助教以后，我的大部分精力都投在昆虫学上，我的主要任务是指导低年级的昆虫实验课以及辅导答疑。任务也逼着我看更多和买更多的课外书籍和杂志。

我家的境遇很困难，家庭不能继续供应我上学的经费。幸好上海有一批宁波籍的民族资本家，想在家乡办一所"四明大学"。为了贮备师资，集资设了一个"四明奖学金"，资助成绩好，家庭贫寒的宁波籍学生。我向奖金管理委员会提出申请，寄去家庭困难证明书和每一学期的考试成绩单，获得了一份奖学金。我大学四年就靠这份奖学金维持。我很节省，不吃零食，不添新衣，成天穿着草绿色的实习衣，能够节省下一些钱来买参考书。兼任助教以后，又多了一份收入，买书的钱也更多了。

从我一九三四年兼任助教之日起，学校还给了我单独的宿舍，那是一个品字形的不高的平房，原来作过气象站，位置在稻田、菜园、小树林与草场的中间。我和李西庚分占东西二间，前面一间大房间是我们公用的，但里面空空的，只存放我们的捕虫网、锄头，以及锻炼身体用的体育用具。下雨天，我们就在那里练拳术。同学来多了，席地而坐，充作临时的会客室。房顶上有个平台，可以从我房间的边门外步梯上去，这是装置诱虫灯最理想的地方，一年四季都会诱到各种昆虫。我每晚总要到下一二点钟才睡，风雨无阻地穿着拖地的毛巾浴衣，到平台上去散步几次，观察诱到的昆虫。有的把它毒死制作标本，有的把它饲养起来，进行研究。这二年的生活，回忆起来是富有诗意的。我的昆虫学术活动，就是从这时候开始的。

昆虫趣味会

参考书刊的缺乏，是每个爱好昆虫学的同学共同感到的苦恼。有一次，我同班的胡源湘来看我，他对我说："你有能力办起《通农期刊》，为什么不办一份昆虫学的刊物呢？我们谈得很投机，就一起筹划办昆虫刊物。对刊物的名称、学会的名称、章程、经费、稿约，一切琐细的问题都想到了。有三四个晚上我们一直谈到次日清晨的三四点钟，他就在我铁床边加一条长板凳，半个身子睡在铁床边上，半个身子睡在板凳上。一九三五年惊蛰，中国第一个全国性的昆虫学会"昆虫趣味会"正式成立。一个月后第一个群众性昆虫学杂志《趣味的昆虫》创刊号出版了。这是我在胡的鼓励下办起来的。

昆虫趣味会会址暂设在南通启秀路。当时南通农学院有大批同学参加，会员中不少人从此爱上了昆虫科学。会员中目前我能记起的有王翌金（曾任西南农学院、西北农学院教授，已逝世）、徐树基（现任西北农学院教授）、李传隆（现任中国科学院动物研究所研究员）、郑学年（现任江苏农学院教授）、唐高远（八一农学院教授，已逝世）、谢仲屏（现任科学出版社编审）、汪桂芳、王鼎定（抗战胜利后去了台湾）。外地的会员有忻介六（现任复旦大学教授），赵善欢（现任华南农学院院长）、蒲蛰龙、利翠英（现均为广东中山大学教授），胡少波，金孟肖（现均为广西农学院教授）、尤其偶（南通博物馆馆长，已退休）。但是，社会上很少人知道主持这个学会的会长和刊物主编是一个二十三四岁的大学生。学会的文书部干事和刊物助编是胡源湘，代理部干事李传隆，图书部干事王鼎定，标本部干事尤其偶，《虫讯》编辑徐树基。尤其伟、王善俭、李永振三位老师是名誉会长，

这里我特别要提到的是汪仲毅，他当时在湖南工作，以个人工资的收入办了《中国昆虫学文献索引杂志》。做了好事还受到别人的冷嘲热讽，我同情他，支持他的工作。以后他就加入昆虫趣味会，将他所办的杂志，作为会刊之一。抗战胜利后去了台湾。最近确实消息：他在台湾受到迫害，入狱多年，出来时，妻、子都已死亡，现在养老院里生活。

昆虫趣味会出版有《趣味的昆虫》杂志。学会和杂志的名称以及论文的题目与摘要都用世界语来代替外语。在中国这是第一次把世界语这种科学的语言应用于自然科学，也给世界语活动开辟了一条新途径。刊物的第一期是科普性的。《昆虫与植病》上介绍说："南通出现了一种半通俗的昆虫学

杂志。"我们看到这介绍后很生气，决心提高杂志的质量，使它成为提高性和带有研究性的杂志，印刷和稿件的质量都有一些改进。我在那杂志上发表过一些很肤浅的文章。这些文章，我以后再看到它们时，感到很惭愧，主要是科学态度不够严肃，有错误。杂志由我主编的共出八期，十六开本共二百多页。第九至十二期合刊出于我出国去了，没有印出来。我们把有关"会务报导""通讯"等稿件另出一种副刊，叫《中国昆虫界》，后改名为《虫讯》。连汪仲毅主编的《中国昆虫学文献索引杂志》计算在内，这个学会共有三个铅印的杂志。那时候我和日本的昆虫学家江崎悌三、加藤正世，比利时的昆虫学家伟特士曼（P.Wytsman）和英美的一些昆虫学家，都有私人的通讯联系。

昆虫趣味会还印了尤其伟先生编著的《虫学大纲》，书上的四幅图版，是我照的相，书中五百六十九幅插图都是我从很多书上临摹下来的。我为这本书的出版，在上海找到了一家小印刷厂，我在那厂里度过了一个炎热的夏天。第二期以后的刊物也是在那里印的。

那个印刷厂只有一间门面，楼下放了一架对开机和一架圆盘机，挤得满满的，连走路都很困难；楼上是排字房，周围安放字架，只一张桌子供拼版用。到了晚间，工人就睡在那里的地板上；亭子间则是账房兼老板夫妻的宿舍。我白天和工人一起排字，拿着沉重的铅字手盘，围着字架团团转，这工作很有趣味，也是很辛苦的。我向工人学技术，工人向我学文化，看不懂的字就问我。排出几页来，我就拿到亭子间去校对校清，改好版，送下楼去付印，我就下楼看清样。晚间，我就和工人们并排睡在地板上。我们灭了灯，大家轻声地讲故事，讲国家大事，上海的夏天是很难熬的，我和排字间的工人一样穿一条短裤叉，豆大的汗珠从背上、从额上流下来。小印刷库没有铸字炉，用过的铅字拆了再用，所以排字的人满手都是油墨，一抹汗，身上脸上就留下一道黑印子，不一会就成了"九纹龙"。就这样，我体验了印刷工人的生活，和他们建立起了深厚的感情，也学会了全套印刷技术，在极短的时间里完成了六百七十多页书的出版任务。书的印刷费是我私人垫付的，书出版不久我就出国了，我连一点儿成本都没有收回来。

昆虫趣味会还曾仿制一种美国式的捕虫网，它的网框是由二条半米长的富于弹性的钢条制成的，装拆都很方便。钢条是找一家小铁铺冶制的，由李传隆主持这工作，他在那里也做了几天匠人。我们还举行一次到浙江四明山的采集旅行，一路照了很多相，有一张在雪窦山瀑布上照的，我当时在上面题了字："千丈飞瀑从我们脚底飞去，千古事业将从我们这一代人手中做出。"这题字，从民族的角度来说，豪迈气魄是必要的；从个人的角度来说则是少年狂妄了！

还应当说明，昆虫趣味会的会员，每人付会费四元，可得到一份杂志和副刊，这会费只够日常的零星开支。出杂志和印书一样，费用都是我个人支付的，我把我的一份助教的工资收入全部填进去了。

我的不修边幅的容貌和精力充沛的各种活动，在小小的县城里引起了政府当局的注意。有一次，在白色恐怖严重的时候，我隐藏在教室讲台下的一批进步书籍，包括巴金、卢剑波，金一等人的著作，被同学吴方城发现了，训导处立即把它们烧毁.虽然书上都盖有我的别名"河汉"的图章，但学校并没有追究。我却为我的损失感到惋惜。几天后，国民党军队还在夜里来学校搜查一次，没有查到什么，但此后我所主持的一切会议，如世界语学会、昆虫趣味会成立一周年纪念大会，南通国民党部都"主动'来人参加。本来我毕业后可以留校，作为正式助教的，但我宁愿离开这个环境，放弃这个机会。我移交了昆虫趣味会的工作，决心考完毕业考试就去意大利继续上学，使自己真正学到一些对国家有用的知识。我选择意大利作为我留学的国家，因为那里有个著名的昆虫学家西尔维斯特利（F. Silvestri）教授。

昆虫趣味会继任第二届会长的是王鼎定，刊物又维持了一年，抗战发生，就停办了。

昆虫趣味会是中国第一个昆虫学的民间学术团体（不是一个学校的）。虽然是短命的，但它对我国昆虫事业是有过一定影响的。

（选自《雕虫话沧桑》，一九八四年作者自印本）

怀念我的老师

苏步青

数学家

当我翻阅精装的《苏步青数学论文选集》，心头总是那么激动。除了专著之外这些论文就是我几十年日夜奋斗留下的文字硕果，在欣喜之余，我的脑海里总会浮现几位启蒙和引路的老师。没有他们的教导我怎么会有今天的成就呢？

我出生于浙江省平阳县北港山区的一个贫苦农民家庭，童年就参加割草、喂猪、放牛等辅助劳动。十岁那年，我父亲借了几块钱，送我到离家一百多里的平阳县唯一的一所小学当了插班生。

平阳县的语言很复杂，北港山区讲的是闽南话，而县城讲的却是温州方言。当时我连学话都来不及，书当然念不好，小孩子又好玩，第一学期结束，我的成绩全班倒数第一名。

第二年，我的家乡北港开办了一所小学，我便到那里继续念书。虽然这里不像县城语言复杂难懂，但是上学的大多数是富家子弟，我常受到欺侮和歧视。有一次，我写了一篇作文，其中有两句比较好的语句，有个教师竟怀疑不是我写的在作文本上批了个"差"字。对此，我十分反感，以不听课的方式，对抗这位老师的蛮横无理。结果，这学年我又一次得到倒数第一名，差点不及格。

新学年开始了。新来的陈玉峰老师是一位正直可亲的读书人，他从不歧视穷人家的孩子。不久，陈老师发现我比较沉默寡言，就主动接近我，对我说："你是聪明的学生，你家穷，父亲宁愿让全家吃杂粮，却把大米省下来，送你上学念书；而你读书却无精打采，这对得起你父亲吗？

我听了马上说："读书，读书，有什么用？文章做得好，还说不是我做的。查清楚了，还给我批'差'字，这不是存心在刁难我吗？"

"不！文章好坏，不是哪位老师可以决定的。"陈老师对我的想法进行开导："个人的前途，要自己去争取。我看你的资质不差，只要好好努力，一定会成为有用之材……"陈老师的话，讲到我的心坎上。我想，是啊，怄气有什么用，这对得起老师，对得起父母吗？从这以后，我开始集中心思学习。这学年结束时，我竟获得全班第一名。以后每次考试，我都名列前茅。至今想起这件事，我仍非常感激陈玉峰老师，是他耐心的教导，使我走上为学的长途。

一九一五年我以优异的成绩考进了设立在温州的浙江省第十中学。就在上二年级时，学校聘请了一位姓杨的老师。他教我们数学。数学一向比较枯燥乏味，但杨老师的数学课却非常吸引人。他是从日本留学回国的，带回不少科学杂志，常常教我们阅读这里的数学知识和习题。特别是那些很有意思的习题，把我吸引住了，我开始对数学发生兴趣，把过去读文史书籍的时间，几乎都用来钻研数学了。幸而我以前曾刻苦学习语文，对语文有坚实基础，所以这时可充分腾出时间来钻研数学。

有一天，杨老师找我谈话："你的作文写得好，文史知识也很丰富。可是，我们的国家现正处在水深火热之中，谈那些古老的历史、文学就能救国吗？"杨老师直截了当地宣传"科学救国"的道理。在上课的时候杨老师谈到我们中华民族受到列强凌辱的历史，就激起我学好数学的强烈欲望。我终于向杨老师表示："我想多学点数学，请多加指教。"老师满腔热情地接受我的要求，只要我去找他，他总是尽力地给我以帮助。我不管酷暑严冬，还是霜晨晓月，都抓紧时间读书、思考、解题、演算，在数学上取得比较好的成绩。为了证明三角形内角之和等于两个直角这一定理，我采用大同小异的二十种方法，并写成一份论文，被送到当时浙江省的一个学生作业展览会展出。

由于我在这方面学习崭露头角，引起了中学洪颜远校长的关注。当时洪校长兼教平面几何，看到我勤奋学习，常在自修时看我的作业本，每看一道题，就露出一丝笑容，有时频频点头。

有一天，洪校长把我叫到办公室，问了我的学习情况，又讲了些鼓励的话，便告诉我说："我要调离学校，到教育部去工作，你毕业后可到日本学习，我一定帮助你。"

那年中学毕业，我想起洪校长的嘱咐，便写信告诉洪校长。不久，我就收到二百块银元。我捧着白花花的银元，激动地流下热泪。洪校长不仅在数学方面引导我走上成才之路，而且从经济上给了我及时的资助。我非常感激，因为这是我一生事业的转折点。

一九一七年秋天，我乘上日本海轮，从上海驶往日本。洪校长又寄来临别赠言："天下兴亡，匹夫有责，要为中华富强而奋发读书。"短短的几句话，我却铭刻在心，并且一直鼓励我要为祖国的繁荣富强而尽力。

在日本留学期间，我又接触东京帝国大学数学系著名几何学家洼田忠彦教授，他是我数学论文的指导老师。

洼田教授对我要求非常严格，每周检查一次，要我汇报学习情况、存在问题和对问题的想法。这种指导方法，对我独立思考、研究创造了良好的条件。

有一次，我有一道解析几何难题解不出来，去向洼田先生请教。教授不正面回答我的问题，只说："你去查查沙尔门·菲德尔的《解析几何》吧。"这本书有厚厚的三大本，近两千页。回来一看，暗想：这书何年何月才能读懂念完呢？我一面埋怨老师不具体指导，一面不得不硬着头皮啃。等啃完这套书，我对洼田教授充满了无比感激之情。因为这套书不但解决了我的具体问题，而且更重要的是，使我掌握了终生有用的基础知识。

时间过去六七十年了，但老师的教导，我仍念念不忘。在旧中国，我受到"科学救国"的影响，也很想为国家尽力，但那是不可能的，政府腐败无能，有科学也难救国。今天，党为我们创造了良好的条件，向现代科学进军，用先进的科学技术来加促社会主义建设，已是十分紧迫的事了。老师教给我的知识和技能，就应该为"四化"建设多做贡献。我们要热爱老师，尊敬老师。当了老师，就要自重自爱，更加关心年青一代学生，使他们尽快成为栋梁之才，这也是新一代教师的历史使命。

　　所有为我的成长、进步付出辛勤劳动的老师，我都永远怀念他们！

一九八六年十月

（选自《教师博览》，二〇〇一年第十二期）

在北师大附中八十周年校庆集会上的讲话（节选）

钱学森

世界著名科学家

两弹一星功勋奖章获得者

"今天，我是很有感触的。不由得回想起五十多年前，我在北京师大附中学习时的情景。那个时候，这个工人俱乐部当然不存在。这个地方叫虎坊桥，当时确实有个石头桥，上面雕刻着老虎头。这儿已是城市的边缘了，到处一片荒凉。老百姓就怕刮风，他们有句俗话：'无风三尺土，下雨一街泥'。我还记得，狭窄的胡同里经常有做小买卖的在叫卖，声音格外凄凉。如补锅人的叫声，就拖得长长的，被风一吹，显得悲惨极了：'补——老——锅！补——老——锅！'听了让人掉泪。我为什么要说这些呢？因为这就是我在师大附中学习时旧中国的情景。那从阴暗的胡同里传出的悲惨呼叫，就像是垂死的人在做最后的挣扎。那个时候，我们大家都感觉到有一个民族和国家是生存下去，还是灭亡的大问题。这个问题，像一块沉重的大石头，它不仅压在老师们的心上，也压在所有学生们的心头。在这种气氛下，同学们努力学习，寒窗发奋，就是为了振兴中华！"

"在附中读书时，给我留下印象最深的是教国语的董鲁安老师。他实际上把国语课变成了思想政治课。他时刻告诫我们，不要忘记我们是中国人，不论将来做哪一样工作，都要想到自己的祖国，想到自己作为一个中国人的责任！在董老师的教导下，使我从学生时代起，就关心着我们这个国家的现状和前途。总之，我能有一颗爱国的心，要感谢董鲁安老师的教育。记得一九三五年初夏，我出国前到北京去看望他。他很高兴，一定要请我吃顿饺子。他端出一盘猪肉饺子，可是，他自己却不吃，说他是吃素的。后来有人告诉我，董老师是搞党的地下工作的。为了做掩护，公开的身份是信佛教的居士。居士当然要吃素了。我出国后不久，听说他就到解放区去了。新中国成立后，我在国外从报纸上看到董鲁安老师的名字，那时他已是河北省委的负责人了。遗憾的是，当我一九五五年回国时他已经病故了，我们没能见面。"

"同学们，你们还记得下来吗？——矿物的硬度有十种，不信，我给你们背：滑、膏、方解、萤、磷、长、石英、黄玉、刚、金刚。你们知道这是谁编的吗？这是化学老师李士博编的。他把这个非常有用的顺口溜教给了我，使我至今都牢记着。还有教几何的傅种荪老师，他古文水平很高，用桐城派的古文编的讲义，读起来拉着腔，很带味。一直对我印象很深的是，讲几何道理时，他说：有了公理之后，定理是根据逻辑推断的必然结果。只要承认公理，定理一定如此，没有第二个。不仅在教室里是如此，在中国、在全世界也是如此，就是拿到火星上也是如此。我看他这个讲法好，彻底极了，火星上都是一样的跑不了。"

接着，钱学森在讲话中提出了两条建议：

"第一，请母校找老校友总结一下过去的学习经验和老师的教方法，供今后进一步办好学校作参考。第二，把在师大附中庆祝校八十周年的盛况转达给生活在台湾的师大附中校友们，让他也分享一下今天的幸福和欢乐。我们共同努力，争取早日完成统一祖国的大业，争取台湾早日回归祖国。"

"我认为，对于一个有作为的科学家来说，什么是最重要的呢？那就是要有一个正确的政治方向。这就是说，一个科学家，他首先必须有一个科学的、革命的人生观、宇宙观，必须掌握一个研究科学的科学方法！这样，他才能在任何时候，都不致迷失道路；这样，他在科学研究上的一切辛勤劳动，才不会白费，才能真正对人类、对他自己的祖国做出有益的贡献！"

"我们这些做学生的对自己的母校和老师是终生感谢的，是一辈子也不会忘记他们的。"

（原载《新观察》，一九八二年第一期《钱学森回到母校》）

叁

开阔眼界书千卷——我的大学生活

王造时

魏寿昆

陈景润

冰心

蔡尚思

张锡钧

清华学风和我

王造时

五四运动领导人之一

著名『七君子』之一

　　清华学堂最初成立的时候，就分高等与中等两科，均以四年为毕业期。一九一一年至一九一三年，中等科改为五年，高等科改为三年。一九一三年至一九二〇年，又改为最初的办法，中等科和高等科都是四年。为将清华逐步改办成完全大学，一九二〇年中等科停止招生，一九二四年高等科也停止招生；一九二五年开始招考大学一年级生，一九二八年便成为完全的大学，同时预备留美的最后一级也被送出洋了。因此，从一九一三年到一九二〇年那个时期，除高等科招收的插班生外，学生从中等科到高等科毕业，需读整整的八个年头。所谓"清华学风"就是在这个时期形成的，而这个时期的学生便被称为或自封为"标准清华学生"。

　　高等科的学生起初大部分是由学校直接招收的插班生，来自上海等文化比较高、洋化比较深的通商口岸，其中有许多南洋、圣约翰等大学出来的高材生。他们的英文程度原来就不错，再在清华"加工一番"便可出洋了。后来中等科齐全了，高等科的学生除了少数是招考补充缺额的以外，极大多数是中等科毕业后升上来的。中等科的学生是由各省考送的，由于各省对美国庚子赔款负担的比额不同，所选派的名额也就不一样，大抵江苏、浙江、四川等省最多，每年可以多至十名以上；江西、安徽等省居中，每年约占五六名；边远省份最少，几年才轮到一名，例如新疆。并且以一省而论，每年的名额也是有出入的。

清华学生的成分，虽然没有人作过调查研究，但是据我看来，官僚、地主、士绅和小资产阶级的子弟占压倒多数，至于真正工农出身的子弟，如今回忆起来，竟想不出几个明确的例子。反过来，大官僚、大地主、大买办家庭出身的也好像不多。原因或许是这种家庭有的还十分封建，不愿把子弟送进洋学堂，读洋书，更不屑于出洋留学；有的家资太多，不在乎什么"公费"，情愿把子弟送入更阔绰的教会学校，要出洋就可以出洋，犯不着"预备"这么多个年。大多数学生不是出身中产家庭，就是出身小康家庭。这种家庭之所以把子弟送进清华，第一是为着有出洋留学的机会，第二是出于学、膳、宿费的全免或基本上全免的考虑。拿我个人来说，如果没有免费，我根本不会作出洋留学的梦，就是升大学也是难乎其难的。

表面上，清华中等科四年和高等科四年的办法是符合当时全国的学制的。那时全国的学制是四年中学和四年大学。但实际上清华中等科不等于普通中学，高等科也不等于完全的大学。因为清华教育的特殊任务是预备留美。所以全副精神必须用在英文的训练上面，不仅要求学生能够阅读，并且要求学生能听、能说、能写。普通中学的课程就不得不拖长到五六年。高等科也不分系科，当然比不上历史较久而规模更完备的大学。高等科毕业的留美，并不直接进入美国大学的研究院，几乎全部插入美国大学的三年级。如是在规定的五年公费留美期内，两年读完大学，便可得一个学士学位；还有三年，再进研究院，至少可以得一个硕士头衔回国。

根据上述的实际情况，清华的师资便有两个特点。第一是通英文的教师居十之八九，其余十之一二就是用汉语教学的先生了。第二是在学术上有高深研究的教师并不多，因为课程上排不上高深的功课，实际上也不存在这种需要。用英语教学的教师有两个来源：一是美国人，其中有担任过中学教师的，有大学刚毕业的，有少数在大学教过书而在研究上有些成就的。其次是中国人，其中有由英美回国的学生，有教会大学的毕业生，也有个别清华高等科毕业的因事暂时未能出国的青年教师。他们的英文程度都不错，教学认真，办法也多。至于不懂英文而用汉语教国文、中国历史、中国地理等少数课程的老先生，多半来自长江以南的江浙两省，大都科举出身，其中有举人，有进士，还有一个榜眼。他上课一般都认真，批改作业也勤快，但不懂教学方法，满口说的又是方言，甚至是原封不动的吴语，教学效果很差，并且成了笑谈的对象。

中等科的课程主要是英语训练，全部集中在上午。正课是读本，每周时间最多，附课是文法、作文、默写、拼音。每晚有两小时由教师辅导的集体自修，自修多是用英语教学的课程。合起来一天总有五六小时放在英文上面。经过中等科这样扎扎实实的四年训练，学生们的感受虽有所不同，但每个人对英语的听说写，基本上都是可以掌握的；再加上高等科四年的文学选读和语法修辞等课及其他课程中的英文运用，又把已经掌握的巩固下来，趋于成熟。清华没有英语会话的课程，因为事实上没有必要，反正一切用英语教学的课程，师生的问答只许用英语，不许用汉语。美国教师上课如此，中国教师上课，也是如此。英文课程是如此，其他如数学、生物、生理、世界地理、世界历史、图画、音乐也是如此。我没有上课之前，听说绝大多数的课程都是用英语直接教学，心里实在害怕听不懂、答不出来，但是上课以后，由于教师的循循善诱，由浅入深，甚至于指手画脚地来加以说明，很快便不感到困难了。所以对于外国语文的教学，至今我还认为直接方法是比较有效的。

西（英）文课是严肃的。学生在课堂上的兴趣完全看教员的教授法而定，有些教员常和学生讨论，或者叫学生与学生讨论；有些教员叫几个学生在课外做参考题，到课堂来报告；有些教员叫学生当堂作完，当堂朗读；有些教员把留声机不时地带到课堂，演唱课本上读过的诗歌；有些教员带几张图画到课堂，给学生传观。学生在这样的课堂上兴趣大些，这样的课比只是由教员一味讲课的要受欢迎些。

汉文课程的光景就大大的不相同了。第一，科目根本不多，只有国文作文、习字、中国地理等。第二，时间都排在下午一时至四时，四时起是体育活动的时间。中午没有午睡时间，特别是在夏天，学生打瞌睡的很多。第三，老先生们的教学方法实在有问题，丝毫引不起学生的兴趣。第四，学生一般重视英文功课，轻视汉文功课。于是午后的课堂生活与午前的完全成了对比。午前是整齐、严肃、紧张、活泼。一到下午便是凌乱、浮动、松懈、死气沉沉。有的打瞌睡，有的看小说，有的写家信，有的看英文书，有的吃花生米……还有的点过名以后，就偷偷地从窗口跳出去，转了一个圈子又从门口悄悄地溜回来。学生都是十四五岁的孩子，其顽皮和爱捣乱的每班总少不了几个。老师的学究气，口头禅，特殊的方音，奇怪的姿态，个别的癖好，对学生来说，都是开玩笑的绝好材料。有的学老师的奇特腔调和典型动作；有的在黑板上描画老师体态上的某种特征；有的在讲台抽屉里放上几只青蛙，让老师取粉笔时大吃一惊；有的把捉到的麻雀在课堂上放生，引起全体骚动。老先生们对于这种难堪的现象，至多只是无可奈何地喊几声而已。个别闹得特别凶的学生也可能受到斋务处的申斥，被上一个小过。但是这些富有喜剧性的表演并不因之停止进行，而先生们也就"习以为常""行若无事"了。

是老先生们的封建修养特别到家吗？是清华中等科一、二年级的孩子们特别调皮吗？我看都不是。我读过的南昌第一中学在这方面就比较清华"规矩"些。主要原因乃是全国风气的大变特变。鸦片战争以前，我们根本瞧不起洋人，认为他们是蛮夷之属；鸦片战争以后，经过多次反帝战争失败，我们乃由轻视洋人到重视洋人，以至于害怕洋人、崇拜洋人了。而清华学校的设立乃是这种风气的体现。在这种风气中，老先生们无论愿意不愿意，赞成不赞成，当然不能不觉察到这一转变，认识到：除了本国的文学和一些历史地理的基础知识，不能不加以传授外，他们纵有满腹经纶，也是不合时宜的了。因此，他们不约而同地采取了敷衍塞责和息事宁人的态度。同学们一般地说，当然更自然、更容易地随着风气走，轻视本国的东西，重视西洋的东西；轻视用汉语教学的功课，重视用英语教学的功课。于是形成了当年清华汉语课堂上的怪现象。

当然有许多学生是不满意这种怪现象的，特别是五四运动以后，学生爱国情绪高涨，对于国家大事和本国文化日益关心，他们想多学些汉文和中国固有的文化。当他们认识到在课堂上得不到什么东西时，便自己在课外钻研；或利用一部分自修的时间，或利用假期的机会，去跑图书馆，翻线装书，如有不懂的地方，还可去问古月堂的老先生们。因此，清华毕业生中，不是没有汉文较好的人。我课余喜欢看各种杂志报纸，有两个暑假也大读其线装书。后悔的是都是自己看看，囫囵吞枣，不求甚解，不愿去向老先生们讨教，以致没有把根底打好。

高等科课程也安排有国文，或用汉文教的课，其中有固定必修的，也有选修的，但主要是若干自然科学、社会科学与所谓人文科学的大学基础课程。不用说，这些课程除法文、德文等选修科外，全是用英语上课，用英文课本，并用英文参考书的。我向来就不喜欢自然科学，特别不喜欢数学、三角、几何等课。有教几何的郭老师，尽管他对于这门科目的掌握毫无问题，甚至于可以把课本和公式背得出来，但是讲解的方法是不甚高明的。有一次他把某项公式重复地给我讲了两遍，然后问我懂不懂，我回答仍然是不懂。他有点生气了，把脸孔一板，说道："你的脑子为什么这样笨？"话一说出，他觉得太重，有点不妥，于是马上补上一句恭维我的话："但在别的方面你是很聪明的。"

我心里明白，郭老师的用意在敷衍我。其实他一点也没冤枉我。我在数学、三角、几何等方面确是笨透了。数学、几何考试虽然勉强得了一个中等，但是直到现在，有时作梦还以为没有及格，出不了洋，急得大叫一声睁开眼睛呢。

其次，我对生理学和生物学的兴趣也不大；问题不在于这些课程的内容，而在怕解剖。记得有一次在科学馆上生物课时，老师叫我们用药麻醉青蛙，然后每人从篓子里各拿一只，用铁板把四肢钉在木板上开刀。有些同学觉得很好玩，把刀尖刺入青蛙的腹皮，青蛙立刻流出一股鲜血来。有些青蛙尚未完全麻醉，尽力挣扎，时常在桌上乱跳起来。我站在旁边只是发呆，不敢下手。陈老师笑道："我看你对别的事情胆子很大，对小小青蛙却胆子小起来了。"他便替我捉了一只放在桌上，叫我先割一块皮放在显微镜下透视，青蛙那怪样子，连摸它一下都害怕，哪里敢去剥它的皮？结果还是陈老师替我做了。我特声明情愿扣分数。

上木工课要做相片架子，我险些把自己的手指锯断；刨木板，不是刨得太薄了，便是太厚了；钉铁钉，不是钉歪了，便是把钉子敲弯了；总之，做成一件小东西，不知要叫周老师来帮多少次忙。这不仅是笨头笨脑的问题，而且是笨手笨脚的问题。

比较起来，我的兴趣是在社会科学方面。政治学和社会学总得超等的，经济学也得了一个上等。加上我在学生运动和爱国运动里大露头角，所以我选择学哪一门学科，差不多一升到高等科就决定了，没有什么游移。

高等科的功课一般也是认真的。英语教学的课不用说，国文、汉学的功课也还差强人意。同学们的年龄大起来了，懂事多些了，逐渐体会到自己毕竟是中国人，将来留学回来之后，要为自己的国家做些事情，如果本国的东西一窍不通，不免要到处碰壁，寸步难行。并且在五四以后，在新文化运动冲击之下，各种各样的思想都出现了：或对旧的东西重新评价，或对新的东西进一步提倡，真是"百花齐放、百家争鸣"，而总的目标是在为中国找出路。在这种时代的大浪头中，清华的师生自然受到震动，清华重洋崇洋风气不能不有很大的转变，转变到注意本国的东西和本国的问题。何况那时候梁启超的《欧游心影录》、胡适的《中国哲学史大纲》和梁漱溟的《东西文化及其哲学》先后问世，大大地引起了研究国学的人的注意，清华再不能像以前那样视国学为无足轻重了。学校为适应这种新的形势，特邀请了梁启超一类有名人物来开些选修课，如"中国历史研究法""中国史鸟瞰""先秦政治思想史"等。清华学生办的《清华周刊》还请胡适开了一个"最低限度的国学书目"，梁启超开了一章"国学入门要目及其读法"。于是跑图书馆钻线装书的风气盛起来。我除经常看报纸杂志外，还用一段时间钻了《宋元学案》《明儒学案》，期望找到一些东西，结果并无收获。

清华对于考绩是很严格的。英语教学的课，月有月考，半年有期考，全年有大考。此外，还有天天举行的口试，许多教员一上课堂便是提问，问学生预先指派的功课。还有十分钟的不定期的临时测验。在一堂课之初或一课将结束的时候，教员每发下纸，给学生，限十分钟内把答卷交上。学生平常不预备的，临时没有不白瞪眼的。这种办法实行一次，学生便成了惊弓之鸟，不敢不预备功课了。汉语教学比较松些，但比较我读过的南昌第一中学也严多了。计分的制度是采用美国某些大学的办法，把学生成绩分为超、上、中、下、劣五等，英文符号是E，S，N，I，F。劣等不及格，不得补考。如果得了两个劣等，便要留级；如果得了三个劣等，便要被开除。更厉害的是这五等的评价有一定的比例，以一班一百个学生来说吧，"中"的学生当最多；"上""下"次之；"超""劣"最少，各占百分之五。一次考试或年终大考，一班之中，不管大家考得怎样，总得有几个幸运的"超"，几个倒霉的"劣"。于是大家只好拼命用功，惟恐在比较之下得"劣"等。特别是对于根底差而学习一时还不能赶上的学生是个打击，因为无论如何用功，一般是"劣"等的机会多，而终不免于被淘汰。当年清华的课业和教师的评分是很紧的，中等科的汉文课尽管拖沓，学生也总得在考试时努一把力，免得陷于"劣"等。五等的计算背后当然还得写个分数。而别的学校，一般以六十分为及格，即够得一个"下"，而清华却要求一个七十分的总平均，才算及格，才够得上升级与毕业出洋。因此，从中等科一年级起到高等科四年级毕业，八年当中被留级或开除的实在很多。以我这一年级而论，能到高等科毕业留美的好像只有当初进入清华的半数。淘汰后所空出来的名额，有一部分是由上面年级留下来的补充，有一部分陆续招收插班的补充。当初由各省依据特殊势力而通融考送来的同学，如果到清华以后仍不肯用功，或天资太差，是很难站得住脚的。

我初进清华时，对于各项课程是很用功的，也很少有什么课外活动，所以得"超"等的功课占极大多数。到了中等科三年级，即五四运动以后，课外活动逐渐增多了，注意力分散了，于是"超"等减少了，"上"等占了大多数；升入高等科以后，课外活动更加繁多，特别是参加各项学生运动费时太多，"中"等于是占了多数；到最后一年，只有政治学一门得到"超"等。

在清华八年接受教育的过程中，从我自己和同学们的智力发展来看，好像有这么几种情况。有些人自始至终，天天心向书本，不喜欢参加课外活动。他们的功课，一般说来，始终都是好的。闻一多的弟弟闻亦齐便是这么一个同学。他后来留美学医，回国后在汉口成了有名的医生，可惜死得很早。其次，就是喜欢活动的学生，起初功课很好，后来课外活动加多，越来越"不务正业"，于是成绩便"江河日下"。我便是一个显著的例子。第三，有些同学原来功课平凡，说好不算好，说坏不算坏，处于"中"等状态，到了某一个时期，突然开了窍，一下子好起来。同级中有一位王士倬同学，在中等科时"默默无闻"，到了高等科读书、做人忽然来了一个大跃进，受到老师和同学的重视。第四，是有天才的少数同学，他们很年轻就在某方面表现出惊人的才华。例如比我低三年级的张荫麟，年龄不过十六七岁，便在《清华学报》上发表了许多关于国学的高深学术论文，与梁启超、王国维的论文并驾齐驱。此君也不幸在一九四二年任浙江大学教授时逝世了。第五，有些人，对一般功课都无兴趣，成绩自然都不会好，一旦对某方面发生了兴趣，就有所成就。植物学家斐鉴，在清华读书时期，总的说来，是一个大大的失败。他本来比我高一级，因为功课不好留到了我这一级，成绩仍然很差，到了高等科四年级的时候，大有出不了洋的危险。当时，我还替他奔走，向校长办过交涉，要求学校对他稍微放宽一些。他对各门功课似乎都无好感，对植物学的采集标本倒很热心。他往往一人在校内校外摘取各种树叶贴在本子上面，还在西园荒野的地方做了一个窝，养了几只小鸡。后来他在美国专攻植物学，兴趣对了头，竟得了博士学位，成了专家。最后，还有一种人，一直糊里糊涂，天资也不好，无论在功课方面，在体育方面，或在课外活动方面，都显得呆头呆脑。这种人受淘汰的最多。因此，我觉得教育有一项重要的作用在于启发、发现、培植、发扬学生的优良个性，使它得到充分的发展、成长、巩固、成熟，尽可能对社会作出最大、最多的贡献，而不应埋没、压制、摧残。

（选自《齐齐哈尔文史资料》第106辑，中国文史出版社二〇一四年版）

我的大学生涯

冰 心

儿童文学作家

　　这是我自传的第五部分了（一、我的故乡。二、我的童年。三、我到了北京。四、我入了贝满中斋。），每段都只有几千字，因为我不惯于写叙述性的文章，而且回忆时都是些零碎的细节，拼在一起又太繁琐了。但是在我的短文里，关于这一段时期的叙述是比较少的，而这一段却是我一生中最热闹、最活跃、精力最充沛的一段！

　　我从贝满中斋毕了业，就直接升入了协和女子大学。我选的是理预科，因为我一心一意想学医，对于数、理、化的功课，十分用功，成绩也好。至于中文呢，因为那时教会学校请的中文老师，多半是前清的秀才或举人，讲的都是我在家塾里或自己读过的古文，他们讲书时也不会旁征侧引，十分无趣。我入了理科，就埋头苦学，学校生活如同止水一般地静寂，只有一件事，使我永志不忘！

　　我是在夏末秋初，进了协和女子大学的校门的，这协和女大本是清朝的佟王府第，在大门前抬头就看见当时女书法家吴之瑛女士写的"协和女子大学校"的金字蓝地花边的匾额。走进二门，忽然看见了由王府前三间大厅改成的大礼堂的长廊下，开满了长长的一大片猩红的大玫瑰花！这是玫瑰花第一次打进了我的眼帘，从此我就一辈子爱上了这我认为是艳冠群芳、又有风骨的花朵，又似乎是她揭开了我生命中最绚烂的一页。

理科的功课是严紧的，新的同学们更是来自五湖四海，大多数比我大好几岁。除了从贝满女中升上来的同学以外，我又结识了许多同学。那时我弟弟们也都上学了。在大学我仍是走读，每天晚餐后，和弟弟们在饭桌旁各据一方，一面自己温课，一面帮助他们学习，看到他们困倦了时，就立起来同他们做些游戏。早起我自己一面梳头的时候，一面还督促他们"背书"。现在回忆起来，在这些最单调的日子里，我只记得在此期间有一次的大风沙，那时北京本有"无风三尺土，有雨一街泥"的谚语，春天风多风大，不必说了。而街道又完全是黄土铺的，每天放学回来总得先洗脸，洗脖子。我记得这一天下午，我们正在试验室里，由一位美国女教师带领着，解剖死猫，忽然狂风大作，尘沙蔽天，电灯也不亮了，连注射过红药水的猫的神经，都看不出来了。教师只得皱眉说："先把死猫盖上布，收在橱子里吧，明天晴了再说。"这时住校的同学都跑回到自己屋里去了。我包上很厚的头巾，在扑面的尘沙中抱肩低头、昏天黑地地走向家里，看见家里廊上窗台上的沙土，至少有两寸厚。

其实这种大风沙的日子，在当时的北京并不罕见，只因后来我的学校生活，忽然热闹而繁忙了起来，也就记不得天气的变迁了！

在理预科学习的紧张而严肃的日子，只过了大半年，到了第二年——一九一九年——五四运动起来了，我虽然是个班次很低的"大学生"，也一下子被卷进了这兴奋而伟大的运动。关于这一段我写过不少，在此就不多说了。我要说的就是我因为参加运动又开始写些东西，耽误了许许多多理科实验的功课，幸而理科老师们还能体谅我，我敷敷衍衍地读完了两年理科，就转入文科，还升了一班！

改入文科以后，功课就轻松多了！就是这一年一九二〇年，协和女子大学，同通州潞河大学和北京的协和大学合并成燕京大学。校长是司徒雷登。我们协和女子大学就改称"燕大女校"。有的功课是在男校上课，如哲学、教育学等；有的是在女校上的，如社会学、心理学等。在男校上课时，我们就都到男校所在地的盔甲厂去，当时男女合校还是一件很新鲜的，因此我们都很拘谨，在到男校上课以前，都注意把头上戴的玫瑰花蕊摘下。在上课前后，也轻易不同男同学交谈。他们似乎也很腼腆。一般上课时我们都安静地坐在第一排，但当坐在我们后面的男同学，把脚放在我们椅子下面的横杠上，簌簌抖动的时候，我们就使劲地把椅子往前一拉，他们的脚就忽然砰的一声砸到地上。我们自然没有回头，但都忍住笑，也不知道他们伸出舌头笑了没有？

但是我们几个在全校的学生会里有职务的人，都不免常和男生接触，如校刊编辑部、班会等。我们常常开会，那时女校还有"监护人"制度，无论是白天或晚上，几个人或几十个人，我们的会场座后，总会有一位老师，多半是女教师，她自己拿着一本书在静静地看。这一切，连老师带学生都觉得又无聊，又可笑！

我是不怕男孩子的！自小同表哥哥、堂哥哥们同在惯了，每次吵嘴打架都是我得了"最后胜利"，回到家里，往往有我弟弟们的同学十几个男孩子围着我转。只是我的女同学们都很谦让，我也不敢"冒尖"，但是后来熟了以后，男同学们当面都说我"厉害"，说这些话的，就是许地山、瞿世英（菊农）、熊佛西这些人，他们同我后来也成了好朋友。

这时我在燕大女校"学生自治会"里，任务也多得很！自治会里有许多委员会——甚至有伙食委员会！因为我没有住校，自然不会叫我参加，但是其他的委员会，我就都被派上了！那时我们最热心的就是做社会福利工作，而每兴办一项福利工作，都得自治会自己筹款。最方便而容易的，就是演戏卖票！我记得我们演过许多莎士比亚的戏，如《威尼斯商人》《第十二夜》等等，那时我们英文班里正读着莎士比亚，美国女教师们都十分热心地帮助我们排练，设计服装、道具等等，我们演得也很认真卖力。记得有一次鲁迅先生和俄国盲诗人爱罗先珂来看过我们的戏——忘了是哪一出——鲁迅先生写过文章说爱罗先珂先生说我们演的比当时北京大学的某一出戏好得多。因此他和北大同学还引起了一番争论，北大同学说爱罗先珂先生是个盲人，怎能"看"出戏的好坏？我和鲁迅先生只谈过一次话，还是很短的，因为我负责请名人演讲，我记得请过鲁迅先生、胡适先生，还有吴贻芳先生……我主持演讲会，向听众同学介绍了主讲人以后，就只坐在讲台上听讲了——我和鲁迅先生的接触，就这么一次，我也不知道鲁迅先生是从哪一位同学手里买到戏票的。

这次演剧筹款似乎是我们要为学校附近佟府夹道的不识字的妇女们，义务开办一个"注音字母"学习班。自治会派我去当校长。我自己就没有学过注音字母，但是被委为校长，就意味着把找"校舍"（其实就是租用街道上一间空屋）、招生、请老师——也就是请一个会教注音字母的同学——都由我包办下来。这一切，居然都很顺利。开学那一天，我去"训话"，看到讲台前坐的都是中年妇女。只前排右首坐着一个十分聪明俊俏的姑娘，听课后我过去和她搭话，她说："我叫佟志云，十八岁，我识得字，只不过也想学学注音字母。"我想她可能是佟王后裔。她问我："校长，您多大年纪了？"我笑着说"反正比你大几岁！"

这时燕大女校已经和美国威尔斯利（Wellesley College）女子大学结成"姐妹学校"。我们女校里有好几位教师，都是威校的毕业生。忘了是哪一年，总在二十年代初期吧，威校的女校长来到我们校里访问，住了几天，受到盛大的欢迎。有一天她——我忘了她的名字——忽然提出要看看古老北京的婚礼仪式，女校主任就让学生们表演一次，给她开开眼。这事自然又落到我们自治会委员身上，除了不坐轿子以外，其他服装如凤冠霞帔、靴子、马褂之类，也都很容易地借来了，只是在演员的分配上，谁都不肯当新娘。我又是主管这个任务的人，我就急了，我说："这又不是真的，只是逢场做戏而已。你们都不当，我也不等父母之命，媒妁之言，我就当了！"于是我扮演了新娘。凌淑浩——凌淑华的妹妹当了新郎。送新太太是陈克俊和谢兰蕙。扮演公公婆婆的是一位张大姐和一位李大姐，都是高班的学生，至今我还记得她们的面庞。她们以后在演比利时作家梅特林克的童话剧《青鸟》中，还是当了我的爷爷和奶奶，可是她们的名字，我苦忆了半天也想不起来！

那夜在女校教职员宿舍院里，大大热闹了一阵，又放鞭炮，又奏鼓乐。

我们磕了不少的头！演到坐床撒帐的时候，我和淑浩在帐子里面都忍不住笑了起来，急得克俊和兰蕙直捂着我们的嘴！

我演的这些戏中，我最喜欢的还是《青鸟》，剧本是我从英文译的，演员也是我挑的，还到培元女子小学，请了几个小学生，都是我在西山夏令会里认识的小朋友。我在《关于女人》那本书内写的"我的同学"里，就写了和陈克俊在光明宫对话的那一段。这出剧里还有一只小狗，我就把我家养的北京长毛狗"狮子"也带上台了。我的小弟弟冰季，还怕我们会把"狮子"用绳子拴起，他就亲自跟来，抱着它悄悄地在后台坐着，等到它被放到台上，看见了我，它就高兴得围着我又蹦又跳，引得台下一片笑声。

总之，我的大学生涯是够忙碌热闹的，但我却没有因此而耽误了学习和写作。我的老师们对我都很好，尤其是我的英文老师鲍贵思（Grace Bognton）。在我毕业的那一年春季，她就对我说："威尔斯利女大已决定给你两年的奖学金——就是每年八百美金的学、宿、膳费，让你读硕士学位。"她自己就是威尔斯利的毕业生，她的母亲和她的几个妹妹也都是毕业于威校，可算是威校世家了。她对于母校感情很深，盛赞校园之美、校风之好，问我想不想去，我当然愿意。但我想一去两年，不知这两年之中，我的体弱多病的母亲，会不会出什么意外？我对家里什么人都没有讲过我的忧虑，只悄悄地问过我们最熟悉的医生孙彦科大夫，他是我小舅舅杨子玉先生的挚友，小舅舅介绍他来给母亲看过病。后来因为孙大夫每次到别处出诊路过我家，也必进来探望，我们熟极了。他称我父亲为"三哥"，母亲为"三嫂"，有时只有我们孩子们在家，他也坐下和我们说笑。我问他我母亲身体不好，我能否离家两年之久。他笑了说："当然可以，你母亲的身体不算太坏，凡事有我负责。"同时鲍女士还给我父亲写了信，问他让不让我去。父亲很客气地回了她一封信，说只要她认为我不会辜负她母校的栽培，他是同意我去美国的。这一切当时我还不好意思向同学们公开，依旧忙我的课外社会福利工作。

那几年也是家庭中多事之秋，记得就是在我上中学的末一年（？），我的舅舅杨子敬先生逝世了。他是我母亲唯一的亲哥哥。兄妹二人感情极好。我父亲被召到北京来时，母亲也请舅舅来京教我的三个弟弟，作为家庭教师。不过舅舅没有和我们住在一起，他们住在离中剪子巷不远的铁狮子胡同。忽然有一天早晨，舅家的白妈，气急败坏地来对我母亲说，从昨天下午起舅舅肚子痛得厉害，呕吐了一夜，现在已经不能说话了。我想这病可能是急性盲肠炎。——那时父亲正不在家，他回到福州，去庆祝祖父的八十大寿了。——等母亲和我们赶到时，舅舅已经断气了。这事故真像晴天霹雳一般，我们都哭得泪干声咽！母亲还能勉强镇定地办着后事，这是我生平第一次看见死人入殓！我的大弟弟为涵，还悄悄地对我说："装舅舅的那个大匣子，靠头那一边，最好开一个窟窿，省得他在那里头出不了气。"我哭得更伤心了，我说："他要是还能喘气，就不用装进棺材里去了！"

记得父亲回福州的时候，我还写了几首祝贺祖父大寿的诗，请他带回去，现在只记得一首：

浮踪万里客幽燕
恰值太公八秩年
自笑菲才惭咏絮
也裁诗句谱新篇

反正都是歪诗，写出来以助一笑。

等到父亲从福州回来，舅母和表弟妹们已搬进我家的三间西厢房，从前舅舅教弟弟们读书的屋子里。从此弟弟也都进入了小学校。

此后，大约是我在大学的时期，福州家里忽然来了一封电报说是祖父逝世了，这对我们又是一个极大的打击！我父亲星夜奔丧，我忽然记起在一九一二年我离开故乡的时候，祖父曾悄悄地将他写的几副自挽联句，交给我收着，说："谁也不让看，将来有用时，再拿出来。"我真的就严密地收起，连父母亲都不知道。这时我才拿出来给父亲带回，这挽联有好几对。有一联大意是说他死后不要僧道唪经，因为他不信神道，而且相信自己生平也没有造过什么冤孽，怎么写的我不记得了。有一联我却记得很清楚，是：

有子万事足，有子有孙又有曾孙，足，足，足；
无官一身轻，无官无累更无债累，轻，轻，轻。

父亲办完丧事，回来和我们说：祖父真可算是"无疾而终"。那一天是清明，他还带着伯叔父和堂兄们步行到城外去扫墓，但当他向坟台上捧献祭品时，双手忽然颤抖起来，二伯父赶紧上前接过去。跪拜行礼时也还镇定自如，回来也坚持不坐轿子，说是走动着好。回到家后，他说似乎觉得累了一点，要安静躺一会子，他自己上了床，脸向里躺下，叫大家都出去。过不了一会，伯父们悄悄进去看时祖父已经没有呼吸了，脸上还带着安静的微笑！我记得他的终年是八十六岁。

这时已是一九二三年的春季，我该忙我的毕业论文了。文科里的中国文学老师是周作人先生。他给我们讲现代文学，有时还讲到我的小诗和散文，我也只低头听着，课外他也从来没有同我谈过话。这时因为必需写毕业论文，我想自己对元代戏曲很不熟悉，正好趁着写论文机会，读些戏曲和参考书。我把论文题目《元代的戏曲》和文章大纲，拿去给周先生审阅。他一字没改就退回给我，说"你就写吧"。于是在同班们几乎都已交出论文之后，我才匆匆忙忙地把毕业论文交了上去。

就在这时我的吐血的病又发作了。我母亲也有这个病，每当身体累了或是心绪不好，她就会吐血。我这次的病不消说，是我即将离家的留恋之情的表现。老师们和父母都十分着急，带我到协和医院去检查。结果从透视和其他方面，都找不出有肺病的症状。医生断定是肺气枝涨大，不算什么大病症。那时我的考上协和医学院的同学们和林巧稚大夫——她也还是学生，都半开玩笑地和我说："这是天才病！不要胡思乱想，心绪稳定下来就好。"

于是我一面预备行装，一面结束学业。在毕业典礼台上，我除了得到一张学士文凭之外，还意外地得到了一把荣誉奖的金钥匙。

这一年的八月三日，我离开北京到上海准备去美。临行以前，我的弟弟们和他们的小朋友们，再三要求我常给他们写信，我答应了。这就是我写那本《寄小读者》的"灵感"！

八月十七日，美国邮船杰克逊总统号就把带着满腔离愁的我，从"可爱的海棠叶形的祖母"载走了！我写过一首诗：

她是翩翩的乳燕，
横海飘游，
月明风紧，不敢停留——
在她频频回顾的
飞翔里
总带着乡愁！

我在国内的大学生涯，从此结束。在我的短文里，写得最少的，就是这一段，而在我的回忆中，最惬意的也就是这一段，提起笔来，就说个没完了！

一九八五年三月十八日

（原载《收获》，一九八五年第四期）

严格——北洋的学风

魏寿昆

中国冶金物理化学学科创始人之一

中国科学院院士

北京科技大学建校元老之一

我是一九二三年到一九二九年在天津北洋大学读书。当时的学制是小学七年（初等小学四年，高等小学三年），中学四年，大学六年，其中大学预科二年，本科四年。在预科学习数学、物理、化学、英语、德语、国语及制图，三年读完成绩及格后直接升入本科。在本科我读的矿冶工程系（当时称为采矿冶金学科），既学采矿又学冶金，学习课程门类很多。数理力学系统的课有高等数学、物理、应用力学及材料力学等，化学系统的课有无机化学、分析化学、物理化学及工学化学等，地质系统的课有地质、地史、矿物、岩石及矿床学等，机电系统的课有机械学、热机学、机械设计机工厂实习及电工学等，土木系课有测量学、房屋建筑等，采矿系统的课有采矿法、矿山机械、矿山运输及矿山法规及矿业经济等，冶金系统的课有选矿学、试金学、钢铁冶金、有色冶金、金相学及矿冶厂设计等。课程门类多，学生负担重。仅就几方面片断的回忆简记如后。

严格要求，严格训练

北洋大学的入学考试及学期、学年考试均以严格著称。当时国内各大学都各自招生，北洋只在北京、天津、上海（有时去广州）几个城市招生，但北洋在校同学则遍于全国各地，远至四川、广东、广西、云南及贵州各省都有，江、浙、闽、赣、湘、鄂同学更不少。当然由于学校设在北方，华北东北近水楼台，学生来源当以此部分人居首位。每年报名投考者数以二三千人计，只录取一个班仅六十人。另录取一个补习班也六十人，多补习一年考试及格明年即自动升入大学预科学习，所以这些人要读七年才能毕业。这样每次预科一年级有一百二十人，六年之后毕业时（经常三个系）只不过五六十人，淘汰率高达百分之五十至六十。中途落选的人有种种情况，如降级、病退或经济困难退学，也有因政局动荡（当时正是北洋军阀混战时期）被迫退学，等等。

"教授先生，你迟到三分钟！"

教师对学生要求很严，而学校行政对教师要求也很严格。当时教师在讲课之前先要点名，点名单放在学监处（即现在的教务处），在课之前要每位教师亲自去取。学监王龙光（王紫虹）经常对教师进行检查，在上课几分钟之前站在学监处门外，向去取点名单的教师们问声"早安"。有一次，一位美籍教授在上课铃响之后才来取点名单。当时王龙光毫不客气拿着怀表对着这位迟到的教授说："教授先生，你迟到三分钟！"那位教授面红耳赤连忙道歉。从此以后再没有教师敢迟到了。

俭朴苦读的学风

北洋大学是一所比较贫穷的学校。校舍是由清朝武器库改造的，并不华丽，经费少，贫苦的同学较多。当时学生每年交学费十元，新U形宿舍盖成以后每年收宿费十二元，对学年考试成绩超过八十五分的学生，可免交下学年的学费及宿费。书籍有贷书制的办法，即教科书全部由学校供给，读完一门课后该教科书可由学生以半价收买，如不愿意要则可交还学校。学生的主要花费是每月的伙食费。伙食由同学自己经营组织食堂，一九二三年我初入学时每月伙食费五元，到了一九二九年毕业时因物价上涨伙食费增加到每月七至八元。因此一个学生如果节俭度日一年有一百元足够了。可是当时国内其他大学，例如有些教会大学或私立大学，一个学生每年要花费二百至三百元。北洋全部学生住校，校址在天津北郊，离城中心较远，学生很少进城，星期日也死啃书本或做作业。北洋大学一向有俭朴苦读的学风，西装革履的同学极少，绝大多数同学都是长袍布履，花花公子的少爷们不到北洋来读书，他们吃不了那样的苦。

惨淡经营中流砥柱的刘仙洲校长

刘仙洲是香港大学荣誉毕业生，专攻机械。在北洋执政的四年（一九二四至一九二八）期间，学生中毁誉兼半，但离校后大多数毕业生对刘仙洲评价都是有口皆碑。他在北洋四年是呕心沥血惨淡经营的四年，是继往开来中流砥柱的四年。当时正值北洋军阀快临死亡，因之相互倾轧内乱频仍达到了极点。就在这个时期，因内战学校两次被迫停课，而学校经费更是靠不住，经常拿不到。教师拿不到工薪，学校不能按期开学。记得刘校长在开学典礼上曾几次以凄凉的口吻说："我们现在总算能够开学上课了。"当时不仅不能及时按月拿到工薪，而且得到的纸币钞票又有不同的票面价值。北洋经费来自河北省政府，发河北省银行的钞票。但一元河北省银行的只等于中国银行（当时的权威银行）钞票八角，也就是说，河北省银行的钞票的票面价值应打八折。地质教授王霖之在课堂上就和我们讲，他收到了河北省银行钞票，就毫不客气地如数退还，并且威胁学校如果不给他中国银行钞票，他就拒绝上课，结果是学校只得给换发中国银行钞票。幸好其他教授、教师们都还能忍气吞声地接受河北省银行钞票，如果全体都不接受这种只能按八折票面价值使用的钞票，那百分之二十的亏损学校又怎能担负得起呢？

刘仙洲在北洋四年，除日夜向当局索催经费延喘维持外，他最大的功绩是逐步聘请一些曾在国外留过学的专家以代替美籍教授。北洋自建校以来，几乎都是请的美国人当教授，他们工薪高，一般比中国教授高两三倍，按银两计（当时一元银币等于白银七钱二），合同一订就是三年。聘到的人有的是有学问的人，有的却是滥竽充数，学问并不怎么样。北洋入学考试除国语外，全部用英语试题。到校后上课都用英语讲授，用的是美国大学用的教科书。毕业后如有机会可去美国继续学习，当时美国承认北洋毕业的学士学位，不经考试，可直接入研究院。这些美籍教授教课中灌输帝国主义文化侵略思想，更无从结合中国实际进行教学。学生受洋人熏陶，养成媚外思想和自卑感，师生间谈不到密切接触。刘仙洲看到此问题，大胆进行改革，逐步聘请国内专家教授以代替美国人。在当时经费极端困难情况下，多请中国教授也有必要。原因是中国教授可以枵腹从公，不发工薪也来上课，而洋教授按合同办事，月月一个钱也不能少。中国教授仍用英语讲课，同学和教授接近的机会则多了。不少当年聘请的中国教授正是新中国的知名科学家，如石志仁（即石树德，已故，机械专家，曾任铁道部副部长）、侯德榜（已故，化工家，曾任化工部副部长）、何杰（已故，地质采矿专家，北京矿业学院副院长）、茅以升（桥梁专家，曾任铁道研究院院长，全国科协副主席）、张含英（水利专家，水电部副部长），等等。

刘仙洲特别重视英语科技名词的中语译名，为此特请来了一些中国专家。因而科技名词特别是工科的科技名词的汉语译名，得以逐步地确定发展起来。

发扬"实事求是"的精神

"实事求是"是北洋大学的校训。学校行政企图用实事求是的精神治校，同学争取用实事求是的精神学习。北洋校徽是一个钟形红棕色铜牌，中部镶以景泰蓝的工科大楼图样，两旁镶有"实事求是"四个篆体字。由于当地的历史条件，"实事求是"的校训不可能得到贯彻实施。北洋的校风是死读书，学校用严格的考试制度压学生，很少顾到学生的全面发展；学生头脑里充满了个人奋斗的思想，在动乱的那个年代努力学得一些技能和知识，期望在毕业后取得糊口之计以立足于社会。纵然如是，北洋大学有着严整不苟的教学计划，丰富完整的课程体系，充实认真的实验设备，认真教学的师资阵容，在过去年代中的确培养出来不少国家建设需要的栋梁人才，在全国矿厂、钢铁基地、铁路，土木、水利、机电以及工程教育各阵地，承前启后，继往开来地作出了一定的成绩。缅怀过去，瞻望未来，在中国共产党的英明领导下，校友们定能发扬"实事求是"校训的传统精神，为早日社会主义祖国的四个现代化作出最大的贡献，愿与校友们共勉之！

（选自《过去的学校》，湖南教育出版社一九八二年版）

学习和研究生活回忆

（节选）

陈景润

数学家

中国科学院院士

一、三上大学

厦门大学是著名爱国华侨陈嘉庚先生独资创办的，校址选在鹭岛之上，五老峰下，民族英雄郑成功的演武场上。在反动统治的年代里，这里曾是革命和黑暗势力斗争的战场。解放后，新生的厦大在党的领导下，继承并发扬了革命的光荣传统，成了革命的熔炉和学习知识的天地。

当时，我国著名的经济学家王亚南先生任厦大校长。在他的领导下，厦大的教学和科学研究蒸蒸日上，校内洋溢着认真、勤勉的优良学风。

我走进厦大时，抗美援朝已经开始。接着就是"镇反"三反""思想改造"等一系列政治运动。由于厦大地处海防前线，在开展各项政治运动的同时，还进行着一次又一次的支前、反袭炸斗争、备战动员……。对于眼前发生的一切，我都持积极态度，因为我认为，只有跟着中国共产党走，前途才是光明的。我相信社会主义，相信共产党，我认为国家兴亡，人人有责。

记得那时候，国民党的飞机常来轰炸，我们在防空洞里一呆就是几个小时。我觉得这样白白地浪费时间，真是太可惜了。能不能争取时间，在防空洞里继续学习呢？于是我想出一个办法——把书本化整为零。就是说，把课本拆开，随身装上几页，遇上警报就在防空洞里自学。同学们说这个办法很好，大家就都照着做了起来。

后来，为了避免空袭造成损失，学校决定转移到山区，准备在一座庙里上课。同学一起动手，把简陋的桌子、板凳一摆，破庙堂就成了我们的课堂。当时虽然学习条件不好，可是同学们的学习劲头挺大。那时，上课、吃饭、住宿的地方都不在一起，每天往返几趟，在路上花费时间不少。为了抓紧时间，我在走路时总是掏出几页课文边走边看。有一次，看入了迷，一头撞在一位老大爷身上。等我搞清楚是怎么回事时，那位老大爷已经走远了，我心里很是不安。总之，在那个时期，我争取多读书的办法是拆书，化整为零，对时间的掌握是珍惜每一分钟，积少成多。

厦大有许多热心教育事业、曾给予我不少谆谆教导的好老师，至今我仍然念念不忘母校这些老师对我的帮助。

有一位教过我"高等代数"和"复变函数论"的好老师李文清副教授（现在是厦大计算机系主任、教授），他在教学上非常认真负责，常常在课堂上给我们介绍一些国内外学术动态，或者讲一些令人深思的数学难题以及许多颇有启发性的数学家的故事。他帮助同学们打开眼界和思路，引导大家树立攀登数学高峰的理想。我非常喜欢听李老师的课，他讲的课使我觉得数学是那么有意思，并不是枯燥无味的。

记得有一次，他给我们讲印度数学家拉曼纽让（Ramanujan）的故事。这是发生在十九世纪末和本世纪（二十世纪）初的事。当时西方的学者大多瞧不起东方学者，他们傲慢地以"西方智慧比东方高"自诩。拉曼纽让连大学也没有毕业，在一个税务机关当小职员。他听了这些话，憋了一肚子气，暗暗下决心要为东方弱小民族争光。他挤时间拼命攻读，刻苦钻研，把一本很厚的《微积分》放在一个布包中，一有空就拿出来演算。后来，他从自己做的习题中选出一百二十道题，寄给当时英国剑桥大学著名的大数学家哈代（Hardy），以显示"东方古老的智慧"。哈代从这些习题中发现了他的数学才能，大为赏识。拉曼纽让终于成了有名的数学家，在"数的分割""圆法"以及"合成数的分布"方面取得了独特的成绩。

听完这个故事，我想：过去我们有好多人总认为中国事事不如人，好像真的"中国的月亮不如外国的圆"。现在我们解放了，中国人民已经站起来了，印度的拉曼纽让都能做到的事，难道我们新中国的青年就做不到？我就不信！

李老师还给我们介绍过数论史和日本高木贞治著的《初等数论》。有一次，他讲到数论史上有三大没有解决的难题：一、费马问题；二、孪生素数问题；三、哥德巴赫猜想。他风趣并热切地鼓舞大家说："我们班上谁要是能解决其中的一个问题，对世界就是个了不起的贡献。"同学们笑了，我还是没有笑。当时我还不清楚这个哥德巴赫问题到底有多难，我也不知道现在数学家们已经研究到什么程度，我为此而感到困惑。说来也巧，就在我思考这些问题的时候，围绕着哥德巴赫问题出现的三大强有力的方法——圆法，筛法，密率方法已经诞生，并且以很快的速度进展着。

同时，在老师的影响和诱导下，我感到为了更好地向数论进军，必须通过严格的训练，打好基础。

记得那是在一年级学习"微积分"课程的时候，当时，任课教师不但在课堂上注意把概念讲透，要求学生比较深入地掌握基本理论；而且每堂课讲完，都要布置作业，要求大家多练习，以便巩固所学的知识，并牢固地掌握运算方法。当时这位老师每次批改学生的作业时，看到我的作业，都觉得有点奇怪：纸张长短不一，有的是一张写错了，裁去一段（我这样主要是为了节约纸张）。主要问题还是答案太简单，有的只写两三行，好像是"习题解答书"中的提示那样，不像是演算题。开头几次作业比较容易做，老师觉得还说得过去，但接下去几次都是这样，老师就怀疑了：会不会是抄袭别人的？他到学生宿舍找到我，把作业摊在桌子上，直率地问我："你的作业写得太简单了，你有没有很好地做呢？"

我很紧张，忙说："老师，我……"随即打开抽屉，翻出了一叠杂乱的草稿，交给老师。老师认真地从头到尾仔细看了一遍，发现演算还是挺详细的，就是表达能力差些，写得过分简单了。他肯定了我的草稿的演算，也告诉我作业不能写得太简单，关键地方，必要的步骤，必须写清楚。老师说得对，我连声应是。

二年级学习"高等微积分"时，我又发生了类似的情况。有一次，任课教师看到我的考卷，答案很简单，不能说明问题，从卷子本身看很难评上好成绩，但又没有发现什么错误。为了对工作负责，对学生负责，他就把我找了去。我起先还真有点担心，不知道发生了什么事情。老师对我说："这次考的问题你到底懂了没有，从考卷上看不出来，请你再做一做吧！"这一下我心里踏实了，没说什么，坐下来就开始演算。这些题目我做过，是熟悉的，一会儿就把"第二次考卷"递了上去。老师看了点点头，略为沉吟一下，提起笔来在原来的考卷右上角打了分数：九十八，并对我说："你回答得全对，本来可以给一百分，但写得不清楚，应该扣两分。如果不是找你问，可能不及格了。以后自己写文章，也要注意表达清楚，否则你自己虽然懂了，人家还是看不懂。"

我就是这样在严师的一再督促下，逐渐培养起了严谨精细的治学态度。没有厦大的老师们的辛勤培养、严格要求和热情帮助，我们这些学生是不可能在以后取得好成绩的。

为了攀登科学高峰，我觉得必须培养独立的科研工作能力。在大学短短的三年时间里，学习很紧张，谈不上搞科研，但在老师的影响下，我逐步地认识到科研工作的重要性。尤其是教"复变函数论"的老师经常跟我们讲，对于一个数学工作者来说，要坚持做到两条：一条是打好基础，特别是念好函数论；另一条是要学会写论文，在学习前人知识成果的基础上积极思考，大胆探索，在积累中创造，在创造中积累。他并不同意一些人的说法，认为多看外国数学刊物上的文章，在广泛学习的基础上提出问题，努力写作论文，就是什么"资产阶级方向""从外国论文夹缝里找题目"等等。这些都深深影响了我，推动和鼓舞着我去进一步学习，钻研更高深的数学知识。

每当我回忆起大学的老师和他们给学生讲的课，我都会想到厦大的课是很富有启发性的，不仅仅是传授过去的知识，而且给学生们展示出未来。我很高兴我能在这样的学校中读书，有这样好的老师。后来我所以能在研究哥德巴赫猜想方面做出成绩，是与这些好老师以及他们的辛勤劳动分不开的。

在厦大我念的是理数系，二年级分组时，被分在数学组。一九五二年院系调整，成立了数学系。系里十分重视基础课的教学。尽管解放初政治运动一个接一个，我们这一届学生为了国家建设的需要，又提前一年毕业，但系里还是安排我们修完了必读的全部基础课程。系里还十分重视基础训练，每一门功课，尤其是基础课，都要求我们学生多做习题，务必使我们熟练掌握运算方法，并巩固所学的知识。同时，系里还很重视我们的外文学习。三年级时，有的课程已采用外文课本，要求我们做到至少能阅读一种外文专业书籍。我在中学里英语就学得不错，大学三年中，我除了继续提高英语水平外，又初步掌握了俄语。

三年的时间里，我抓紧一点一滴的时间，贪婪地阅读了大量的数学书籍，仔细地做了一道又一道习题，不厌其烦地进行繁复的计算，我的生活规律几乎成了一个固定的公式，就是：宿舍—食堂—教室—阅览室。我整天奔忙在这条生活战线上。看书入了迷时，经常听不见吃饭的钟声。当我恍然悟到时间已迟时，就得小跑步赶到食堂才吃得上饭。理工科因战备搬到龙岩上课时，生活条件很差。黄昏时分，又矮又暗的宿舍里蚊子很多，电灯还没有亮，同学们三三两两地到附近的田野散步去了，我就独自躲在破旧的蚊帐里看书，很自在。在厦门，对风景如画的集美镇，海上灿烂的明珠鼓浪屿，我都没有什么兴趣。著名的南普陀，岩洞清幽的五老峰离我们很近，我也无心游览。闹市区只要步行二十多分钟就可到达，我却很少去，因为这都要花时间的。上大学时，我只穿蓝、黑的一类暗色衣服，因为这可以穿的时间长一些，并大都是托同学到市区代买。我不愿意在这些事情上用心，因为对我来说，这些琐事在生活中并不是主要的。

由于解放了，我在厦大享受了党和人民给的助学金，生活有了保障，生活条件不断地有所改善。当然，也不像过去上中、小学时那样被人歧视，再没有人来欺侮我了。我心情舒畅了，到处都感受到同学们的友爱、党的关怀和培养，同志们的关心和照顾。

一九五三年夏天，幸福的大学生活结束了。因为社会主义建设急需各方面的人才，我和同学们都提前一年毕业。我被分配到北京一个中学作数学教员。

二、重返母校

还没有到北京前，我就想，做老师，站在讲台上，几十双机灵、顽皮的眼睛盯着你，再来个恶作剧，我怎么办呢？当我真的站在讲台上，看到我的学生比我又高又壮，心里确实有些紧张。我不善于讲课，几句话一说嗓子就发痛。我多么羡慕那些循循善诱的老师们呀。下了课回到房间里，我急得自己叫自己笨蛋。

我这人一向不会照顾自己，平时又不注意营养，一急一累，病了，发烧到三十八度。到医院一检查，诊断患有肺结核和急腹症。一年内我住了六次医院，做了三次手术，根本没有能够好好讲课。就在这时，中国科学院出版了华罗庚的名著《堆垒素数论》。我买到一本，很高兴，就开始钻研起来，住院时我也躲开医生和护士偷偷地看。那时，我常想到我可能会失业。可我该怎么办呢？于是我就节衣缩食，积蓄了几乎所有的收入，准备失业就回家，继续搞我的数学。但以后又怎么办呢？当时我确实也想不出什么办法来。

一次，厦大校长王亚南到北京开会，我教书的那个中学的一位领导遇见了他，谈起来，对我很不满意，他说：你们怎么培养了这样一个高材生？老校长听到这个后，非常吃惊。他一直认为我是厦大最好的学生，他不同意他所听到的议论，认为这是工作上的分配不得当。

在大学读书时，我这人是以学习上着了迷，生活上杂乱无章而闻名的，老校长对这一点是了解的。后来，我在北京见到了老校长。当时，我穿着背心和短裤，站在老校长面前直发呆，竟说不出一句话来。老校长说："怎么，还是老样子？"我回答："是的，是的。"老校长说："有什么事，你慢慢讲吧。"我说："想回母校找一个事做。"老校长非常关心自己的学生，同情我的境遇，回校后，向校党委作了汇报。经党委研究，决定让我回母校。我听到这个消息，内心充满了对老校长的感激之情。现在回过头去一想，当初如果没有老校长的帮助和关心，我能否取得后来的成绩是很难讲的。王亚南先生是一九六九年十一月十三日逝世的，直到今天，我仍在深深怀念着我们的这位老前辈，怀念他对学生们的恩泽！

我回到了母校。数学系安排我做教学辅导工作，负责管理数学系的教师阅览室。工作不多，阅览室又有比较丰富的图书资料，这样，我就有了一个安静的环境和较好的条件从事数学的研究。

这时，厦大数学系正是一派生机，学术空气很浓。一九五四年全国综合性大学会议开过之后，确定了综合大学的性质、任务、培养目标，强调综合大学的主要任务是培养理论科学与基础科学方面从事理论研究的专门人才。数学系的教师们都深刻意识到开展科学研究，提高科学水平对祖国社会主义建设的重要意义，掀起了科学研究的热潮。

一九五六年，毛泽东主席发出了向科学进军的号召，敬爱的周恩来总理亲自领导并制定了国家科学发展的远景规划。在校党委的领导和支持下，根据这个规划的原则，数学系制定了自己的科研工作规划，确定了十二年科学的研究方向，雄心勃勃地提出争取在十二年内赶上或达到国际先进水平。在关于分析与几何相结合这个广阔的领域内要求努力推进，争取在十二年内建立一个在研究工作上具有明显特点的数学学派。为了实现这一目标，全系教职工通过讨论，统一思想，并提出不少建设性意见，积极创造条件，迎着困难，奋发前进。

我在数学系这样一个团结战斗的集体中，以前的老师们继续给我指点和帮助，领导给我以时间保证和支持，后来还让我结合我的研究方向，让我担任"复变函数论"课程的助教，这就使我进一步得到锻炼，打好研究数论的基础。

这时，我正在集中全力，深入钻研华罗庚教授的名著《堆垒素数论》《数论导引》。书中的巧妙方法吸引着我，催我奋进。这些书，我从头到尾钻研过七八遍，重要的地方甚至阅读过几十遍，从中我似乎看出华老非常善于用初等的直接方法来解决数论中留下来的历史难题。这说明华老对数学问题的本质有透彻的了解和敏锐的洞察力。此外，我还广泛阅读国外数学刊物，努力吸入前人的成果。在党的方针指引下，我觉得我这是为革命、为祖国而钻研，祖国的科学事业需要数学。

我那时住在"勤业斋"教工宿舍，这是一座小平房，共有十几个小房间。住在这里的大都是身体不太好的单身教职工，每人一小间，七平方米，环境不错，是个学习的好地方。宿舍不远就是无边无际的大海。我的邻居们常去爬山，去海边游泳。我没有这种心思和时间，总是躲在房间里读书。

我常常晚上开夜车，每天只睡四五个小时。因为怕邻舍们议论，我特地用纸做了一个很大的黑灯罩，把灯光全部遮起来。灯罩很大，有一次没有注意把灯罩碰歪了，头也伸进灯罩里去了。窗口透出的灯光，使两个担任巡逻的学生产生了疑问，他们便敲门进来。他们的警惕性很高，以为有人在"搞什么破坏"，因为这是海防前线。当他们知道我是数学系的教师，在那里演算题目，便说声"对不起"，笑了笑，就走了。

为了抓紧点滴时间来学习，我又把当学生时用过的方法搬了回来，把书本拆开，放几页在口袋里，随时随地拿起来看，反复揣摩、钻研，直到烂熟了，就再换几页。开会前看，吃饭排队时看，走路时也看。

厦大数学系的科研热潮激励和鼓舞着我。高中时代和大学时代的老师们所谈到的哥德巴赫猜想，一直深深地印在我的脑海里，于是一个大胆的想法产生了：我也要向国际水平进军，去碰碰这道著名难题。当时，我已经比较清楚地意识到这不是一件简单的事情。罗马不是一日建成的，大学的三年学习，仅仅才打下了基础，尽管靠老师们的帮助和指导，自学了数论方面的知识，但还是很不够的。千里之行，始于足下。路要一步一个脚印地走出来，而我要走的路是一条十分崎岖艰难的路，需要我作出很大的努力，付出一定的代价。

在深入钻研《堆垒素数论》的基础上，我注意到了"他利问题"（Tarry）。它是堆垒数论的中心问题之一，经过反复揣摩，我对这个问题产生了一些想法。华罗庚教授在《堆垒素数论》中已对这个问题进行过探讨，又在一九五二年六月出版的《数学学报》上《等幂和问题解数的研究》一文中专门讨论了"他利问题"。这个问题归结为指数函数积分的估计，并和素数作未知数的不定方程问题有重要的联系。上述论文在进行了这方面的计算和估计之后，写道："但至善的指数尚未获得，而成为待进一步研讨的问题。"我仔细地推敲这方面的有关文章，认为很可能从这里能研究出一些东西来。

我反复思考，计算又计算，发现在前人成就的基础上，可以获得进一步的成果。但是，这时一个念头又出现在我的头脑中：这是著名数学家的名著啊！像我这样一个初出茅庐甚至还没有进入科研之门的年青人，能推进出个结果吗？这样做是不是"不自量力""枉费心机"？

我找到"复变函数论"的主讲老师，谈了自己的想法。老师热情地鼓励了我："为什么不可以推进前人的成果呢？不必顾虑重重了。现有的数学著作，它们的作者当然都是著名的。虽然这些著作是他们的研究成果，但后来的年轻人如果不敢再进一步研究，写出论文来，数学又怎么能发展呢？

这位老师的鼓励和支持给了我勇气，也增强了我的信心。我开始向"他利问题"发动进攻了。

"战斗"一打响，我就没有时间表了，不管上班，下班，白天，黑夜，走路，吃饭，我几乎不停地在思索，尝试着用各种可能的方法去推演、运算。我在一张张稿纸上书写，涂改。一个通宵接着一个通宵地干。除了上班不得不去阅览室，买饭不得不去食堂外，我哪儿也不去，整天把自己关在宿舍里，几乎忘掉了一切……

"勤业斋"的邻居们在吃饭的时候，常常围着翠绿的芭蕉和竹子下面的小石桌，坐在光洁的小石凳上，边吃边聊天，我就从旁边悄悄地走过去，端着从食堂买的饭菜，躲进我那七平方米的小房间，把门关上。我觉得这小天地才是我的极乐世界。我有我的天地，读书和演算才是我极大的乐趣，我认为并不是每一个人都能享受到这种乐趣的。吃饭时，我边吃边看演算过的演草纸，有时还放下饭碗接着演算。饭菜凉了，就倒上些热水再吃，没有热水，凉的也可以将就着吃下去。

我的桌子上和地板上常常显得很乱，但有关的书籍、期刊、纸张的放置却是有规律的，总是放在我随时可以顺手拿到的地方。

演算题目这种事情，有成功也有失败，碰到困难通不过的情况，要比顺利的情况多得多，特别是在遇到实质性的问题时，更要小心、仔细，这时靠的是基本功。当有了想法时，只有靠扎扎实实的基本功才能有所收获。

经过多少不眠之夜，我那小房间里的地板上和桌子上堆起的纸片厚厚一层，它们凝聚着我的劳动，既有失败的记录，也有胜利的见证。

终于，一篇关于"他利问题"的论文诞生了。

我怀着激动和惶恐的心情，把这篇论文交给了教过我的老师李文清副教授，请他帮助审阅。李老师仔细地审阅了这篇文章，觉得很满意，接着，他就把这篇论文辗转寄给了华罗庚先生。

这篇论文先是由王元同志（现任中国科学院数学所所长）看的，他指出了需要修改的地方，然后他就向华老作了介绍。华老真是一位胸怀博大、诲人不倦的数学大师，他听了王元同志的介绍后，立即亲自看了这篇论文，感到很高兴。经过华老推荐，全国数学会决定邀请我参加一九五六年的全国数学论文宣读大会，在会上宣读这一论文。

当我收到邀请信时，真是喜出望外，看着拿在手里的邀请信和去北京的车票，心如潮涌，不禁热泪盈眶。同时想到就要拜见当代最著名的大数学家，心里又有些忐忑不安。这天晚上，我整整一夜躺在床上不能入睡。

第二天，我向学校请了假，收拾一下行装，就匆匆上路了。

华罗庚教授是怎样的一个人呢？他对我的大胆冒犯不但不生气，反而邀请我到北京当众作报告，他这样做是为什么呢？我坐在火车上，看着窗外一掠而过的田野，默默地想着。

到了北京，华先生立即约见了我。

"噢，你就是陈景润！"在北京西苑饭店的一间会客室里，华老笑盈盈地打量着我。我心里七上八下的，连忙轻声地说："谢谢，谢谢，谢谢华老师的关怀！"

"你写的'他利问题'的论文我看过了，写得很好，很有想法！"华老吸了一口香烟，深情地看着我。

第二天，数学论文宣读大会的数论、代数分组会在北京大学的一间教室里举行。虽然我的这篇论文是成功的，但我的宣读却不那么成功。我站在讲台上，就像两年前在中学里教书一样的拘谨。由于下面坐着三十多位数学家和数学工作者，注意力都集中在我的身上，我更加紧张了，窘困得不知道该怎么宣讲。我在黑板上写下了题目，没有说上几句话，就转身面对黑板，一直写了起来，就像我在"勤业斋"的书桌上演算一样。一会儿，台下就有人摇头，轻声议论起来。我的厦大老师李文清副教授替我暗中着急，后来，只好自告奋勇上台去，对与会者说明他的学生不善于讲话，并对论文的内容作了补充介绍。接着，华老也上台发言，阐述了这篇论文的意义，充分评论了我所得到的成果。这样，才使我由于口拙造成的缺陷得到了弥补，宣读总算圆满结束了。与会的同志纷纷表示赞许，他们为自己的队伍中又多了一位年轻伙伴而感到高兴。

一九五六年八月二十四日的《人民日报》报道了这次大会，指出："从大学毕业才三年的陈景润，在两年业余时间里，阅读了华罗庚的大部分著作，他提出的一篇关于'他利问题'的论文，对华罗庚的研究成果有了一些推进。"

学术讨论会结束以后，有一天，华老对我说："如果你愿意的话，我想和你们学校商量，把你调到北京来工作。"这时，华老已下了决心，要把我这个年轻人培养成才。在这次开会期间，他听说我只有二十三岁，高兴地勉励我："要好好学习，为祖国科学事业作出贡献。"他对我的殷切期望给了我极大的鼓舞。厦大党委也很关心我的工作，对我的成绩给以充分的肯定，鼓励我继续前进。

我回到厦大后，没有松一口气，再接再厉，在数论中的三角和估计等方面开展研究工作，很快就写出了第二篇文章：《关于三角和的一个不等式》，发表在《厦门大学学报》（自然科学版）一九五七年第一期。

不久，华罗庚教授真的派陆启铿同志（现任中国科学院数学所副所长）千里迢迢地来到厦大，并致函厦大，要调我到数学所工作，当实习研究员。这个意见得到厦大党委、王亚南校长和数学系的大力支持。在王亚南先生主持厦门大学校政期间，我两进两出厦门大学。母校对我的哺育大恩，我是终生难忘的。

我终于又告别厦大，告别母校和哺育我成长的好老师们。一九五七年九月，我来到北京，走上新的工作岗位，开始了我科学生涯的新阶段。

三、在数学所

我从一个学校图书资料室的狭小天地里走出来，突然置身于全国名家高手云集的专门研究机构，眼界大开，如鱼得水。

这里有学术水平很高的老师、同志，有比较齐全的数学资料，我兴奋极了。我决心向老前辈和同志们虚心学习。

这段时间里，在数学所党委的直接领导下，在华罗庚教授（当时任中国科学院数学所所长）的亲切指导和帮助下，我在这里充分领略了当时世界上最先进的数论研究成果，那么多的期刊资料使我耳目一新。当时，数学所多次举行数论讨论，经过一番苦战，我先后写出了华林问题、圆内整点问题、球内整点问题、三维除数问题、算术级数中的最小素数问题等多篇论文。这些成果也凝结着华老师的心血，他为我操了不少心，并亲自为我修改论文。我每前进一步都是同华老师的帮助和指导分不开的。正是在华老的热情帮助和亲切指导下，我逐步地走到解析数论前沿。他是培养我成长的恩师。

在一九六〇年前后，我还常到西郊成府路我国著名数学家、北大教授闵嗣鹤先生家求教。闵教授平易近人，不分亲疏，我每次去他都亲切接待，帮助解释疑难，给予关心和指点。闵先生在三角和理论、黎曼（Riemann）ξ函数理论以及二次代数整数环理论等方面都有重要贡献。

后来，闵先生一直对我做出的（1+2）那篇重要文章的写作和在审阅工作上倾注了极大的心血，在"四人帮"横行时期，闵先生冒着被"四人帮"打棍子的风险，尽管身体很不好，已经病卧在床，还是千方百计为我审核定稿。我真是铭刻肺腑！

闵教授惨遭"文革"这一场浩劫，不幸于一九七三年十月过早地离开人世。当时，还是初秋季节，人们都穿夹衫，我已经披上棉袄，身体太虚弱了。我怀着一腔悲愤赶去向闵先生遗体告别，一进闵先生家门就晕了过去，我太伤心了。回来的路上，我一边想着闵先生对我的关怀，一边对段学复教授（当时任北大数学系主任）不断地重复着一句话："闵先生对我帮助太大了，闵先生对我帮助太大了。"此后，每逢年节，我都要去闵师母家问候致意。

又经过五年在数学所的充分准备，我开始向哥德巴赫问题进军了。

哥德巴赫问题叙述起来是很容易懂的。可以被2除尽的整数就叫做偶数。例如，2，4，6，8，10，等等，还有一种整数，例如，2，3，5，7，11，13，17，19，等等，它们中的每一个除了1和自身之外，没有其他的整数能除尽它。这种整数就叫做素数。

一七四二年，哥德巴赫写信给欧拉时，提出了每个大于2的偶数都是两个素数之和，例如8=3+5，12=5+7，等等。有人对一个一个的偶数都进行了这样的验算，一直验算到了3.3亿，都表明这是对的。但是更大的数目，是不是对的呢？猜想起来是对的，但要证明它就非常困难了。

直到本世纪（二十世纪）的二十年代，这个问题才开始有了点儿进展。

人们证明不了哥德巴赫猜想，就向后退几步，于是有人考虑是否每一个大偶数是两个"素因子不太多的"数之和呢？

一九二〇年前后，挪威数学家布朗（Brun），改进了古老的筛法，首次证明了：每一个大偶数是两个"素因子都不超过九个的"数之和。即证明了（9+9）。

一九二四年，数学家拉德马哈尔（Rademacher）证明了（7+7）；一九三二年，数学家爱斯特曼（Estermann）证明了（6+6）；一九三八年，数学家布赫斯塔勃证明了（5+5），一九四〇年，他又证明了（4+4）；一九五六年，数学家维诺格拉多夫证明了（3+3）；一九五八年，我国数学家王元也证明了（2+3）。但是上述的结果中都有一个弱点，就是其中的两个数没有一个是可以肯定为素数的。

一九四八年，匈牙利数学家兰恩尼（Renyi）开创了（1+6）。但是，以后十年没有进展。

一九六二年，我国数学家、山东大学讲师潘承洞（现任山东大学副校长，教授）证明了（1+5），又向前进了一步。同年，王元，潘承洞又证明了（1+4）。一九六五年，布赫斯塔勃、维诺格拉多夫和意大利数学家庞皮艾黎（Bombieri）都证明了（1+3）。

一九六六年五月，我在中国科学院的刊物《科学通报》第十七期上宣布已经证明了（1+2）。

记得那些年里，我的大部分时间都花在数论的工作上。每天，早晨三点左右起床，温习外文，收听外语广播，或解析算题。上午上班的时候，我是到数学所的资料室或是科学院图书馆，整天埋头于公式、演算、论文中。有好多回，我忘了时间，忘了吃饭，下班回到宿舍里一干就到夜里十一点钟。

记得有一次傍晚时分，在数学所的书库里，我发现出不去了，门被反锁上了。我打电话给李书记求助："李书记啊，我在数学所书库里，出不去了，门被锁上了。"李书记在电话里对我说："噢，又忘记吃饭了？好，我去找管理员同志。"李书记是我们的党支部书记，工农出身的基层老干部，当过第二野战军政治部的政治干事，他非常关心我们，无论在政治上，工作上，还是生活上，都给过我们许多帮助。在他的身上，我看到了一个真正的共产党员是怎样对党和国家的事业认真负责，又是怎样关心群众和在工作中做到理论联系实际的。

李书记和管理员同志来到图书室，我还在全神贯注地阅读资料。

"陈景润同志，你应该注意休息呀！"李书记和蔼地对我说。我已经打扰过他们很多次了，感到很过意不去，连忙抱歉地说："老麻烦你们，真对不起，太感谢你们了。"管理员同志也叮嘱我："你真的得注意休息啊！"我这人就是这样，经常打扰别人，心里过意不去，但一工作起来，又忘了一切，不知时间了。

由于要经常阅读外文资料，我感到已掌握的英语和俄语不够用了，就开始自学德语和法语。我特地预备两个本子，专门记录新的单词，无论是在出差途中或是开会前的几分钟，都要背几个生词。

一天，我花了一百多元钱买了一个半导体收音机，拿着它高高兴兴地回到宿舍。老艾（现任数学所业务负责人之一，我常戏称他为艾领导）和同志们看见觉得很惊奇，问我："老陈，你平时买件好的衣服都舍不得，今天怎么花一百多元买收音机？"我作了解释：是为了学习外语。外语学习顶重要，没有好的外语水平是无法搞好科研的。经过不懈的努力，我的英语、俄语总算具备了一定的水平，德语和法语也能熟练地阅读数学资料了。

多年攻读数学，既不分节假日和星期天，平日也听不到下班的铃声，这种专心致志培养了我对数学如醉如痴的感情，经常弄出一些让人们见了很不理解的笑话。有一次，我边走路边思考题目，入了神，忘记了周围的一切，一头撞到了一棵大树上，头上碰出了一个大包，自己都没有觉察，一面用手摸着额头，一面还埋怨别人撞了我。

这类笑话传开后，给华老师带来了不少麻烦，有人说："想不到华罗庚这样一位大数学家，竟然从那么远的地方调来了这么个怪人？"

这类事情愈传愈广，一直传到了科学院，但当时，中国科学院副院长张劲夫和华老师还是理解我的。不久，他们把我树立为"安、钻、迷"的代表（即安心工作，钻研学问，迷于专业），表扬我搞科研的这种似痴若愚的精神。华老师不管人们对我褒也好，贬也好，始终不改初衷，必要时便站出来保护我。一九六三年，全所科技人员提职时，华老师极力赞成将我从实习研究员提升为助理研究员。有人经常问我：你这样拼命干，苦不苦？的确，在进攻（1+2）近十年的时间里，我经常看资料文献和演算到深夜，有时一天只睡三四个小时，甚至一口气干到第二天早晨。这确是一种单调、枯燥而又艰苦的脑力劳动，但是在这艰苦中，我获得了另一种欢乐，这就是看到了自己生命的意义和价值，感受到了这种不断探索的思维活动给我带来的精神享受。

一九六六年，我的研究工作取得了初步成果，并在《科学通报》摘要发表了。这是对哥德巴赫猜想研究的重大突破。但我对这一工作并不很满意，决定采用新的更简捷明了的证明方法，增大估计的下界系数。这意味着一个新的起点。

可是，谁也没有想到，这时突然来了个"文化大革命"，社会上一下子出现了许许多多的怪现象。基层党组织瘫痪了，大批久经考验的老干部被撵下台了。老一辈的数学家受到了冲击，连中青年科研工作者也不能幸免。一些人显得那么狂热和无知：天文地理要审查，物理化学要审查，生物要审查，数学也要审查。他们要用斗争哲学来取代整个自然科学。爱因斯坦的相对论受到批判，经典微积分的基础——极限论受到批判……，好像科学可以由他们随心所欲地制造出来。科学院被骚扰得几乎没有一块安静的地方，只有实验室、资料室是冷冷清清的。人们日夜辩论，激烈争吵，最后用拳头代替了舌头。

"四人帮"的爪牙们要批斗张劲夫同志和华罗庚教授以及当时的科学院秘书长郁文同志，强迫我揭发所谓华罗庚的"错误"和其他科学院领导同志的"错误"。我坚决拒绝了。心想：决不能做对不起党和人民的事，决不做恩将仇报的事。当时我回答说："华罗庚教授是国际上有名的数学家，我是被他从偏僻的地方调来数学研究所的，如果没有他的指教和提携，我绝对不可能有今天！"有一次，要我上台参与批斗，我趁人不备，从厕所里偷偷跑掉了。后来，我也成为被专政的对象，和郁文同志一起被关在一间房子里。专政队员们让我们整天跪在毛主席像前请罪。我脖子上挂了一个大木牌，上面写的是"现行反革命、臭老九——陈景润"。在专政队里，我学习英文版的毛主席著作，一是为了学习毛主席著作，二是为了学习英语，可是有的专政队员说我学外语是想投敌叛国，不让我学。

半年过去了，"阶级斗争"还在激烈的"深入进行"。因为我不是反对毛主席，只是没有参加揭发批判"走资派"的斗争会，又是群众，被释放出来了。我被剥夺了搞科研的权利，不让我进办公室。虽然我对这些现象无法理解，但我坚信搞科研没有错，攀登科学高峰没有罪。

我这个人就是这样，只要一钻进数学这个自然科学的王国里，外面的事就都忘掉了。在充满公式、数字和符号的世界中，我感到兴趣盎然，富有奇特的诗意，有时为了证明一个引理，我往往采取几种甚至十几种不同的方法，通过不同的途径反复进行演算，稿纸塞满了一麻袋又一麻袋。

我身体本来就不好，后来又得了腹膜结核病，经常发低烧，浑身出冷汗，腹部的疼痛常常迫使我停下工作，我就用手压着腹部或蹲下，疼痛一过，马上又拿起笔来，硬是挺着身子把运算进行下去。腹膜结核症的症状日益严重起来，医生给我开了一张张全休假条，可是我休息不下来，每天仍然坚持工作十几小时。一次，"艾领导"和同志们来看我，见我脸色不好，就说："老陈，你脸浮肿了，气色也不好，多休息休息吧。"我苦笑着说："感谢你的关心，可是攻克难关非拼命不可啊！我怎么能休息？"领导和同志们的关心、爱护，使我感到是对自己的最强有力的支持。我想：有这么多人做我的后盾，有这么多同志支持我的工作，我绝不是一个人在作战。这更加激励我下定决心，一定要赶超世界先进水平，为社会主义祖国争光。

"九一三"事件后，大野心家林彪死了。这时，工作环境逐渐有所好转，我可以继续工作了。图书馆里一位研究员出身的管理员热情地支持我、保护我，常常把我藏在小书库深处的一个角落里，让我专心看书。由于一些研究员的坚持，数学所一直在继续订购世界各国的文献资料，始终没有中断过，这是一个很大的功劳。我整天阅读，演算，思考，也顾不上身体状况了。白天，我在图书馆小书库的角落里贪婪地阅读资料文献，夜晚就在煤油灯底下不停歇地伏床演算。

敬爱的周总理一直关心着科学院的工作，并且着手排除帮派的干扰。一位周大姐当时被任命为数学所的政治部主任，李尚杰同志被任命为党支部书记。所里由解析数论，代数数论等学科组成了五学科室，恢复了上下班制度。那一年，国庆过后，十月的北京城里阳光普照，秋高气爽，李书记还只穿一件衬衣，我已穿上棉袄。他说下班后要到我宿舍看我，我愉快地答应了他。

那天下午，我站在宿舍大楼门口把李书记等到了。我带他上了楼，请他进了我的小房间。小房间只有六平方米大小，还缺了一只角。原来下面二楼是个锅炉房，长方形的大烟囱从这个房间中通过，切去了房间的六分之一，使房间成了刀把形。这房间我刚刚打扫过，但还是不那么整洁。窗子三橘，糊了报纸，而且糊得挺严实，尽管秋天的阳光非常明媚，屋内光线仍比较暗。李书记没有想到我的住处是这么个模样。他坐到我床上，说："你床上还挺干净！""这是刚买来的新床单。"我说了大实话："你要来看我，我特地去买了一条新床单，谢谢你，李书记，你来看我，我很高兴。很久很久了，没有人来看望……看望过我。"我说着，声音有些颤抖起来。李书记好像也有点激动。他注意看着我的小屋：没有桌子，一捆捆稿纸从屋角两只麻袋中露出来。四叶暖气片的暖气上放着一只饭盒，还有一堆药瓶，两只暖瓶。此外，连一只矮凳子也没有。他忽然发现屋子里没有电灯，只有一盏煤油灯。"怎么，没有电灯？"他问我。

"不要灯"，我说："要灯不好，有灯反而麻烦。这栋大楼里用电炉的人家很多，电线负荷太大，常要检查线路，一家家都要查过，但是他们从来不查我。因为我没有灯，也没有电线，这样我也不会被打扰了。"

"可是你要工作呀，没有灯，怎么工作？"

"没有关系，我用煤油灯，一样能工作。"

"桌子呢？你怎么没有桌子？"李书记巡视着小屋子。

我随手把新床单连同褥子一起翻了起来，露出了床板，指着说，"这不是？这样也就可以工作了。"

李书记皱起了眉头，又指着破了的窗纱问我："你不用蚊帐？不怕蚊虫咬？"

"晚上不开灯，蚊子不会进来。夏天我尽量不在房间里待着。现在蚊子已经少多了。"

"给你灯，"李书记像"拍板"似的加重语气说，"接上线，再给你桌子、书架，好不好？"

"不要不要，那不好，我不要……"

李书记回到机关，找到了也是刚刚到任的办公室张主任，谈了他见到的情况。这样，我的工作条件就显著改善了，电灯装上了，开关线接上了，从此，我也可以伏在一张桌子上工作了。

一次，一位军代表问我："你的论文〔指（1+2）〕写出来了，为什么不拿出来？"我告诉他，"正在做，还没有做完。"他希望我早日完成。室里的领导老田也对李书记说，"可以动员动员他，让他拿出来。但也不急，他不拿出来，自然有他的道理。"

李书记来问我，我说："有人还在骂我，说我不交论文是因为现在没有稿费了，等恢复了稿费我就会交了。"李书记问："谁这样说你？"我说："你不要问了，谢谢你。你问了我可就更麻烦了。没有稿费，我才谢天谢地呐，我根本就没有想到它。那篇论文我确实还在做，真的没有做完。"自从我到数学所以来，在严师、名家和组织的培养教育下，我是一个劲儿的钻研我的课题。我觉得不倾注全力去干，不拿出好的成果，对不起党，对不起大家。一九六五年，我虽然初步得出了（1+2），但是解答太复杂了，写了两百多页的稿纸，走了远路，绕了道儿。我要想办法把它简化，等改进后再拿出来。

一九七三年二月，春节来临。大年初一早晨，我正从楼梯上走下来，听见有人叫我的名字，我一看，来了这么多领导同志！周大姐说："过春节了，我们来看看你，你的病好点了吧？"李书记也说："新年好，给你贺新年。"我这才醒悟过来，赶忙还礼："是呀，今天过年了，谢谢你们，谢谢你们。

新年好，你们好。"李书记说："到你屋里去坐坐吧。""不，不行，"我说，"你没有先给我打招呼，不能进去。"我小屋那么脏乱，怎么好意思让领导同志进去坐呢。周大姐沉吟了一下，说："好吧，我们就不去了。李书记，你给他送水果上楼吧，我们再到别家去。"周大姐和我握了握手，祝我早日恢复健康。李书记把水果袋递给我说："这是组织上送给你的。希望你在新的一年里，做出更好的成绩。"我说："水果我不要，我很好，我没有病。真的，没有什么。这点点病，呃，……真是太谢谢你们了，我很高兴。"李书记还是把水果塞在我手里，说："怎么样，上你屋里聊聊？"我再一次拦住了他："不，不要进屋了吧，你没有先给我打招呼哩。"李书记笑了笑，说："那好，我不上去了，你有什么事，可以随时告诉我。"

我远远地望着李书记和周大姐一行人的背影消失在中关村路旁的切面铺子后面，突然间，我激动万分。一回到楼上，我见人就说："从来没有人把我当病号对待，这是头一次；从来没有人带了东西来看望我的病，这是头一次。"我感到了党的温暖，党是那么关怀和信任我们。

一九六六到一九七二年，整整七年过去了，这时《中国科学》复刊了。我又兴冲冲地走进王元同志的办公室，交给他一篇关于哥德巴赫猜想的论文，题目是：《表大偶数为一个素数及一个不超过两个素数的乘积之和》，全文只有二十多页，大大简化和改进了原来的证明。王元怀着极大的兴趣，聚精会神地听我一连讲了三天，不放过每一细节。听完后，非常高兴，给予了很高的评价。

一次，他对同志们说："咱们在数学领域里干了这么多年，真正领先的成果不很多。陈景润在这个问题上是花了功夫的，国内外解决哥德巴赫猜想的办法已经不多了，他把'油水'都挤干了！他的高度创造性与百折不挠的精神，值得我们很好地学习。"王元同志不愧是华罗庚老师的学生，他曾对哥德巴赫猜想方面做出过非常重要的贡献，讲这样的话是不容易的。

王元同志还说："陈景润不仅结果领先，而且在论证方法上也有突出的创造性：他以国际上通用的加权'筛法'为基础，成功地估计了将偶数表为某种类型的一个素数与三个素数之积的和的表示法上界，从而证明了大偶数都可以表为一个素数及一个不超过两个素数的乘积之和。"

过了几天，王元同志向华老师报告了这件事，华老师也很高兴，他说："陈景润似痴若愚地钻研，终于钻出了成绩，这样一来人们该不再批评我树立了个白专典型了吧！"

当我知道华老师这样高兴，心里也感到很痛快，我总算没有辜负他的期望。

王元同志作为数论组的实际负责人，又把其他专家召集到一起进行了讨论。大家都认为我的工作是严谨的，水平很高。于是，王元同志和闵嗣鹤教授在论文上写了三条审查意见，推荐给《中国科学》发表了。

论文全文发表后，在国际上引起了强烈的反响，数学家们从世界各地发出一片赞叹声。

美国科学院副院长在率领科学代表团访问我国回去后，于一九七九年美国数学会通告期刊载文说："在中国数学所，华罗庚的一批学生，在解析数论方面作出了出色的成绩。近年来，那里所得到的杰出成果是陈景润的定理。这个定理是当代在哥德巴赫猜想的研究方面最好的成果。"

英国著名数学家哈伯斯坦（Halberstan）和李希特（Richert）合著《筛法》一书写完十章后，发现了我的成果，又专门写了第十一章讲述"陈氏定理"。作者在序言中说："'陈氏定理'构成了筛法理论的光辉顶峰！"

美国著名数学家外尔（Weil）说："陈景润的工作现在好像在喜马拉雅山的顶峰上行走，每前进一步都非常困难。"

"你移动了群山！"一位美国数学家写信向我祝贺。

但是，我知道，我应该保持清醒。我的任务，绝不是陶醉在已有的成就和荣誉之中。

一九八五年十二月

（选自《中国科学家回忆录》（一），光明日报出版社一九八八年版）

青年时期求师治学记

蔡尚思

历史学家

中国思想史研究专家

　　根据我的经验，青年时期实是为一生打下基础的重要时期，没有这个基础，就不可能有我的中年和老年。

　　我读中学时，有两位好教师，一为永春郑翘松校长，前清举人，著名诗人，大藏书家；一为德化郭鹏飞，秀才，国文教师。我的作文，全得力于此二人的修改。我生活很节俭，而经常和他们汇钱到上海扫叶山房、文瑞楼等书店购买要籍。我当时以研究中国古文为中心，不但研究"唐宋八大家"的文章，而且对《庄子》等哲学书、《史记》等史学书，也着意从文学角度加以研究。在古文中，以庄周、司马迁、韩愈为最高，这是我对古散文的一种看法。在永春读了四年半书，把我写的古文稿带到北京，为王国维、陈垣、梅光羲等老师所称许，并应张恨水的要求发表在《世界日报》上。他们都看出我是多年研究韩文的。因此，我把在永春求学时期叫做专攻古文学时期。

　　当我快毕业时，看见上海报载：清华学校（不称大学）新办研究院招生，只问同等学力不论资格。我快乐得跳起来，就急于去该校就学。有人劝我就在较近的上海求学，何必远上北京？我以为北京是全国大学问家最集中的首都，为上海所不及，所以坚决只身北上。由于考期已过，就拜该研究院的王国维、梁启超二教授为师，二人看见我不远千里而来，很有志气，表示愿和我共学，这样，我就等于已入该研究院受业了。清华园离北京城相当远，去一趟要花骑驴费不少，我就常用通信代面谈。我交不起公寓费，就决定住在宣武门外的永春会馆里。先后考入孔教大学研究科和北京大学研究所，这二校代表了新旧两极端，蔡元培（他早就不在北京）和陈焕章各代表其学风。我在北京，最有关系的师长，是国学家王国维、梁启超、江瀚，史学家陈垣、朱希祖，哲学家陈大齐、梅光羲、李翊灼和陈焕章等。在师长中，以专长于哲学和史学者为最多。因此，我把在北京求学时期叫做史哲结合起来研究时期。但这只是开始，以后更显著了。

一九二八年秋，我因生活无法维持，南下谋事。翌年起先后在大夏大学、复旦大学任教，同时乘此机会在全国第二个文化都市和最大经济都市的上海，继续求师。第一个对象是"国学大师"章太炎，第二个对象是著名哲学家李石岑，他们都很客气，肯接见我，我向他们提出许多关于中国学术的问题和世界哲学的问题，他们都作了认真的解答。我把他们看做等于受业的老师。

我认为全国第三个文化都市是南京。一九三四年起，我因失业而入国学图书馆住读，我多年想求教的文化史专家柳诒徵，恰巧是该馆的馆长，我问学的目的又一次达到了。他既是我最多受教的一位前辈，也是给我有最多读书机会的一位学问家。一九三五年，我第二次来上海，再向著名史学家吕思勉求教。这对我的求师问学来说，是继续补课。在我心目中的师长和师长辈的学者，也差不多是到此为止了。

这个时期，如刘揆薮、王焕镳、欧阳予倩、顾颉刚、陈中凡、张栗原等，都是我在学问上的益友，都是鼓励我向上努力者。

我到北京后，看见了王国维还留着辫子的形象和许多人的尊孔，就开始觉得师友们的学问和思想往往不一致，我对他们和对自己的要求不能相同：我对他们，必须把学问和思想分别开来，只要他们的学问，不要他们的思想，如果不如此，恐怕师友就不会多了。反过来说，对自己，倒要把学问和思想密切结合起来，既不要只有好学问而没有好思想，也不要只有好思想而没有好学问，更不要在思想上的开倒车向后转，这样，才是正常的。

总起来说，我在治学上觉得应当注重下列几点：

第一，文史哲三者必须结合起来研究，如以文为第一大门，史哲等就是第二、三进的大门了。不学习古文，是很难读懂古代史哲书籍的。

第二，史哲二者必须结合起来研究，绝对不得互相脱离。脱离史学的哲学，会变成没有肉体的灵魂，如魏晋玄学、隋唐佛学、宋明理学，尤其是心学等等；脱离哲学的史学，会变成没有精神的尸体，如清代的考据学等等。

第三，我因梁启超、蔡元培、李石岑、陈中凡、柳诒徵、顾颉刚等的启发和鼓励，便以中国文化史、中国学术史、中国思想史为研究的中心，而认为文化史学术史的中心也还是思想史。

第四，中国思想史同孔子关系密切，不了解孔子就不容易了解中国思想史。所以入北京大学研究所，研究的题目就是"孔子思想的真面目"，并且注明要终身研究这个问题。

第五，对孔子等等，我以为既贵能入，尤贵能出。能入如所谓"不入虎穴，焉得虎子"；能出才不致做他们的俘虏和家奴。我考入孔教大学研究科后，陈焕章校长有一次特约我去谈话，他别有用意地夸奖我有可能做现今的董仲舒、何休等今经文家，要诀在于"先信后学"四字。我听了很反感，就同他唱对台戏，很明确地表示："我是孔学的研究者，不是孔教的信仰者，所以主张先学后信，学后如果认为可信就信他，如果认为不足信就不信他。中国旧式婚姻是'父母之命，媒妁之言'；在今天可靠不住了。基督教徒替小儿女洗礼也是'父母之命，牧师之言'，等儿女长大后也靠不住了。"他提及清圣祖也评定孔子是"万世师表"一事，我说："孔圣人和清圣祖都不曾活到万岁，怎会知道到了万世还会成为师表呢？"他很不愉快地说："这样，将置大圣和我们于何地？我希望年轻人能够平心静气地想想！你将来一定会后悔。"这次谈话，可以说是不欢而散。我在北京，觉得李翊灼虽然尊孔信佛，用佛释孔，不够科学，但他却勉励我"要做现代的孔子，不要做古代的孔子"。江瀚特意把他的大作《孔学发微》一书送给我，有希望我崇拜孔子的意思，但我以为这本书比陈焕章送的《孔教论》一书，对我研究孔子有一定的启发。

此后关于这个问题值得一说的有：一九二九年我著《伦理革命》一书，反对孔子的小人伦观。一九三一年我写《死圣人与活人民孰重》一文，反对以国民政府考试院长戴季陶为首的一些尊孔派，不顾人民死活而募捐大修曲阜孔庙。一九二五年下学期起，我在沪江大学任教，国学系主任王治心认为孔子、耶稣的思想很一致，他既在课堂上对学生大骂我反孔，又常同别的教授在背后说我比同孔子对立而被孔子杀死的少正卯还要坏，他简直以孔圣人自居，而苦不得叫我滚出校外。一九三六年，陈济棠在广州创设学海书院，请张东荪、张君劢主持行政，派人携我师友的推荐信并用重金诱我去指导学员。我因为他们都是尊孔读经派，与我格格不入，坚决不就。

第六，自知所以能够不断学习，是同师友们的鼓励分不开的。我以为师友们对自己有所肯定的言论，如果把它作为鼓励自己前进的座右铭，而有百利而无一害；反之，如自以为已经达到，因而自高自大起来，那就有百害而无一利了。必须越被鼓励越虚心努力前进才好。

一九三一年秋起，我去武昌华中大学教了三年书，学生中的何伟（原名霍恒德），知道我反传统思想和不满现实，常到我房中来密谈，既志同道合，便大买马克思主义理论新书，暗地互相介绍借阅，约百种，我越读越爱读。谁都知道武汉是全国著名的"三大火炉"之一，非常闷热。暑假，我就锁上房门，衣服脱光，汗如雨下，将书铺在地板上，彼此对照，加以摘要，做成社会发展史表解、唯物辩证法表解等多种，以便记忆了解。这样，我对马克思主义理论就有了一些基本常识，我便由前几年的相信空想社会主义转变为相信科学社会主义了。这是我在思想上大变化的时期。

思想变化和政治变化是分不开的。一九三二年，我加入宋庆龄、蔡元培、鲁迅等领导的中国民权保障同盟。一九三五年由地下党员欧阳执无介绍我加入中苏友好协会。一九三六年起为地下党员何伟等做秘密联络工作。

我由于华中大学校长的食言，愤而辞职离校。失业以后，不得不东来南京，在号称"藏书为江南之冠"的国学图书馆住读。我认为传统地把图书分为经史子集四部，而以集部为纯属于文学的范围很不科学。经、集两部，都包含各种学科；集部（尤其是宋元明清的集部），更是如此。我立誓不翻阅全部历代文集，决不罢休。自创了一种快读法和全读法：

凡以前在永春、北京、上海、武汉等地藏书家和图书馆读过的图书，都暂不再读；文集中的诗词歌赋曲不读；文集中无关重要的散文也不读；对各书各篇各节也有主要细读，次要略读的差异，而不采用平均主义的读法；有几种版本的集子，就只看其中最全的一种；有一小部分文集必须细读才能摘要，就做记号，留待以后的寒暑假再来补读；我遇到重要资料，只在自购该馆新出的《图书总目》集部每书上下速记卷、页、行数，不自抄写，留待以后有余钱时再请人代抄；我当时主要是选辑中国思想史的资料如哲学、政治、经济、教育等，但如遇到其他不常见的重要资料如文、史、考据、经学等等，我也简单注出，以备要用时来翻查这部《图书总目》；我每天多则十八小时，少则十六小时，用于阅读和整理速记。做到古今人所说的一年等于二三年。长期专心苦读，一生中以此次为第一。

我这种快读法，同时也是一种全读法：我在《图书总目》集部上，按照先后次序一部一部地阅读下来，柳诒徵称为蜜蜂采花成蜜式的方法；苏维岳称为矿工开矿山式的方法；最近有人来信说某刊物称我用的是"竭泽而渔"的方法。我对此三说，都表示同意。

我略阅和翻查了几万卷书，搜集到几百万字的中国思想史资料，虽经过"四人帮"的抢劫和破坏，但仍保存了大部分。一切见《中国思想研究法》，它是我在旧中国反动统治下多学多思的结晶。我认为，比之一般的研究所，这类大图书馆实不失为研究所的研究所，是学人做学问最理想的地方。这是我在学问上最大变化的时期。

迄至一九三六年，我除撰写了若干学术论文外，著有以下专书：

《孔子哲学之真面目》	旧作，一九三〇年	启智书局
《三大思想之比观》	同上	
《伦理革命》	一九三〇年	泰东图书局
《中国学术大纲》	一九三一年	启智书局
《中国历代文艺文选》	一九三五年	沪江大学
《中国思想研究法》	一九三六年完成	一九三九年商务印书馆

（此书是我的代表著作之一，原有《中国思想研究法长编》）

《中国历史新研究法》　　时间同上书　　中华书局

一九八三年一月写于复旦大学

（原载《人物》，一九八三年第三期）

谈往事，忆师友

张锡钧

生理学家

中国科学院院士

一九二〇年我毕业于清华学堂后，官费赴美国芝加哥大学留学。一九九二年获学士学位，随即转入该校附属的罗虚（Rush）医学院学医，同时仍在大学生理系作研究，一九二六年获哲学博士及医学博士学位。回国后先在协和医院，后在协和医院生理系工作，五次参加国际学术会议及进修，接触过不少师友。这些年来我能做出一点研究成绩，是与他们的教益分不开的，他们当中许多人都已去世了，我非常怀念他们。

第一位是我的哲学博士导师卡尔逊（A.G.Carlson）教授。我本来立志学医。一次上生理课时，看到一个示范实验，是抢救一只去副甲状腺发生痉挛的狗。狗躺在地上，昏迷不醒，全身发抖，呼吸短促，口水溢流，处于濒死状态。示范人注射一针钙盐，狗立刻站起来，浑身一抖，走到食盘边，大吃大喝，恢复正常。这是多么惊人呀！可见人体只要研究出病源，补其所缺，就能起死回生，立竿见影。我心想：我为何不一面学医，一面做研究呢？于是我向教务处提出申请，可是得到的答复是"不同意"。因无先例，两校相隔又甚远，除非教授批准，方可注册。

生理教授卡尔逊为人性情刚强，重视科学性，不讲情面，敢于批评，对同学要求很严格。有时一班同学，他就刷下一半不及格，人人望而生畏，敬而远之。我知道他的脾气，不愿见他，可是不见他又不行，想来想去，还是硬着头皮去见了他。他听到我的申请，大吃一惊，上下打量着我，说："你好大胆呀！大学在南城，医学院在西城，两处功课都相当繁重，你能同时兼顾吗？我说："我来美国求学不容易，我必须学到真本领，回国才可应用。有志者事竟成嘛！请给我机会试一试。"他考虑了一会儿，说："好吧，我赞成你，你比美国学生有勇气，准你试一试，但不要累垮了，不行就下马。"我终于如愿以偿。

两处相隔很远，坐高架电车来回要三小时。我住家在大学附近，每天早晨五点出发，去医学院上课，下午五点回大学生理系做研究，两头奔跑，确实够辛苦。我就这样日日夜夜地苦读了四年，一天也没有休息，终于创出同时获得两个博士学位的记录，为中国留学生争得了荣誉。我想，这与卡尔逊教授的支持与鼓励是分不开的。

第二位是老友林可胜教授。一九二四年当我读博士研究生时，林可胜从英国来与艾伟（A.C.Ivy）副教授合作胃液分泌的研究。我们二人一见如故，常在一起交谈将来回国时如何发展中国生理学，特别是实验生理学的问题。为此目的，我们还收集了美国及英国生理实验许多资料。他一九二五年回国，担任了协和医学院生理系主任教授，创办了中国生理学会。我于一九二六年回国，先在协和医院当了一年住院大夫，一九二七年转入生理系与林合作。他还创办了中国生理学杂志，任主编，我任经理及中文摘要编辑事务。我们一起共事直到一九四一年。我向他学习了不少技术，如各种狗的小胃手术制备、活体灌流等。"七七事变"后，他带领卢致德与柳安昌二位助教，组织新式医疗队，亲往卢沟桥、喜峰口救护伤病员。后来，他不得不离开北京，先赴南京后去美国，继续作研究，卢、柳二人去了台湾。

第三位是肯恩（W. B. Cannen）导师。他是哈佛大学生理系主任，以交感神经的生理及内稳态学说闻名于世。一九三三年我从伦敦到罗马参加第14届国际生理学会后去美参观学习，曾访问过他，受到他的亲切接待。在他家作客时，同他全家见了面，饭后还参观了他的实验室，收获不小。一九三五年他来到中国，就任协和医学院生理系客籍教授半年。他热心教导，循循善诱，毫无保留地把他创造的技术，如切除内脏（心、肝、脾等）的交感神经、内稳态的实验证明等传授给我们，对我们帮助很大。

第四位是瑞士苏黎世大学生理系主任海士（W.B.He-ss）教授。他是首先向中脑插电极而发现睡眠中枢者。可惜我去学习这项技术时，他已不做这项研究了。他让我研究肾上腺素对大脑动脉血管的作用。我完成了这项研究后，用德文写出论文，他把这篇论文发表在德国生理学杂志上。他六十寿辰时，我送去一篇"迷走神经垂体后叶反射"论文，也被他收入庆寿集中。

第五位导师是戴尔（S.T.Dale）。他是药理学家，以研究麦角碱和组织胺出名。他为人和蔼可亲，平易近人。他首先发现，动物组织中也像植物组织中一样，有乙酰胆碱的作用。他让我与他的同事盖得木（S.G.Gaddum）及生化学家达得里（H. W. Dudley）合作，从马脾提取液中提出乙酰胆碱的纯结晶，证明戴尔的预见，为介质生理奠定了部分基础。

另外，在我学习及参加国际学术会议中，我还遇见两位知名人士，一位是巴甫洛夫（I.P.Pavlov），另一位是盘尼西林发明人弗劳瑞（S.H.W.Florey）。

那是一九二四年，我第一次见到巴甫洛夫。那时我正在无偿帮助一位女研究员孔德（M.Kunda）做新陈代谢实验，一次她有事外出，卡尔逊教授领进一位白发老人来参观，对我说："张，介绍一位老客人。你现在在做什么？"我立即夸夸其谈，讲述如何训练狗主动上桌子，躺卧十分钟，向呼吸管呼吸氧气，再算出其代谢量等。老人听了十余分钟后点头告别。当日下午下班时，遇见教授，他问我："你知道今日上午来参观的那个老者是谁么？"我答："不知道。"当他告诉我老者是巴甫洛夫时，我立即面红耳赤，怪教授为什么不提前告诉我，我要知道他是巴甫洛夫，何必"班门弄斧"？教授却笑着说："你讲得很好，让他知道我们也能训练狗做慢性实验，他会高兴的。"

第二次见到他，是在罗马第十四届国际生理学会上。他在大会上报告

"镶嵌细工"学说。

第三次是在列宁格勒第十五届国际生理学会上。我随同美国研究消化生理教授如肯恩、卡尔逊等在他家中见他。他有一个习惯，晚饭后睡觉，十时上下会客。他欢迎我们，畅谈了很久，可惜，因语言关系，我领会得不多。

我一生三次见到这位伟大的科学家，不能说不是"奇缘"。

弗劳瑞是卡尔逊教授的一位进修学者，与我同在一个实验室工作。他研究大肠分泌，我研究胃液分泌，都是用狗做实验，彼此帮忙，相处甚欢。他回国后，遇到良机发明了盘尼西林，一举成名。一九五一年我访问北欧六国参观学习时看望了他，当时他是皇家医学会主席。他热情接待，不忘旧交。

几十年来，我求学及参加国际学术会议，接触了不少师友，得到他们很多教益。他们中有得到诺贝尔奖金的，如巴甫洛夫、海士、戴尔、弗劳瑞。他们都已作古，可是他们的研究、贡献与世长存。饮水思源，他们无时不在我的景仰和思念中。

我今年八十六岁整，三年前已退居第二线，但仍任学部委员及四个单位的学术委员，并指导三位博士研究生。我希望在我有生之年，尽我所能，培育人才，多出成果，为祖国的"四化"建设出一份力量。

一九八五年十一月

（选自《中国科学家回忆录》，光明日报出版社一九八八年版）

肆.

异乡一盏读书灯——我的留学经历

费孝通

刘开渠

吴冠中

林语堂

冼星海

陈省身

留英记（节选）

费孝通

社会学家　人类学家

　　我是一九三六年作为清华大学公费生到英国去留学的。进伦敦经济政治学院，读人类学。一九三九年毕业回国。这里要追记的是这一段留英生活。但顺着回忆的思路联想到许多和这段生活有关的事，不受题目的拘束，也把它们写了下来。

三

　　一九三七年夏天，我从上海出发去英国。到英国去留学这一点还得说明一下：按清华的制度，研究生院毕业生符合规定条件，给予公费留学机会的，可以自己提出留学计划，并不一定要到美国去。当时有一种流行的成见，认为真是要讲学术，最好到欧洲国家去留学，对于美国的学术水平不太看得起。这个成见有什么根据很难说，可能是由于美国留学生太多了，物以稀为贵，到欧洲去留学回来身价可以高一些。这是我要去英国的一个原因，但主要的还不在此，上面我已经说过，我的留学计划酝酿已久，是和燕京社会学系里那一批搞"社区研究"的人一起策划出来的，这些人中间带头的是吴文藻先生。他心里有着一个培养徒弟的全盘计划，分别利用各种不同的机会，把他们分送到英、美各个人类学的主要据点去学习，谁到哪个大学，跟谁去学，心里有个谱，后来也是逐步实现了的。他认为我这个人最好是去英国跟功能派的大师马林诺斯基（B. Malinowski）去当徒弟，理由之一据说我这个人的性格和这位老师有点相像。实在的原因是英国没有美国那种助学金制度，派人去留学的机会不多，我当时既然有机会去英国，当然不能错失。去英国的计划就这样决定了。

这里可以提一笔，我这个事例也说明了在三十年代后期，留学制度确是有了一些新的变化。早期的留学生出国时的水平很多是比较低的，在国内只是准备了一般的基础，专业训练比较差，到了国外才选择专业、选择老师。但是到了我出去留学的时候，不论是经过留学考试或是研究生院毕业之后才出去的，都在专业上花过了一番功夫；学什么，跟谁学，这些问题在出国之前都经过一番考虑的。这样加强了目的性和计划性，对于专业培养和提高质量，看来是有帮助的。

为什么要跟马林诺斯基去学呢？这里得介绍一下这个人。他的原籍是波兰，早年在波兰的古都克拉科夫大学学物理和化学，由于体弱多病和精神抑郁，医生劝他摆脱些正科，涉猎些旁门。他挑了本人类学家弗雷泽（Frazer）的名著《金枝》，从此他沉溺在这一门学科里，到德国和英国去留学。世界大战发生前夕他正在美拉尼西亚的一个小岛上做调查研究工作。大战发生，波兰和英国处于敌对地位，他不能自由离开这个小岛，于是他就学当地的语言，和当地人一起生活，很仔细地记录下他对这个岛上居民生活的观察。就是这样他发展了深入地对一个人口不多的部落亲密观察的调查方法。由于他的活动范围受到限制，不能像过去的人类学者在各地搜集比较资料，他就着重注意一个小部落里政治、经济、宗教信仰、风俗习惯等各方面的相互关系，从而发展了他的功能主义的理论。大战结束，他带了很丰富的第一手资料回到英国，一九二二年出版了轰动当时人类学界的《西太平洋航海者》。

他的这套方法、这套理论、这套著作，过去在人类学里并不是没有，但是并没有受到重视，而他却一举成名；所不同者时也，即形势也。我上面已说过，帝国主义第一次世界大战之后在殖民地上碰着了新的问题，如果维持原来的直接统治的政策，殖民地人民的反抗愈来愈不好应付，而且更重要的是无法进一步利用当地劳动力来开发当地资源取得更大的利润；因此，提出了"间接统治"的策略，利用当地原有部落组织和原有统治势力，制造可以依赖的社会支柱，来加强对当地人民的剥削。这是个很毒辣的反动政策。为了执行这个政策，就需要深入了解殖民地各部落的实际情况，考虑怎样去利用原有的制度来为殖民主义服务。马林诺斯基的一套恰巧符合了这个要求。

马林诺斯基在英国学术界一帆风顺地取得了很高的地位，这是很少前例的。英国人对外籍学者的偏见极深，他作为一个波兰人，虽则后来入了英国籍，而能一跃被选为教授，在英国学术界是少有的（英国各大学中设立社会人类学教授的讲座是从他开始的）。不仅如此，他在伦敦经济政治学院培养了不少门生，一个个都成为各大学人类学系的台柱，而且受到英国殖民部和美国罗氏基金会的直接支持，每年掌握着大笔调查经费，调度大批的调查工作者，到非洲各地进行研究。不到十年，功能学派的声势压倒了人类学里任何其他的派别。这一切如果离开了历史背景是无法理解的。

在英国要跟从一个老师学习并不是那么容易。因此先得讲一讲英国学校的制度。英国的大学并没有一个统一的制度。我能讲的是我所进的伦敦经济政治学院。提起这个学校，老一辈的英国绅士们是要摇头的，认为有点"左倾"。这当然完全和事实不符，因为它正是一个社会改良主义的大本营。但是从学制上说，十九世纪末年却算是有点"改革"味儿，也就是说它不按传统办事。英国的教育制度阶级路线十分明显。最初只是贵族和有钱人家的子弟能念书，这种学校叫作"公学"，最著名的有伊顿、哈罗等有数的几个，收费极高，限制极严，据说贵族子弟在没有出世之前就得报名。但是这些学校却保留一些名额给殖民地的统治阶级，包括尼赫鲁一类人在内。这些"公学"公开承认是专门培养统治人才的，而且事实上历届内阁阁员除了工党政府外，几乎全是由这几个公学的毕业生所包办。各学校以毕业生进入内阁的人数多少来比赛。我记得我在英国时正碰上鲍尔温上台，他在就职演说里曾说，使他特别高兴的是内阁成员中母校的同学占了多数。从这些"公学"毕业后就可以到实际政治中去活动了，其中一部分要深造的，进牛津、剑桥等大学。这是一个上下相衔接的系统（伊顿毕业的一般升牛津，哈罗毕业的一般升剑桥），平民无与也。一直到了十九世纪的七十年代，议会里才通过国民普及教育的法案。公家设立的学校却叫作"私学"。凡是英国公民按法律都得进这种"私学"，所以也称"义务教育"，意思是受教育是一种义务。但是当时一般平民出了"私学"就没有上升的机会了。高等教育还是被上层社会所垄断。到了十九世纪末年，一些参加工人运动的知识分子，最著名的如韦柏夫妇、萧伯纳、威尔斯等人组织了费边社，主张为中产阶级和工人阶级办高等学校。费边社是一个社会改良主义的团体，反对马克思主义，妄想通过合法斗争，实现"社会主义"。他们所办的学校就是伦敦经济政治学院，曾培养出许多工党的骨干、工人贵族。

伦敦经济政治学院的校舍也说明了这段历史。到过牛津、剑桥大学参观的人没有不被它们古雅的建筑所吸引的，而这个学院却有如我们解放前上海的弄堂大学。它的大门是在荷尔本商业区的一条小巷里，大门旁就是一些茶馆，学生们可以在这里喝花样和吃饭。这个学院的门面实在没有什么气派可言。英国人却有这个风尚，喜欢保留原来的外形，尽管内部的设备不算坏，而这个门面几十年来一点也不肯改造。

它的学制也不同于牛津、剑桥等老大学。据说创办人是有意吸收了一些美国的大学制度。由于我当时并没有关心大学本科的制度，所以现在也说不出来。我所知道的是它的研究生院的那一部分。我说本科和研究生院其实是已经用了我们自己的学制来说话了。在他们不是这样说法的。按他们的说法是读什么学位，自己是什么学位的待位生，注册时就是这样注册的。根据每一种学位规定他应当参加什么考试，提出些什么论文。至于你怎么样才能满足这些条件那又是一回事了。以我所注册的"哲学博士"学位来说，那是最简单了，规定两条：一条是从注册到毕业至少要有两年，一条是提出一篇论文，经过考试认为合格就可以取得那个学位。这两年里你应当读些什么课程完全不加规定，从章程上说，你交了注册费之后尽管可以不到学校，到期你能提得出论文，考得过，一样可以得学位。这是一方面。另一方面，学院每年公布一系列课程，哪一个系什么教授或讲师开什么课。你既注了册，就可以自己去挑选课程。表面上没有人来管你，你爱听就听，不爱听就不听。名教授开讲时，整个大教室坐得满满的，甚至窗台上都坐满和站满了学生。我是个爱串课的人，毫不相关的课，只要按公布的时间、地点，坐在教室里就可以听上一堂课。当然，如果都是这样自由散漫地搞，也就不成其局面了。实际的关键不在章程上，而是在一套不成文的习惯上。你注册时入哪一个系，读什么学位之后，注册科就介绍你去找系里的一位负责人，他就给你指定一个业师，这位业师就是有责任帮助你去取得学位的人[我用业师这个名字因为要和导师有所区别。英国的导师制（tutorial system）有它专门的意义。导师是tutor，实行于大学本科。业师是指指导写论文的老师，称director；被指导的学生可说是门生，业师和门生之间存在着学术上的师承关系]。他根据你的具体情况，建议你去听什么课，参加谁的席明纳（即讨论会），怎样写论文。通过这种业师制，做得好，确是可以因人施教的。这也有点像我们的师徒制度，师徒之间的关系，一般是十分亲密的。英国社会上特别注重私人关系，这可能是封建的残余，介绍一个人的时候常常要搬出一系列的关系来，这位是谁的儿子、谁的学生、谁的朋友等，而这样的介绍也就说明了这个人的社会地位。在学术界里最重要的就是"谁的学生"，意思是"他是在谁的指导下学出师的"。另一方面当老师的也以自己有好的徒弟为荣，谈话时也常会听到"他是你的学生"来作为一种恭维的话。

伦敦经济政治学院在这一点上并没有学美国，而保持了英国的传统。我并不太知道美国的情形，听起来其师生关系也富于资本主义性质，就是花钱买教师，而英国多少还有一点封建，光是花钱不成，师徒关系的建立比较曲折。收不收一个徒弟是师傅的权利，你在学校里注了册，系里有责任替你指定一位业师，但是如果被指定的业师对你不满意，随时可以要系里另外换人来指导你，一个一个地换，永远出不了师，这是一方面。另一方面，一个系里的教师学问地位不同，通常一个新来的学生，总是由一个讲师或比讲师高一级的"读者"（相当于副教授）来指导。经过一个时候，如果这个学生表现得好，有培养前途，给教授看中了，也可以换业师，由教授自己来做业师。

能拜得上有名的教授做业师，好处可大了。且不说学术上的受益，只说取得学位这件事也就有了把握。按英国的制度，给学位是大学的事，譬如在伦敦经济政治学院读书，取得的学位是由伦敦大学给的。当你的业师认为你的论文有资格可以提出来申请考试时，伦敦大学就为你组织一个委员会来考你。这个委员会里的人是从各方面请来的，你要向他们答辩，答辩过后，投票决定。否决一篇论文并不稀奇。否决后你可以下次再申请。被否决一篇论文，对学生固然是件倒霉的事，对业师也不很光彩，因为学生申请考试总是先要得到业师同意的。自己的业师在这个学科中如果地位高，他的眼光当然也准些，他认为过得去的论文，在他的同行中也不容易有不同意见，而且必要的时候，他还可以出来为学生辩护一下。在答辩时"考官"之间引起争论也不是稀奇的事。所以，业师腰杆子粗，学生也容易过关。学生最怕的是"考官"中有自己业师的老师，祖师爷发起脾气来，那就完蛋。

英国这套制度也是他们从经验中积累出来的，其中也有些怪有意思的东西，业师制是其中的一个，在促进学生学习的积极性和老师的责任心上都有它的长处。但是，这也是造成学术界里宗派主义的根源之一。

言归正传。我到英国去是有目的的，目的很明确，要跟马林诺斯基去学他的那一套社会人类学。但是在英国这个制度之下，怎样拜得到这个业师呢？

我在清华研究生院里是跟史禄国学习的，他对于欧洲学术界的情况比较熟悉。他原来的计划是想一手把我培养成他的学生，所以制订过一个长期计划，但是后来他也明白客观条件并不容许他贯彻这个计划了，主要是他在清华待不下去了。他同意我在清华的学习告一个段落之后到英国去。但是他坚持一点，我在出国之前必须先在国内做一年实地调查，带了材料出国。这些有欧洲传统的学者都有一种怕他自己的学生在他同行面前丢脸的顾虑。我出去一定会说是跟史禄国读过书，他不能否认这一点，如果我大出洋相，他的面子也就不很好看。所以最后他得补救一下，要我"临时上轿穿耳朵"，为出国多做一些准备。我听他的话，一九三五年清华研究生院毕业后，请假一年到广西瑶山去调查了一次。这次调查是失败了的，和我一起去的我的爱人死在山里，我也负了伤。转回家乡，看看手边调查所得的材料很不充实，心里很难过。恰巧这时我有个姊姊在我家乡一带的农村里推广蚕丝业的改良工作，我去看她，她劝我在乡下住一个时候，一则恢复一下情绪，一则休养一下身体。我在乡下，住在她帮助农民办的一个小型合作丝厂里。反正没有别的事，开始问长问短，搞起"社区研究"来了。

　　这里不妨附带说说这个插曲。我这个学蚕丝的姊姊，在苏州附近的浒墅关的一个蚕业学校毕业后，到日本去留学，留学回来就在这个学校的推广部做工作。推广部的工作就是在附近农村中推广改良养蚕制丝的新方法。江浙太湖流域原是"上有天堂，下有苏杭"的好地方，其所以富庶的原因之一就是农村里的丝绸业十分发达。有些农村，农业只够供给农民一些日常用的粮食，其他生活费用全是从养蚕、制丝、织绸以及有关的手工业中得来。这地方出产的生丝闻名海外。海关报告上有一项叫辑里丝，就是这地方的产品，在对外贸易中一直占着重要地位，但是在二十年代却受到了日本丝业严重的竞争，出口锐减。主要原因是土法生产质量太差，这也就影响了广大农民的生活，同时也影响了出口商人和用质量差的蚕茧来制丝的工厂老板。所以从制种、养蚕、制丝每一个环节都需要用洋法来代替土法，这就是蚕丝业的改良运动。这个运动固然是农民所需要的，但是如果只有这需要在当时还是无法实现的，其所以能开展起来，还是由于民族资本家的利益所在，蚕业学校提供了一批技术人员。这些因素的结合，使三十年代蚕丝业的改良运动在江浙这个地区确是做出了不小成绩。我在了解这些地区的农民生活时，特别引起我兴趣的是农村的生丝制造和运销合作社，这种合作社是这个改良运动的产物。为了要采用比较科学的养蚕技术，在幼蚕时期要控制温度和湿度，最方便的是稚蚕公育，就是各家在一起养幼蚕，这就是集体化。收了茧，如果不把蚕蛹烘死，就不能储藏，必须脱手出售，这样就会吃中间茧商的压价。

为了要卖好价钱，农民自然会愿意一起来解决烘茧的问题。茧子既然可以储藏了，为什么不自己制丝呢？合作的方法一引进，很自然地发展了起来，因为这样做的利益是十分具体的。同时，民族资本家也乐于鼓励农民这样做，因为这样做被挤掉的是一些中间小商人、收茧商和土丝行，而另一方面农民生产积极性一起来，民族工业的原料问题、出口丝商的进货问题都得到了解决。换一句话说，在资本主义社会里发展合作事业，和大资本家的利益并不矛盾，而且替大资本去挤小资本，给大资本更多的剥削机会。我当时当然没有看得这样远，只看到农民收入有所增加，生活有所改善，就沾沾自喜，认为找到了解决农民问题的门路。我就在这个农村里把这个过程记录了下来，搜集了一些有关的资料。在从上海到伦敦的路上，把这些资料整理出了一个草稿。

我到了伦敦，就投奔伦敦经济政治学院，被介绍去见人类学系的弗思博士（R. Firth）。他是马林诺斯基的第一个徒弟，所谓第一个徒弟者就是在马氏手上第一个得博士学位的人。他当时在系里当"读者"（即副教授），是新西兰人，为人很和蔼，但具有英国传统的拘谨。我手上并没有私人的介绍信，私人介绍信是英国社会上建立关系的必需品，没有这个就只能公事公办。我相信我给他最初的印象是很不妙的。那时，由于伦敦的气候关系，我的背伤又发作，精神很不振作。一口苏州音的英文，加上了紧张，大概话都说不清楚。他和我交谈之后，第二天注册处给我一个通知要我去参加一次英文测验。我的英文程度固然低，但用笔来回答还可以敷衍过去。大概根据测验成绩，他认为还可以接受，所以又约我去谈。这次才谈到我在中国的学习情形，史禄国的名字还算吃香。我又大体上把在瑶山的调查讲了一遍。因为我估计既然要读人类学，而人类学主要是研究当时被侮称作"原始"的部落，我这些材料也许更符合于要求。讲完了，才谈起我在出国前还在农村里住了一个时候，也搜集一些关于中国农民生活的材料。这一通话却引起了他的注意。他是个含蓄的英国绅士，毫不激动地要我把这两方面的材料都给他写一个节略，但是他的口气里面，注意的却是我第二个题目。后来果然经过几次谈话，他替我把论文题目肯定了下来，写《中国农民的生活》。

看来这是一件很平常的事，后来才明白，他这个决定有着更深一层的意义，这里值得提一笔。从人类学本身来说，当时正在酝酿一个趋势，要扩大它的范围，从简单和落后的部落突入所谓"文明社区"，就是要用深入和亲密的观察方法来研究农村、市镇，甚至都市的生活。在地区上讲，过去人类学家研究的范围大都是在非洲、大洋洲和北美，新的趋势是想扩大到亚洲和拉丁美洲，而这些地区主要是文化较高的农民。第二次世界大战前夕和初期，在人类学的出版物里就可以看到许多关于中国、日本、印度、南洋以及拉美农民生活的调查报告，说明正在我编写《中国农民的生活》的同时，各地都有人在进行类似的调查工作。这个趋势是当时人类学的一个新的动向。拿弗思本人来说，他原来是以研究太平洋里的一个小岛上的土著起家的，但是在第二次世界大战之后却也转入了马来亚的农民生活的研究。所以当时他决定不要我写瑶山调查而写农民生活作论文，绝不是偶然的。导师，论文，都这样决定了，但是我还没有见到马林诺斯基的面。

四

我第一次看见马林诺斯基是在他的席明纳里。

提起席明纳，我得先说说这个东西。席明纳是欧洲传统的一种教学组织，也是一种教学方法，在欧洲各大学指导高年级学生时常被采用。英国大学里教师们怎样去教他们的功课，完全由他们自己做主，他们愿意怎样教就怎样教，很有点八仙过海，各显神通的味道。以我自己接触到的来说，大家熟悉的罗素也在伦敦经济政治学院开过课，他是登台念讲稿，一字不漏，讲完一个课程就出一本书。我就听过他的"权力论"。我也旁听过一门逻辑课，这位教师的名字忘了，但是我的印象很深，因为有点像我们的小学，许多公式要学生大家一起念，还要指着学生的名字站起来答复问题。我看情形不对，第二堂就没有敢再去。马林诺斯基不喜登台讲课而善于搞席明纳，当然搞席明纳的不止他一人，但是他的席明纳有它的特点，而且在伦敦经济政治学院相当有名，在人类学界当时也是为大家所推崇的。席明纳简单地可以译作讨论会，但是讨论会这个名称还传达不出它的精神，所以用这个音译的名词。

他树立了这样一个不成文的习惯，每逢星期五（除了假期），他总是坐在伦敦经济政治学院那间门上标着他名字的大房间里。这间房说是办公室不很合适，因为满墙、满桌，甚至满地都是书籍、杂志、文稿，到处是形式不同的沙发、靠椅、板凳。到了那个规定的时候，他的朋友们、同事们、学生们就陆陆续续地来了，相当拥挤。这批人中有来自各国的人类学家，有毕业了已有多年的老徒弟，也有刚刚注册的小伙子。他有他一定的座位，其他人就各自就坐，年轻的大多躲在墙角里。这里没有禁止吸烟的告示，因而烟雾腾腾，加上这位老先生最怕风，不准开窗，所以烟雾之浓常常和窗外有名的伦敦大雾相比美。

为什么有这么多人来呢？有些是马林诺斯基自己邀请来的，凡是要和他谈学术的朋友就在这时候到这里来。其他场合当然也可以谈学术，但是在这里是公开的谈，大家一起谈。绝大部分是自动来的，凡是他的门徒到了伦敦，逢到那一天就争着要来此会会老师。主要的目的是要在这里闻闻人类学的新气息。这个席明纳作为一门功课的名称就叫"今天的人类学"。在资产阶级的人类学范围里来说，这个名称倒也不能说不名副其实，因为在这里讨论的，不但书本上还没有写，课堂上还没有讲，甚至是一般的人类学家还没有想到的问题。这类问题为什么在这里会提得出来，与其说是靠这个老头子学问高，倒不如说靠参加的人多。他们在四面八方从实地研究中带来了新问题。他们遇到困难，或有了心得，在老师的席明纳里发言，经过讨论得到了启发，又回去工作，解决问题，提高质量。大家得到好处。不知马林诺斯基哪里学来的这一套办法，使他的席明纳成了他这一门弟子所喜爱的东西。

马林诺斯基自己在席明纳里不多说话。他主要是起组织作用，就是在事先安排一两个主要发言人。这个发言人首先念一篇准备好了的文章，有的是调查报告，有的是对于一个问题的意见。换一句话说，这个老头子首先抓的是在席明纳里要提出什么问题，大体上有一个方向。我在伦敦的第一年，席明纳里主要是讨论怎样解剖一个文化的问题，他称之为文化表格，内容后来翻译成中文在燕京的《社会学界》发表过。第二年主要讨论的是文化变动。他死了之后，有位学生把这些讨论整理出来，也已经出版。他的特点是不喜欢讲空理论，什么时候都不许离开调查的"事实"说话（所谓事实，其实是现象，不是本质，他也自称经验主义者），所以讨论时，都是那些亲身做过调查的人摆材料。老头子听得高兴时，插上一段话，这些插话就是大家所希望的"指导"了。他写的文章和写的书中有不少就是当时插话的记录。

我最初参加这种场合，真是连话都听不懂。听不懂的原因有二：一是这里的人虽则都是在说英文，但是来自世界各地，澳洲的、加拿大的、美国的、欧洲大陆的之外，还有亚洲的、非洲的，口音各有不同，而且在席明纳里都是即兴发的言，不是文言，而是土话；其次是材料具体，富有地域性，地理不熟，人类学知识不足，常常会听得不知所云。我们这些小伙子就躲在墙角里喷烟，喷喷就慢慢喷得懂了一些，也觉得它的味道不薄了。

回头来讲我第一次见这位老先生的事。那天席明纳里照例已坐满了许多人，马林诺斯基坐在他的大椅子里在和别人讲话。他是一个高度近视、光头、瘦削、感觉很敏锐、六十开外的老头。斐司把我叫到他的跟前，替我作了介绍。他对我注视了一下，说了几句引人发笑的话，这也是他的特长；接着说，休息时跟他一起去喝茶，说完他又去和别人说话了。

喝茶是英国社会生活里的一个重要制度，每天下午四点到五点都要喝茶。喝茶是引子，社交是实质。学校里也是这样。到了这时候，教师和学生都停止工作到茶室里去聊天。教师有自己的茶室，就在这时交换意见，互相通气；有时教师也约学生去一起喝茶，增进感情。

喝茶时才知道他刚从美国回来，他是去参加哈佛大学三百周年纪念会的，在会上还得了个荣誉学位。他在美国遇见了吴文藻先生，已经知道我到了英国。过了不久，又有一次约我去喝茶，这次不是在大茶室里，雅座中只有我们两个人，他问了问我到伦敦以后的情况，我告诉他已经跟斐司定下了论文题目。他随手拿起电话，找斐司说话，话很简单，只是说以后我的事由他来管了。这是说他从斐司手上把我接收了过去，他当我的业师了。接着回头问我住在哪里，我把情况说了之后，他立刻说：赶快搬个家，他有一个朋友可以招呼我。我当时觉得很高兴，终于达到了跟这个著名的学者学习的愿望了，但是为什么他这样看得起我，不大清楚；同学们听到了这个消息都为我道贺，也觉得不平常，因为要这个老师收徒弟是不容易的。据说多少年来，在我之前，在他手上得学位的不过十几个。我的幸运当然引起同学们的羡慕。

马林诺斯基主动地承担起做我业师的任务，并不是我在他面前表现出了什么特别的才能，我那时连席明纳里讨论都跟不上，话也听不太懂，正是躲在墙角里抽烟的时候。原因是他在美国和吴文藻先生会了面。吴文藻先生是代表燕京去参加哈佛三百周年纪念会的，有着司徒雷登给罗氏基金会的介绍信。马林诺斯基一直是罗氏基金培养的人物，他的学生们在非洲进行的调查大部分就是罗氏基金给的钱。吴文藻先生到美国去，后来又到英国来，口袋里就有一个在中国开展"社区研究"的计划，我这个人是计划中的一部分。这个计划深得罗氏基金的赞许。这些，马林诺斯基都知道。他是个感觉敏锐的人，在这里卖一个人情，正可以迎合老板的用心；而且培养一个自己的学生在东方为他的学派开拓一个新领域，又何乐而不为呢？如果没有这一段背景，他那一双高度近视的眼睛根本可能一直看不到这个其貌不扬、口齿不清的外国学生。

其次要讲一讲搬家的事。伦敦经济政治学院是没有学生宿舍的。学生都在伦敦市内自己找房子住，学校不管。伦敦市内有一种叫"膳宿寄寓"，专门招待单身房客。有些是房主人因为有空闲的房间，租出去可以收一些房钱贴补家用。更多是那些下层的中产人家，以此为业，向房产公司租一幢房屋，招四五个房客。女主人自己管理，煮饭侍候他们，收得房租，除了付去给房产公司的租金外，可以有一笔收入，用以维持生活。我在伦敦的时候，普通一间房，包括家具、床褥在内，早上和晚上两餐，每星期从十一个先令到一英镑。在市内没有家的学生就找这种寄寓住。每个街道角上的杂货店里有一个小小的广告板，板上揭示着附近出租的房屋。住几天到几年都可以，你要搬家，就搬家，很方便。这种下层的中产阶级种族歧视并不显著，特别是学校附近，各国的留学生不少，对不同皮肤颜色的人也看惯了，甚至有些特别欢迎中国学生，因为中国学生很讲人情，和房东会拉交情，平时送些东西，很能讨得欢心。当然，也碰着过，去找房子时，吃闭门羹的，"对不住，已经租出了"。但是依我的经验说，在这方面受窘的并不常见。这是和房东的阶级成分有关，有钱的剥削阶级不会干这个行业，很多是工人和小职员的家庭，才需要自己的老婆操作招待房客。这个阶级在种族歧视上成见不深，而且一旦接触到了以平等待人的房客，不论属于哪个国籍或种族，很容易打破那种不合理的成见而交起朋友来。

马林诺斯基要我搬家就是要我改变我在伦敦生活的社会环境。他介绍我去住的是他的一位朋友的家。这位朋友是一位四十多岁的太太。她父亲是位人类学家，而且是个贵族，写过很有名的著作，名叫John Lubbock Averbury。她嫁给一位陆军的军官，第一次世界大战中当过师长，在前线阵亡，所以她有很丰富的抚恤金。她的儿子在银行里做事，银行老板和她有亲戚关系。女儿是一个有名的新闻记者，写过关于捷克斯洛伐克的报道，风行过一时。家在伦敦的下栖道，下栖道是个文化艺术家聚集之区。一座房屋有四层楼，雇有厨师、女仆和管家。在英国社会里，不算阔绰，属于中上，或是上下的那一阶层。她在经济上并没有出租房屋的需要。但是这位中年寡妇却极喜欢和文化人往来，由于她父亲曾是个人类学家，所以她认识不少印度的学者。她和尼赫鲁也相识。印度朋友们的儿女来英国留学就拜托她招呼照顾，她也以此为乐。在她家里有些青年人，生活更丰富些。马林诺斯基把我介绍去，算是对我的体贴，而其实是要我和这个阶级接触，沾染一些英国统治阶级的气息。

这位太太受了朋友之托，对我管教颇严。她心目中英国文化是最高的，有意识地要我"英国化"。她请客时我得和她的家人一样参与其间；她有朋友来喝茶，我也要侍坐在旁。而我这个人生性就不喜欢这一套，在这种场合里总是别扭得发慌。记得有一次，她约我去她娘家的乡间一个别墅去，我听说在那里晚上吃饭要换礼服，而我哪里有这一种东西呢，拒绝她又不成，只能临时托故不去。她竟怒形于色。自从这一次之后，大概她觉得"孺子不可教"了，对我也放松了一些。

我在她家里住，一个星期要交管家二个几内（一个几内值一英镑又一先令）。较一般"寄寓"高了四倍。这还不算是"房租"，因为我是算那位太太的客人受招待的。实际上，她在我身上花的可能还要多一些，不但供我膳宿，连社会生活，比如请朋友喝茶、吃饭都不另要我付钱。在她是一片好意，在我却负担很重。清华公费每月一百美元。学费书费一切包干在内。所以不但精神上感到拘束，经济上也同样不觉得宽裕。后来，卢沟桥事变发生，我托辞经济可能发生问题，才摆脱了这个"好意"，重新回到普通的寄寓里去。

我提到这个插曲目的是想揭发那个老大帝国主义怎样做殖民地工作的。像尼赫鲁这样的人从骨子里浸透着帝国主义的毒素，不是偶然的。殖民主义是整个英国统治阶级的中心活动。一般看得到的是它的军旗和炮舰，而看不到的是无数细致、复杂的社会活动。通过日常的、看来十分平易的社会接触中，英帝国主义把殖民地的上层人士的灵魂勾了去，也就是说在意识形态的深处收服了这一批在殖民地社会上有势力的阶层。这批人口头上和表面的行动上尽管要求独立，反对英国统治，但是在骨子里是跟着英帝国主义走的，像被摄了魂的人，不知不觉受着巫师的调遣。大英帝国表面上是崩溃了，而一个无形的帝国照样在主使着压迫人民的勾当，几百年的殖民经验中修炼出来的魔道正附着在新的躯体上作怪。肯尼迪的和平队不过是表面化的一部分罢了。可惜我当时还看不到这一层，如果沿着这个线索深入地体验一下，这个魔道的奥秘也可以探得深一些。

五

接着谈谈我这位业师怎样指导我学习的。伦敦经济政治学院人类学系的学生一般都可以去参加马林诺斯基的席明纳。席明纳是他指导学生学习的主要场合。他在席明纳里从来没有长篇大段地发过议论。但是随时用插话的方法，引导在场人的思路，这些指点固然是很重要的，但是更重要的是在善于组织别人互相启发，互相辩论。他自己也就在这里学习。给人印象最深的是在示范地表演出一个人怎样去分析问题，怎样去发展自己的思想。已经解决了的问题在他的席明纳里是提不出来的。在争论新问题的过程中，他用他自己的思索，带动学生们的思索。这一点是使学生们最佩服他的地方。也就是通过这个方法，把他的立场、观点灌输给了学生。

直接受他指导的学生除了参加席明纳之外，还有机会"登堂入室"，那就是到他家里去，参加他自己的著作生活。师傅是在他自己作坊里带徒弟的。这位老先生是个鳏夫，他的妻子已经死了好几年，他一个人住着一所普通的住宅，生活很孤独，而且没有规律。想到要吃东西时，自己开个罐头，烤些面包也算一顿。大多时间是在外边吃的。工作时有一个女秘书帮助他。我们这些学生到他家里去，有时也替他搞搞卫生工作，清理一下厨房，把瓶瓶罐罐扔出去一些。他的书房卧室更是乱得叫人难于插足，不但桌子上，连地板上都是一叠叠的稿纸。不准人乱动，只有他知道要什么到哪里去摸。我已说过他是个高度近视眼。事实上他的眼睛已经不能用来工作。他的秘书和学生有义务给他念稿子。他闭了眼睛听，听了就说，说的时候，有秘书替他速记下来。

他同时在写好几本稿纸，有时拿这一本念念，改一段，添一节；有时又拿另一本出来念念，这些稿本很多到他死的时候还没有定稿。有些后来经过他学生的编辑出版了，有些可能还没有。

在旁听他怎样修改他自己的著作，对一个学生是很有好处的。普通我们读的书，都是成品，从成品看不到制造的过程，而一项手艺的巧妙之处就在制造过程里。成品可以欣赏，却难于学习，但是谁有机会看到一个学者创造思想成品时的过程呢？上面所说的席明纳是创造思想成品的一个步骤，单靠这个步骤还是完不成成品。"登堂入室"又看到了这个过程的另一工序。他有时也要征求学生的意见，这样说成不成，那样说好不好，一字一句全不放松。资产阶级的学者尽管立场、观点很多是极端反动的，但是在做学问时，严谨刻实的态度倒也有值得学习的地方。

还有一种场合他也要打电话把学生叫去，凡是有朋友来和他讨论问题，他觉得那个学生旁听一下有益处时，他就要把他传呼去。有一次，他和一个波兰学者谈得高兴了，忘记旁边还有异乡人，大讲其波兰话。他曾和我说，学术这个东西不是只用脑筋来记的，主要是浸在这个空气里；话不懂，闻闻这种气味也有好处。不管这种说法对不对，他所用力的地方确是在这里。他是在培养一个人的生活、气味、思想意识。在我身上，他可能是失败了的，但是有不少学生是受到了他这种影响。他从来没有指定什么书要我念，念书在他看来是每个学生自己的事。他也从不来考问你任何书本上的知识，他似乎假定学生都已经知道了似的。但是当他追问一个人在调查时所观察的"事实"时，却一点也不饶人，甚至有时拍着他的手提皮箱（英国大学生和教授手里提的是一种小型的皮箱），大发雷霆。他对我可能是有点照顾，但是被他呵责不止一两次。当我写论文时，写完了一章就到他床前去念，他用白布把两眼蒙起，躺在床上，我在旁边念，有时我想他是睡着了，但是还是不敢停。他有时突然从床上跳了起来，说我哪一段写得不够，哪一段说得不对头。直把我吓得不知所措。总的说来他不是一个暴躁的人，最善诙谐，谈笑风生。他用的字，据说比一般英国人还俏皮和尖刻。他最恼我的是文字写不好。他骂我懒汉。其实我已尽我所能了，但总是不能使他满意。他实在拿我没有办法，又似乎一定要保我过关，只好叮嘱一位讲师，替我把论文在文字上加了一次工。现在回想起来，如果不是另有着眼的大处，肯这样"培养"一个学生实在是太难为了他。

现在回想起我身受到的那一套马林诺斯基的"教育"，如果要找它的关键，也许可以说在于从各方面来影响我的世界观和方法论。所用的方法不只是靠说服，而是通过社会生活、学术实践，并且用他自己作具体的榜样，"潜移默化"地从思想感情上逐渐浸染进去的。因之我想，任何人世界观的形成和改造，也必须通过生活和学术的实践才能见效。

最后，到了一九三八年的春天，他催促我，要我赶快把论文写完。他是个性格很矛盾的人，表面上有说有笑，而骨子里却抑郁深沉。据说他有一种恐惧死亡的精神病症，所以当欧洲的战云密布的气氛袭来的时候，他紧张得受不住，准备去美国了。行前打算让我考过了，好告一结束，所以为我举行的考试完全是一种形式。伦敦大学只派来了一个"考官"，记得是叫丹尼森·罗斯爵士，是一个著名的"东方学者"。考试是在马林诺斯基的家里举行。他为这次仪式预备了几种酒，这位"考官"一到，就喝起酒来，举杯为这位老师道喜，说他的这位门生在学术上做出了贡献。接下去使我吃惊的是，他说他的老婆已细细读过这篇论文，一口气把它读完，足见具有很大的吸引力。这句话也可能表示，他自己根本没有看过这篇论文。他说完了这段话，就谈起别的事来了。在他要告辞时，还是马林诺斯基记起还有考试这回事，就问他是不是在他离开之前完成一点手续，在一张印得很考究的学位考试审定书上签个字。他欣然同意，又喝了一杯酒，结束了这幕喜剧。

送走了这位考官，马林诺斯基就留我在他家里吃晚饭。在吃饭的时候，他又想起了一件事，在电话上找到了伦敦的一家出版公司的老板。他开门见山地说，这里有他的一个学生写了一本论文，问他愿意不愿意出版。这位老板回答得很妙：如果他能为这本书写一篇序，立刻拿去付印。马林诺斯基回答了"当然"二字，这件事也就定下了。书店的效率并不坏，在我回国之前，清样都打了出来。这本书就叫《中国农民的生活》，还加上一个中文书名《江村经济》。

一个作家在英国要出版一本书并不是容易的事。我在下栖道住的时候，认识过一些角楼里的作家，他们带我去参加过一些经纪人的酒会，所以也知道一些内情。

我那天晚上，听着老师挂电话，出版一本书那么容易，又想到下栖区里啃硬面包的朋友，觉得天下真是有幸与不幸。当时我哪里懂得就是这个"幸与不幸"的计较，多少人把自己的灵魂押给了魔鬼。

放下电话，马林诺斯基沉思了一下，说这本书叫什么名字呢？他嘴里吐出一个字来，Earthbound，后来又摇了摇头说："你下本书用这个名字也好。"Earthbound直译起来是"土地所限制的"，后来果真我第二本书就用了这个名字叫Earthbound China，可以翻译做"乡土的中国"。他这短短的一句话，不是在为我第二本书提名，而是在指引我今后的方向，他要我回国之后再去调查，再去写书。我的确在他所指引的道上又走了好几年。这是后话，不在这篇《留英记》里说了。

一九六二年四月三日于北京

（选自《文史资料选辑》第三十一辑，中国文史出版社一九八九年版）

　　我一向认为大学应当像一个丛林，猴子应当在里头自由活动，在各种树上随便找各种坚果，由枝干间自由摆动跳跃。凭他的本性，他就知道哪种坚果好吃，哪些坚果能够吃。我当时就是在享受各式各样的果子的盛宴。对我而言，卫德诺图书馆就是哈佛，而哈佛也就是卫德诺图书馆。

　　我的房东太太告诉我卫德诺图书馆的书，若是一本书顶一本书那么排起卷，可以排好多英里长。我住在赭石街五十一号，正在卫德诺图书馆后面。只要不上课，我就到图书馆去。当时我很穷，竟没钱买票去看哈佛对耶鲁的足球赛，两校谁胜谁败，自然不得而知。

　　由于在北京清华学校教书，我获得了一个"半额奖学金"，每月美金四十元。清华是中美庚款办的学校，把毕业生都送往美国留学。那些留学生除去由清华供给学费外，每月另有八十美元津贴。但是，不管怎样计算，我也不应当到美国留学。可是当时我年轻，年轻就是勇气。那时战后一块中国墨西哥银洋比美元略高一些。我太太出嫁时，家里给了她一千银元做嫁妆。因为有这笔存款，我们才踏上出洋的旅途。总之，我们总算维持了四年，其间包括法国和德国那两段日子。当然，由于北京大学胡适之先生和我有个约定，我一直和他保持联系。我对新文化运动是坚定支持的。我利用和胡先生的约定，曾两次打电报给胡先生，每次请寄给我一千元。其实胡先生寄给我的是他自己的钱，不是北京大学的公款。等我回国之后，这个秘密才发现。因为我去见校长蒋梦麟，为两千元的事向他道谢。蒋校长感到意外，问我："哪两千块钱？"后来他说："那是胡适之私人的钱。"于是我才明白胡适之先生对我的友情，在年底之前，我就把钱还给了胡先生。我现在正式记下这件事，用以显示胡先生这个人的慷慨和气度。这件事从没有公开向外人说过。

和上面可做显明对比的是，我必须要提一下留美学生监督施秉元。我在哈佛读完了一年，各科成绩都是A。这时使我感到诧异的一件事是，我的半额奖学金忽然被取消了，有关方面也并没提出理由。这位施秉元等于砍了我的头。等后来我听见他死亡的消息之时，我闻人死而感到欢喜雀跃，未有如此次之甚者，后来才知道他是自杀身死的。他原是清华学校的校医，由于他叔父是驻美大使施肇基这项人事关系，他才弄到这个多人觊觎的差事。他大概是做股票投机生意失败而自己上吊死的。他若不把我的奖学金取消，我就不致因为一般的货币贬值被迫到法国去半工半读，后来又到德国去。我有三次连续获得《中国学生月刊》的第一奖。后来，我是自动退出，把二十五美元的奖金让给别人，我就这样成了一个穷学生。

在哈佛，我进的是比较文学研究所。当时我的教授是Bliss Perry，Irving Babbitt（白璧德），Von Jagermaan（他教我"歌德研究"），Kittredge（教莎士比亚），还有另外一位教授意大利文。Bliss Perry教授最孚众望，学生人人喜欢他。他有几个漂亮女儿。我写了一篇文章，题目是《批评论文中语汇的改变》。他给这篇文章的评语很好，说这篇可写成硕士论文，因为我不久被迫离开哈佛，终于没写那篇论文。

白璧德教授在文学批评方面引起了轩然大波。他主张保持一个文学批评的水准，和J. E. Springarn派的主张正好相反。白璧德是哈佛大学里唯一持有硕士学位的教授。因为他学识渊博，他常从法国的文学批评家圣柏孚的Port Royal和十八世纪法国作家著作中读给学生，还从现代法国批评家的Brunetiere著作中引证文句。他用"卢梭与浪漫主义"这一门课，探讨一切标准之消失，把这种消失归诸于卢梭的影响。这门课论到德·斯达勒夫人（Madam de Stael）以及其他早期的浪漫主义作家，如Tieck，Novalis等人。

白璧德对中国现代文学批评的影响，是够深的。娄光来和吴宓把他的学说传到中国。吴宓，看来像个和尚，但其风流韵事则可以写成一部传奇。吴娄二人的中文都很好，对文学的观点都是正统的，因此与当时正风行的白话多少有点儿格格不入。他二人和我在班上坐一条长凳子。我被迫去借Port Royal浏览一下儿。我不肯接受白璧德教授的标准说，有一次，我毅然决然为Spingarn辩护，最后，对于一切批评都是"表现"的原缘方面，我完全与意大利哲学家克罗齐的看法相吻合。所有别的解释都太浅薄。我也反对中国的文体观念。因为这会把好作品都打落在一连串文章句法严格的"法规"之中，不论是"传"，是"颂"，或是"记"，或者甚至于一部长篇小说。殊不知苏东坡写作时，他别无想法，只是随意写来，如行云流水，"行于不得不行，止于不得不止"。他心里并没有什么固定的文体义法。

我无耐性读Kittredge教授开的莎士比亚的伊利莎白时代的英文，他的课我只听了一两次。他穿着灯笼裤，身子笔直，看他这位活百科全书在哈佛校园里漫步，倒还不错。

一场灾难来了。我太太得了急性盲肠炎，我把她送交一位天主教的医生。他一定是把我太太的内脏仔细搜索了三个钟头，一定以为这是观察中国妇女脏器的好机会。我认为割盲肠原算不了什么，所以当时我仍在看安格卢撒克逊文字的文法，后来才觉得手术的时间未免太长了。此后不久，我太太显示受了感染，要第二次开刀。我钱都已经花光，只落得用一罐老人牌麦片做一周食粮之用，又急着给她哥哥打电报，请惠借美金一千元。我太太以为我以坚苦卓绝的精神度此难关，颇有英雄气，后来常喜谈论此事。钱寄到了，我算得了救。第二次手术后，在医院住了很久。我记得那年的二月满街是雪，我是设法弄了一辆雪橇把妻接回家的。她康复还家，家人又行团聚，我们庆祝了一番。

在前面我应当已经提到在我们横渡太平洋时，妻曾经发作过盲肠炎。因为我们正在蜜月之中，清华同学发现我们老是在船舱里不出来，就向我们开玩笑。殊不知我们的痛苦之甚。我们须做个决定。是不是要在夏威夷上岸去把盲肠割除呢？这么一来，妻的嫁妆那笔钱我就要用个罄尽了。但是，痛苦终于慢慢减轻了。我们决定冒险继续前进，没料到大约六个月之后，这个病又犯了。

妻和我单独两个人在一起，时光好甜蜜。这一段时期，我正是理性高度发展，但是感情尚未成熟。直到如今，吃西餐时，我还不知道用哪个勺儿喝汤，用哪个叉子吃鱼。横渡太平洋时，妻对西餐桌上的礼貌规矩已经完全精通，我弄错时，她常常纠正我，这真出乎我的意外。

吃西餐时，我常把我的酒杯和邻人的酒杯弄乱，不知哪个是我的，因而常喝错了酒。因为犯错出于无心，我还是一样心安理得。

大学里教授夫妇惯于照顾外国学生。绥尔太太是被指定照顾我们的社交生活的。她自己的名字是翟茜·威尔逊，是威尔逊总统的女儿，她丈夫是哈佛的教授。一个礼拜天，十二点钟，有人告诉我们，说绥尔夫妇要来看我们。那时，前面说过，我们正住在赭石街。那时我太太已经从医院回到家里。我们和房东太太共用一个厨房，我们住两间房。另外还有一个拳击教师，一个未嫁的小姐，他二人都在和大学有关的一家饭馆里做事。有一次，我负责清理厨房，从厨房门后的一个口袋里倒出一个死老鼠，慌忙之下，我把那个死老鼠扫到地板的一角儿，而没有藏在垃圾桶里。这件事，我觉得很丢脸。

我们已经到绥尔夫妇家去过。他一定是个北极探险家，因为他家客厅里摆着巨大的北极熊的牙。还有威尔逊总统很宝贵的画像，像上有他三个女儿，围桌而坐。有一天傍晚，我们去吃饭，结果是弄错了日子。我们并没有急速返回，反倒硬赖着吃了一顿饭。绥尔教授出来欢迎我们。绥尔太太赶紧准备饭。那是我们社交上一次失礼。

在哈佛读书一年之后，系主任看了看我在圣约翰时的成绩单。因为我各科的成绩都是A，他要我到德国的殷内（Jena）去修一门莎士比亚戏剧。不必出席上课，即可获得硕士学位。这是我终于得到这个硕士学位的经过。

（选自《林语堂自传》，河北人民出版社一九九一年版）

作曲家　钢琴家

冼星海

我学习音乐的经过

××兄：

我到这里已经一年多了。现在又是春天，每年春天，我总想多写些东西，今年春天，大概还能更多写一些吧。我刚刚写完《三八妇女》歌舞活报、《牺盟大合唱》，又要开手写《滏阳河》歌剧和《敌后抗日根据地大合唱》……

我住的地方是一条小溪流入一条河的山沟边。春天冰雪融化了，河水、溪水浓重、磅礴地向东奔流。在柳树枝头抹着苔绿的包围里，礼堂（从前是个教堂）的双塔尖插入明秀的天空，引起了异国的回忆，我想起你前次的来信。

你问起我的创作经验，我觉得我还谈不上什么经验，因为我现在也还在学习中。但为了答谢你给我的鼓励，只好不避厚颜，将学习经过乱七八糟地写下来。这样的东西，怕于你没有什么益处吧！

一、在巴黎

我曾在国内学音乐有好些年。在广州岭南大学教音乐的时候，感到国内学音乐的环境不方便，很想到法国去。同时，我奢想把新的音乐技巧学得很好，成为一个国际的音乐家。正在考虑之际，凑巧得马思聪先生的帮忙，介绍了他在巴黎的先生奥别多菲尔（Paul Oberdoeifer）给我，于是我下了很大的决心，不顾自己的穷困，在一九二九年离开祖国到巴黎去。到了巴黎，找到餐馆跑堂的工作后，就开始跟这位世界名提琴师学提琴。奥别多菲尔先生，过去教马先生时，每月收学费二百法郎（当时约合华币十元左右）。教我的时候，因打听出我是个做工的，就不收学费。接着我又找到路爱日·加隆先生，跟他学"和声学""对位学""赋格曲"（Fugue——学作曲的要经过的课程）。加隆先生是"巴黎音乐院"的名教授，收学费每月亦要二百法郎。但他知道我的穷困后，也不收我的学费。我又跟"国民学派"士苛蓝港·多隆姆学校（是一个唱歌学校，系巴黎最有名的音乐院之一，与"巴黎音乐院"齐名，也是专注重天才。与"巴黎音乐院"不同之处，是它不限制年龄，"巴黎音乐院"则二十岁上下才有资格入学。此外，它除了注意技巧外，对音乐理论比"巴黎音乐院"更注意）的作曲教授丹地学作曲，他算是我第一个教作曲的教师。以后，我又跟里昂古特先生学作曲。同时跟拉卑先生学指挥。这些日子里，我还未入"巴黎音乐院"，生活穷困极了，常常妨碍学习。

我常常在失业与饥饿中，而且求救无门。在找到了职业时，学习的时间却又太少……我曾经做过各种各样的下役，像餐馆跑堂、理发店杂役，做过西崽（boy），做过看守电话的佣人和其他各种被人看作下贱的跑腿。在繁重琐屑的工作里，只能在忙里抽出一点时间来学习提琴、看看谱、练习写曲，但是时间都不能固定。除了上课的时间无论如何要想法去上课外，有时在晚上能够在厨房里学习提琴就好了。最糟的有时一早五点钟起来，直到晚上十二点钟。有一次，因为白天上课弄得很累，回来又一直做到晚上九点钟，最后一次端菜上楼时，因为晕眩连人带菜都摔倒，挨了一顿骂之后，第二天就被开除了。我很不愿把我是一个工读生的底细告诉我的同事们，甚至连老板也不告诉。因此，同事对我很不好，有些还忌苛我，在我要去上课的那天故意多找工作给我做，还打骂我。因此我也曾同人打架。有一个同事是东北人，他一看见我学习，总是找事给我做。譬如说壁上有一丝尘，要我去揩，等等。但我对他很好，常常给他写信回家（东北），他终于被感动了，把我特别看待，给我衣服穿，等等。可是我还不告诉他我入学的事。

我失过十几次业，饿饭，找不到住处，一切困难问题都遇到过。有几次又冷又饿，实在支持不住，在街上软瘫下来了。我那时想大概要饿死了。幸而总能侥幸碰到些救助的人，这些人是些外国的流浪者（有些是没落贵族，有些是白俄），大概他们知道我能弹奏提琴，所以常在什么宴会里请我弹奏，每次给二百法郎，有时多的给一千法郎。有对白俄夫妇，他们已没落到做苦工，他们已知道了劳动者的苦楚，他们竟把得到很微薄的工资帮助我——请我吃饭。我就这样的朝朝暮暮地过活，谈不上什么安定。有过好几天，饿得快死，没法，只得提了提琴到咖啡馆、大餐馆中去拉奏讨钱。忍着羞辱拉了整天得不到多少钱，回到寓所不觉痛哭起来，把钱扔到地上，但又不得不拾起来。门外房东在敲门要房金，只好把讨到的钱给他，否则就有到捕房去坐牢的危险（其实，如不是为了学习，倒是个活路）。有一次讨钱的时候，一个有钱的中国留学生把我的碟子摔碎，掌我的颊，说我丢中国人的丑！我当时不能反抗，含着泪，悲愤得说不出话来。在巴黎的中国留学生很不喜欢我，他们有钱，有些送了很大一笔津贴，但却不借给我一文。有时，我并不是为了借钱去找他们，他们也把门关上。我只看到在门口摆着两双到四双擦亮的皮鞋（男的女的）。

我忍受生活的折磨，对于学音乐，虽不灰心，但有时也感到迷惘和不乐。幸而教师们帮助我，鼓励我。在开音乐会演奏名曲时，多送戏票。奥别多菲尔先生在一个名音乐会演奏他的提琴独奏时，不厌我的穷拙，给我坐前排。这些给我的意外关怀，时时促使我重新提起勇气，同时也给我扩大眼界。我的学习自觉有很大的进步。我写了好多东西，我学习应用很复杂的技巧。

在困苦的生活的时日，祖国的消息和对祖国的怀念也催迫着我努力。

我很喜欢看法国国庆节和"贞德节"的大游行。这两个节是法国很大的节日，纪念的那天，参加的人非常拥挤。有整齐的步兵、卫队、坦克队、飞机队等。民众非常热烈地唱国歌，三色国旗飘扬。我每次都很感动。在一九三二年，东北失陷的第二年，到那些节日，我照例去看游行。但是那次群众爱护他们祖国的狂热，和法国国歌的悲壮声，猛烈地打动了我。我想到自己多难的祖国，和三年来在巴黎受尽的种种辛酸、无助、孤单，悲愤抑郁的感情混合在一起，我两眼里不禁充满了泪水，回到店里偷偷地哭起来。在悲痛里我起了怎样去挽救祖国危亡的思念。

我那时是个工人，我参加了"国际工会"。工会里常放映些关于祖国的新闻片和一些照片。我从上面看到了祖国的大水灾，看到了流离失所、饥饿死亡的同胞，看到了黄包车（人力车）和其他劳苦工人的生活，看到了国共分裂的大屠杀……这些情形，更加深了我的思念、隐忧、焦急。

我把我对于祖国的那些感触用音乐写下来，像我把生活中的痛楚用音乐写下来一样。我渐渐把不顾内容的技巧（这是"学院派"艺术至上的特点）用来描写与诉说痛苦的人生和被压迫的祖国。我不管这高尚不高尚。在初到法国的时候，我有艺术家所谓的"慎重"，我对于一个创作要花一年的工夫来完成，或者一年写一个东西。像小提琴及钢琴合奏的《索那大》我就花了八个月的工夫。但以后，就不是这样了。我写自以为比较成功的作品《风》的时候，正是生活逼得走投无路的时候。那时我住在一间七层楼上的小房子里，这间房子的门窗都破了。巴黎的冬天本来比中国冷，那夜又刮大风，我没有棉被，睡也睡不成，只得点灯写作，哪知，风猛烈吹进，煤油灯（我安不起电灯）点着了又吹灭。我伤心极了，我打着战，听寒风打着墙壁、穿过门窗猛烈嘶吼。我的心也跟着猛烈撼动。一切人生的、祖国的苦、辣、辛、酸、不幸，都汹涌起来。我不能自已，借风述怀，写成了这个作品。以后，我又把我对祖国的思念写成了《游子吟》《中国古诗》和其他的作品。我想不到《风》那么受人欢迎，我的先生们很称赞它，旧俄（现在已同情苏联）的音乐家，也是现在世界有名的音乐家普罗珂菲叶夫也很爱它。并且它能在巴黎播音（上面说过的《索那大》也被播音过）和公开演奏。

大概因为作品的关系和别人的介绍，我侥幸得识了"巴黎音乐院"的大作曲家普罗·刁客（Paul Dakas）先生。他是世界三大音乐家之一（印象派），更侥幸的是，他竟肯收我做门生。他给我各种援助，送衣送钱，不断地鼓励我，遣派他的门生送我乐谱、香烟（我当时不抽烟，没有收下），并答应准我考"巴黎音乐院"的高级作曲班。在这之前，一个法国的女青年作曲家也给了我很大的帮忙，她亲自弹奏过我的作品，她鼓励我不要灰心，教我学唱、学法文。经济上不时周济我（她的母亲待我也很好）。在我考"巴黎音乐院"的时候，她先练习了八个月的钢琴为我伴奏。

报考的那天，"巴黎音乐院"的门警不放我进门，因为我的衣服不相称——我穿了一套袖子长了几寸的西服——又是个"中国人"。我对门警说：我是来报考高级作曲班的。他不相信，因为中国人考初级班的也很少，而且来的多是衣冠楚楚的人。高级班，过去只有马思聪先生入过提琴班。这样就难怪他阻挡我了。正在为难，恰巧普罗·刁客先生从外面来，他攀着我的肩一同进去了。

我总算万幸考入了高级作曲班，考到了个荣誉奖。他们送给我物质奖品时，问我要什么，我说要饭票，他们就送了我一束饭票。入学后，我专心学作曲兼学指挥，又在"国民学派"士苛蓝港·多隆姆学音乐理论，这时，生活上较有办法了。学校准许我在校内吃饭，刁客先生更常帮助我。不过比起别人来，我穷得多。学习时物质的需求还很难解决，譬如买书就不易。所以我几次要求政府给公费。照我的成绩及资格说来，是应得公费的，但祖国政府对我的几番请求都没答复。学校给证明，甚至当时巴黎市长赫里欧也有证明文件都不行。我很失望。我记得有一年，有个要人到巴黎来，找我当翻译，我要求他想法给我帮助去德国学军乐（那时我还未入"巴黎音乐院"），回来为祖国服务。我的要求没有达到目的。他那时还是对外宣传中国需要抗日，我又是要求学军乐，却还不能答应我的请求。待到我入了"巴黎音乐院"，遥望政府给公费，自更困难了。结果是从始到终一文公费也领不到。我在"巴黎音乐院"的几年生活，只靠师长学校的帮助。

一九三五年春，我在作曲班毕了业，刁客先生逝世，我就不能再继续留在巴黎研究了。另一方面我也急于想回国，把我的力量贡献给国家。所以临行时，上面说过的那位女青年作曲家劝我留在巴黎，我也不肯再留。为不却她的盛意，我向她说谎，说半年后就回到巴黎来，我有些曲稿，还留在她那里。另外还有许多书及稿件也关在别处一间小寓所里，因为没钱交房租，不能取回来，大概现在还在吧！

一九三五年初夏，我做最后一次欧洲的旅行。几年来，我把欧洲主要的许多大小国家的名城、首都都游过了。我增长了很多知识。这最后一次到伦敦的旅行，却很不顺利。登岸时英政府不准我入境，他们看见我的证明文件及穷样子，以为我是到伦敦找事做的，不相信我是旅行者。我被扣留了几个钟头，亏得能打电话到公使馆，才被释放了。帝国主义对弱小民族是歧视的，英国的成见尤深。

二、回到祖国

从伦敦回来之后，我就起程回国了。

在回国的途上，我没有钱，得友人之助，坐货船。一路和回国的工人、水手一起生活，非常愉快。对于工人，我很合得来。其实我自己也算"半个"工人。在巴黎的近郊，我参加过华工的一个很大的晚会。那时欧阳予倩先生也在，我为工人们奏提琴，我自己也很快乐。这次回国，虽然享不到人们坐邮船那种福气，但说说笑笑、坦白真挚的生活，也很好。我们行船，经过许多地方。到非洲时，我还上岸去观光了一趟。

船到香港，喜悦和愤怒一齐来了。喜的是一别七年的祖国已经在望，愤怒的是香港的那种建筑一律是殖民地式，连颜色也一样。以前未到欧洲不知道此种耻辱，到过了巴黎看过殖民地展览会，和亲眼看过非洲及安南等地的建筑后，这种愤怒是不能不起来了。待到香港印度巡捕故意和我们为难的时候，更加愤怒。以后到了上海，除了像在香港所得到的不快外，还加上码头工人破烂衣裳的刺激，比起在巴黎影片里看到的更要使我难过。

我在上海北四川路旁的一个亭子间里会见了一别七年的母亲。她比以前苍老了许多。七年来，只靠自己养活自己，让我去追求我的理想，她那种自我牺牲的母性，使我觉得难受得很。我那时想，我要好好地服侍她，不让她再受苦了。

但是我找不到职业，我还要吃母亲的饭。以后，搬了家，招收了几个学提琴的学生，算是暂时解决了生活问题。

那年秋，江北大水灾，我应了"南国社"友人之邀到南京，要去看大水灾。后因故不能成行。在南京时，跟过友人到歌女处听唱。他们一边和歌女周旋，我一边在旁记下她们的曲调和情绪。我想使我的音乐创作充满着各种被压迫同胞的呼声，这样我才能把音乐为被压迫的祖国服务。回上海后，我的第一个回国的作品写成了，那是影片《时势英雄》的插曲《运动会歌》。"一二·九"运动起来，上海的大、中学里有些学生和我相识，他们寒假到街头宣传和示威游行，要我写个歌。我写了个《我们要抵抗》，这是我第一个救亡歌曲（现在原稿都失掉了）。接着又写了《战歌》《救国行进曲》，这两个歌和《运动会歌》都收入百代公司唱片。因为《战歌》等的唱片销路速度打破了百代公司的其他唱片纪录，百代公司愿意聘请我了。我也满意这个职业，因为可以大大地收些救亡歌曲。可是这满意很快被打消，《战歌》的唱片及底片被没收打毁后，百代公司老板就不愿收救亡唱片了。我在那里，只是做做配音，做一些有生意眼的工作。但这种工作耽搁我的时候不少，妨碍我的创作和发展。那时，我觉得民族危机很深，我开始着手写《民族交响乐》（大乐曲），要有很多时间才行。另一方面，百代公司待遇的不平（有些技术很差的薪水比我多八倍）和某些同事以买办的态度来对待我，我也很不快，因此不久我就辞职不干了。

一九三六年初，上海工部局（上海外国人统治租界的政府）的音乐队，答应给我开个音乐会演奏我的作品，但筹得差不多的时候，工部局及乐队的领袖都不答应，结果开不成了。他们是不愿意弱小民族有一样出头的表现的。何况是他们一向以为"最高尚"的音乐呢。

离开百代公司之后，我又开始了穷困的生活，虽然在百代公司里每月有一百的收入，但上海的应酬大，每月都不剩。还好，我还能给影片写些歌曲，有时一个歌能拿一百多元。我有了钱，除了家用外，就拿些来帮助穷朋友，尤其是音乐界的。我对于中国的新音乐运动是热心的，我应了当时的救亡歌曲运动者的要求，义务地给他们那些干部教作曲、指挥等。我也常常到各界的歌咏队或班里去教唱。

所以这个时期虽然失业，倒也不寂寞。

不久，新华影片公司要大做生意，又聘请我做音乐部门的负责者（但不给我全权）。在这时期里我写了不少的曲，如《搬夫曲》，《夜半歌声》的插曲《热血》《黄河之恋》等，又作了《拉犁歌》《小孤女》《潇湘夜雨》《青年进行曲》等等。这些歌曲写作的时候，已经是救国运动受到阻碍的时候，所以多是弯弯曲曲地说出心里话。我这时作曲只能寄怒号于悲鸣。但是，新华影片公司的老板渐渐投机了。他专门要收古装片，迎合低级趣味。他们要弄"新毛毛雨"。我是不能答应的，他就慢慢摆出老板的面孔要我强作"新毛毛雨"之类。他当我不知道我的曲的价值。他以为一百五十元的月薪就可以把我全部的创作力买下来了。但是我是知道我的曲每个可卖出一百多元的。我知道他的算盘，只要我一个月给他作三个曲，他就赚我二三百元。对于我，这当然还不在乎，最重要的，我从事音乐事业并不是为了做买卖。所以不久我又辞掉了职务。我宁可穷困，宁可分文不计地为社会服务。

我仍在上海文化界、话剧界、音乐界里为他们配曲、配音、教唱等。我以前曾写过《复活》的插曲：《茫茫西伯利亚》《莫提起》（在南京演出）。到此时，我又给《太平天国》写插曲：《炭夫曲》《打江山》，还有《日出》里的《打椿歌》。另外写些《没有祖国的孩子》《旱灾歌》《鲁迅追悼歌》等等。又为《大雷雨》全部配音和写插曲。我不要钱和报酬。

我在此时接触了许多埋头苦干的人士，他们真心为祖国的事业来献出全部力量。也看见了许多只顾出风头的人物，也看见表面热心实际压迫人的人物。我不断地写作。我得到许多同胞的帮助、鼓励和批评，也遭受过检查、限制和排斥。我以前所想的祖国那么天真简单，现在没有了。我有时也苦闷，但愉快的时候多。

我喜欢接近学生，尤其喜欢接近工人、农民，我在工人的歌咏队里教歌，也到大场乡下去教歌。他们对我的作品表示欢迎，我从他们的喜怒里，尤其劳动的呼喊、抗争里吸收新的力量到作品里来。自然我对他们的了解还不够，我的作品也还浅薄、不深入，可是比起在巴黎的作品充实得多。在巴黎的作品，连作风也未确定，只不过是有印象派的作风和带上中国的风味罢了。而尤是觉得高兴的，是我的作品那时已找到了一条路，吸收被压迫人民的感情。对于如何用我的力量挽救祖国危亡的问题，是有把握了。我的作品已前进了一步，我的写作和实践初步地联系起来了。

三、从上海到武汉

"八一三"抗战爆发，我参加了洪深兄领导的上海演剧第二大队，离开上海到内地宣传，经过了许多地方。最不能忘的是一九三七年冬天，我们到湖北汉冶萍煤铁场。我和他们谈话，我下到煤矿井的底层，观察工人的生活。他们全身脱得精光，天一亮就下去，晚上才出井。整天看不见太阳，井底空气恶劣，灯光不亮，我在那矿厂里参观了好几天，教工人们大合唱，工人们很愿意和我接近。我在矿厂里作了《起重匠》这个曲。

以后我们到了武汉。

在武汉，演剧第二大队的歌咏工作，成了推动武汉歌咏工作的中心，我每天工作十几个钟头。武汉的歌咏队到处建立，一直扩大到工厂、商店、农村。又与张曙兄合作，开过许多歌咏大会，举行过歌咏大游行，游行的时候，商店的人们一起合唱起来。

在武汉，这时期的工作最兴奋，我作了《保卫武汉》《五一工人歌》《新中国》《祖国的孩子们》《游击军》《华北农民歌》《当兵歌》《我们的队伍向前走》等。只是对于歌曲的漫无标准的检查，监视救亡工作，甚至连"救亡"二字都不准用等现象，很叫人不快。为了工作方便，我想到政府去工作，也许问题好商量。因此我就应军事委员会政治部第三厅之邀，到部里去工作。

但是第三厅里工作困难更多，外面组织的好几十个歌咏团体被合并为一个队，又把这个队的干部分到各团体中去。这个队就领导不起来了。那些干部被分到各团体之后，因受种种限制，不能开展工作，有些则灰了心，有个别的竟堕落了——他们受物质享受的引诱，对工作消极。还有在歌曲方面，审查、改削、限制、禁止等更严格，作曲作词的都无法发挥能力。我渐渐感到无事可做。在厅里，除了晚上教教歌，白天只坐在办公厅里无聊。一种苦闷的感觉愈升愈高。同事们和我也有同感，他们编了一首打油诗说："报报到，说说笑，看看报，胡闹胡闹，睡睡觉。"有一个胖子，每天下午必瞌睡，"呼噜呼噜"的鼾声震动好几间房子，我们都笑起来。这样的生活，还有什么抗战的气味呢？

还有令人更不快的事情，外面那几十个团体被解散后，另一些团体莫名其妙地成立起来了。他们不欢迎我和从前那些团体的干部到他们团体里去，不唱我的歌及许多救亡歌，并把我当作排斥的目标，这显然是闹宗派意见。我无成见，也不是为了争风头，总希望大家谅解、消除误会。但我的努力都得不到结果。他们以后把电影界、音乐方面完全包办了。我走了之后，他们又把几十个团体提出通过组织的"全国歌咏界协会"推翻，另立他们的"全国音乐界抗敌协会"。把聂耳死的那一天定作"中国音乐节"。这样一来，音乐歌咏界就不团结了。

我很痛苦，我和谁并没有仇，但却被他们仇视。我的薪水虽有百元多一月，够应酬吃饭，但精神不愉快，呆板，身体虚弱，面黄肌瘦。虽然我在此时，写了《胜利的开始》《到敌人后方去》《工人抗敌歌》《反侵略进行曲》《斗争就是胜利》《空军歌》《点兵曲》《江南三月》（电影插曲）及许多军队的军歌，但写作的心情及情绪大减。

渐渐，我无法创作，我渴望一个能给我写曲的地方，即使像上海那样也好。但回上海是不可能了。

于是我想起延安，但我不知道延安是否合我的理想。在设备方面，会不会比武汉差。没办法中，只得去试试打听打听看。

延安这个名字，我是在"八一三"国共合作后才知道的。但当时并不留

— 172 —

意。到武汉后，常见到抗大、陕公招生的广告，又见到一些延安来的青年，但那时与其说我注意延安，倒不如说我注意他们的刻苦、朝气、热情。正当我打听延安的时候，延安鲁迅艺术学院寄来一封信，音乐系全体师生签名聘我。我问了些相识，问是否有给我安心自由的创作环境，他们回答是有的；我又问：进了延安可否再出来，他们回答说是完全自由的！

我正在考虑去与不去的时候，鲁迅艺术学院又来了两次电报，我就抱着试探的心，起程北行。我想不合意时再出来。那时正是一九三八年的冬天。

四、新环境

一进入延安，许多新鲜的印象都来了。一路所看到的窑洞都是七散八离的，这里却是一排排的很整齐。那种像桥拱一样的石砌房屋也多起来了。古旧的城，一半蜿蜒在山上，在南方和华中都很难找出这样的城吧！这些印象，使我觉得延安似乎不应该是这样，延安应该美丽得多。

我下了汽车之后，当局把我招待到西北旅社（是个最上等的旅社），他们把我当作上宾看待——几天之后，日本飞机突来轰炸，我刚才走出房门要到防空壕去，炸弹已在头上丢下来，我赶忙卧倒，炸弹就在我面前炸开，房子都被炸倒，祈天之福，我险些炸死！这次危险受惊不小。他们赶快给我搬家，我就住到北门外的鲁迅艺术学院去。

我在鲁艺担任音乐的课程。他们分给我一个窑洞居住。从前我以为窑洞又脏又局促，空气不好，光线不够，也许就像城市贫民的地窖。但是事实全不然，空气充足，光线很够，很像个小洋房。不同的只是天花"板"（应说"土"）是穹形的。后来我更知道了它冬暖夏凉的好处。我吃到了小米饭，这饭不好吃，看来金黄可爱，像蛋炒饭，可是吃起来没有味道，粗糙还杂着壳，我吃一碗就吃不下去了，以后吃了很久才吃惯。各方面的生活我也跟他们一样，我开始学过简单的生活。

生活是这样：一早起床，除了每天三顿饭的时间，和晚饭后两小时左右的自由活动，其余都是工作和学习（我到的时候及以后，学习的风气很浓）。他们似乎很忙，各人的事好像总做不完。我住在窑洞里，同事、同学常常来看我，我也到他们的窑洞里去。他们窑里布置简单，一张桌子、一铺床，几本或几十本书和纸张笔墨之类，墙上挂些木刻或从报章上剪下来的图照，此外就没什么了。大家穿着棉布军装，留了发却不梳不理。

鲁艺的音乐人才，我到时不多（全中国音乐人才本来就少，所以也难怪）。他们算是全延安歌咏运动的中心，从影响上说，也许还是全国歌咏运动的中心吧。他们对新音乐建设的工作，做了一些，对大众化和民族形式的努力，成绩较大。有"民歌研究会"收集的民调，包括了全国的，陕、甘、绥远的尤多。还有少数民族（如蒙、回、藏、苗……）及朝鲜、安南等地的民歌土调。因为延安是全国各地直到各弱小民族（现在还有印度的）的青年"集散之地"，所以鲁艺的"民歌研究会"就能从那些青年的口里把歌调记下来。鲁艺关于世界音乐的材料有一些，外间看不到的这里也有。他们和苏联音乐界的关系密切，要得到那些材料不难，世界音乐的材料也较容易得来。我最近托延安的负责人要几千张乐谱，他答应一定能取来。所以这一些情形，对于我写曲、研究有很大的好处。只是乐器方面设备太差，全延安没有一架钢琴，除了能够携带的西乐器（如提琴、手风琴之类）外，只能数中乐器了。我现在正在研究中乐器的特点，想利用它们的特长以补目前的缺陷。

我担任的课不多，有很多时间来写作研究，常有时间找学生来谈。学生们的进步相当快，他们生活单纯，专心学习。现在招生考试很严格，学生的基础更好。有些用功能赶过教员，因此教课的人不怎样吃力。学生们和我很好，上课时间往往要延长。有一天晚间上课，讲到夜深，本该休息，但他们说不疲倦，要我讲下去，一直讲到了天明才罢。

我对鲁艺的生活很易习惯，只是开会最初不惯，我觉得开会妨碍写作。我曾经向他们表示这一点，他们没说什么。后来，我才知道这是他们对问题解决的审慎态度。他们以为开会大家都发表意见，问题就考虑得较周到了。又开会时，大家交换了意见，不同的经过争论后又相同，因此就没什么隔膜，容易团结。我对于这一点慢慢也就习惯了。

生活既安定，也无干涉和拘束，我就开始写大的东西。一九三五年开了头的《民族交响乐》在安静的窑洞里完成了。还有《军民进行曲》《生产大合唱》《黄河大合唱》《九一八大合唱》《三八活报》……都能连续写下来。现在还有几个大的作品未完成。

延安的人很欢迎《黄河大合唱》，已经演唱过近十次了，还愿意听。招待外面来的贵宾时也演唱。他们（贵宾）看听过后也感动地讲过感想，但不如延安的青年批评那么多。延安的人喜欢新的东西，也喜欢批评。他们常对我的作品发表意见，而且有一套道理。我因之常常以他们的批评做参考，改正某些地方。但是也有些人批评常以过去或现在某作家的作品为标准，这种稍带点保守性的批评，是在别的地方也不能免的。这种批评对我也有帮助，使我看到我的作品个性、进步还是退步。

还有一种批评给我的益处较大，那就是负责当局的关于方向的指出。譬如他们所主张的"文化抗战"，那关于音乐上民族、民主、大众化、科学化的方向等，给予我对于新音乐建设的研究和实行问题很大的启示。

受了学习潮浪的推动，我也学习理论，最初只限于与音乐有关的东西，后来知道了这还不行，我就也来一个学习社会科学的计划。我看了一些入门书之后，觉得不至于落在人后了，但慢慢发生了兴趣，我发现音乐上许多的问题过去不能解决的，在社会科学的理论上竟得到解答。且不说大的方面，如音乐与抗战、音乐与人类解放等问题，只举出为什么工农的呼声有力、情感健康这一点。关于这一点，过去我以为是因为他们受苦，但这回答我自己也未满意，所以在吸收工人的呼声及情绪入作品时，显得表面化（形式化）。现在我知道，劳动者因为是被压迫者、被剥削者，他们只有摆脱这种枷锁才有出头之日，如果不然，就只有要由衰弱而灭亡。所以他们的反抗就是求活，他们的呼声代表着生命，代表着生命的未来的力。还有，工人们是一贫如洗，毫无私蓄，连妻子、儿女也要变成工厂主的奴隶。在这样的生活下，他们的脑里装不进什么自私（因为私不了），所以他们的胸怀是大公的。他们反抗压迫、剥削，不只是为了自己，别人也得到益处。世界上没有了人吃人，谁都过着幸福的日子，劳动者要消灭人吃人的制度来救出自己，因而也救出了所有的人。这样可以知道劳动者所想的实在是最高尚的、为着大众的、正义的。他们不需要欺骗、卑鄙、自私、阴谋、猜忌、残忍等，所以，感情是健康的。又因上述种种原因，他们最能团结自己和团结各种人民，因为他们的声音、感情就能充溢着热爱和亲切、真诚和恳挚。至于他们命定要做新世界的主人翁，把世界变成大同社会，这样，他们的气魄自然是很大的，力量自然是深厚的——所有这一切就构成了劳动者呼声的无限力量和情感的健康。而剥削人、压迫人的集团的音乐之所以日趋没落和充满颓废、感伤的靡靡之音，正象征着他们是不行了，人们已不再要他们乌烟瘴气的糊弄，已不再允许他们把世界推向火坑。

我的学习还很肤浅，还不能很好地应用到写作上。现在似乎比以前忙了些，我想还得好好努力一下。

现在我的身体比以前健康，我结实得多了。因为开垦种地，身体得到了锻炼，吃小米饭也香了。虽然不至于变成"皮球"（这里把长得胖胖的叫作"皮球"），但多担任些工作总是经得起的。

谢谢你对我的关心！请你别惦记我们的生活。此间当局为了我的工作多了一些吧（我还兼女大的课），他们每月给我十五元（女大三元）的津贴作为优待。同事们——艺术教员一律十二元，助教六元。现在学校里生活改善，每星期有两次肉吃，两次大米饭或面吃，常餐菜多加一个汤（别的机关没有），这比起上海、武汉时虽不如，但自由安定，根本不愁生计，则是那些地方所没有的。如果比起在法国的生活，更好得多了。在法国冬天冷得没法时，就到马路上跑步取暖，现在则在温暖的窑洞里埋头作曲。

对不起得很，说来说去都没有回答你的问题，请你特别原谅吧！敬祝你快乐健康！

弟　冼星海

（原载《中国青年》，一九四〇年二卷八期）

雕塑家

刘开渠

雕塑艺术生活漫忆（节选）

童年生活

　　一九〇四年，我出生在安徽省萧县刘窑村。这是一个不到二十户人家的穷山村，最富的一户人家有地也不过百来亩。一般人家有二三十亩地就算是很不错了，大多数人家冬天得出外乞讨过日子。我家虽有三四十亩地，但由于我父亲不耕不种，再加上都是盐碱地，收成不好，所以有时也得靠典卖土地过日子。我们整个村子是一片破烂凋敝的景象。这个村子背山面水，有的房子建在山坡上，也有的人家临河而居。当夏天水涨的时候，有些房子被水淹了，不少帆船从这里经过。村后的山坡上，有一块颇平的大石头，这是村子里人们休息和闲谈的地方。尤其在夏季天热的傍晚，老人们去那儿乘凉，小孩子也跟着去。有的人就往往躺在大石上睡着了。这座山从南而来，延伸到村外以北二里远的地方就消失了。过了大河，东北行六里处，山又从地下钻出来，以奇峻的势头分两支向北、向东伸展出去。站在山坡大石头上四处瞭望，只见群山环绕。尤其在傍晚，山势多姿多变，在紫橙色斜阳照耀下，十分好看。

　　我时常久久地望着那远方的山峰，那长流的大河。在大山背后都有些什么？大河是从何处而来？流向何处去？这些问题我都很想知道。然而村里没有什么读书人，人们也没有工夫来想这些。我只是坐在山坡上，站在河水边，自己遐想。有时也问问大人，大人往往不耐烦地说："不知道，你总是打破砂锅问到底！"

的确，我从小就好奇，对于什么事都想问出个究竟。

我的祖父早故去。在我记事时，家中有祖母、父母。父亲叫刘兆宽，母亲胡氏。我的父母都不识字，父亲是祖父到了晚年才有的唯一儿子，而我父亲三岁时就和祖母成了孤儿寡母。因此，他幼年娇生惯养，成人后更是游手好闲。他有一种癖好——整天玩鹰，一种能抓兔子的鹰。父亲玩的鹰若死了，他便上山去再抓一只来。每次他都能抓到或大或小的鹰。我很奇怪，为什么他能够这样轻而易举地捉住展翅高飞的老鹰呢？我的父母感情很不好，母亲比父亲大五岁，他们常常打架。因此父亲对我和弟弟都非常冷淡，从不正眼对待我们，不让我们摸他的鹰，也不带我去看他怎样捕鹰。为了满足我的好奇心，我不顾父亲的冷淡，跟在他背后上山。原来他在山坡上搭了一个小棚子，在棚子外平铺了一张线网，网的三个角钉在地上，另一头由他用长绳牵着。在网前地上，放一只小鸡作诱饵。鹰从空中猛扑下来，待到将要捕及诱饵，他准时拉绳，网便立起，迎头把鹰盖在网里面。看着鹰在网下挣扎，再看我父亲得意的神情，我觉得他这一手真了不起。

对于读书，我也是从好奇开始的。起初，我并不知道上学有什么好处。我先在村里的私塾念了两年。邻村有一个远房伯父刘兆年，他家比较有钱，他的两个儿子要到外村新成立的小学校去读书，让我去做陪伴，我很高兴地同去了。这是一九一七年的事。这样，我可以去看看村子以外的地方是个啥样的。小学里读的不是《论语》，是我从未见过的新编的课本，我觉得很新鲜，于是就拼命地学起来。

后来我又随那两个小伙伴考入了萧县高等小学。小学有位美术课老师王子云先生，他教我们图画。我看见他什么都能画，给人家画像，寥寥几笔就勾画出来，而且很像。我很羡慕，自己也拿起笔来，学着他的样子画，可是我画什么却不像什么。我很想像他一样，会写会画，因此我特别爱上他的美术课。课外我常到他住屋，看他作画；他也很耐心地给我讲怎样算好，怎样算不好。我下决心，一定要学会画画。在图画课上我用心画，课下也常常画。这样，我的图画成绩就逐渐成了全班最好的一个。

我家中无一人识字，亦无一本书，更不用说美术了。我从好奇开始，从羡慕小学美术老师的美术技能开始，逐步培养起对美术的爱好，想学美术。而能够走上美术专业的道路，主要还是我从小就有不畏艰难、不怕曲折、不计成败的坚定意志。另外，当时反帝反封建的潮流，也冲击到了这个小县城。尤其是五四运动这一年，我们小学的师生常上街游行，到商店查抄日货。这些爱国活动促使我眼界开阔，想继续学，想知道更多的事情。

一九二〇年，我高小毕业了。有钱人家的孩子都有了出路，我没有钱，不能升学，必须回家。不能升学，使我非常难过，我尤其是一百个不愿见到我父母不和以及整天哭闹的家。正在这绝望的时候，好心的王子云老师，问我想不想到北京学美术，说那里新办了个美术学校，招收高小毕业生。我说我当然想去，但没有钱。王先生劝我去投考，并托他的朋友给我请准了"萧县学生留外贷金"，作为去北京的生活费。我把这个消息带回家，并向父亲要路费。父亲只会花钱不会挣钱，祖上留下的三四十亩地已被他典当得差不多了。他听说儿子要上北京读书，认为这是一件"荣宗耀祖"的事情，并且不用家里供给生活费，只出一点盘缠就行。于是他很乐意，又典了二亩地凑足了路费。王老师把我托付给一个在北京法政大学读书的同乡，就跟着他千里迢迢地来到了北京。

赴京学画

我是在一九二〇年九月到达北京的。学校已招考完毕，但还要补招一次。参加补考的人数有三十几名，而学校只收七名。在等发榜的那几天里，我的心情越来越不安。未来北京时，我只想学美术，只想逃离家庭，至于若考不取学校怎么办，根本没有考虑。父亲只给了来京路费，回去就没钱了。初到时，我住在美术学校后面的后京畿道大田公寓里。胡同路灯都是一盏盏相距很远的小油灯，街道沉暗。每到夜深，飒飒的秋风送来了断断续续的很凄凉的"卖硬面饽饽"的叫卖声。这声音更给我心头增加了孤单和寂寞。望着前面的美术学校校舍，我更感到前途茫茫。最后，终于发榜了，我是第四名。我欢天喜地地搬进了学校。

这个学校是一九一八年创办的，是五四新文化运动的产物。一九一九年开始招收第一届学生，我是次年招的第二届学生。开创之初，美校是中专性质，招收的是高小毕业有艺术天分和爱好的学生入学，年纪都在十五岁左右。和我同班的同学，大多数都是在京的官宦和书香人家的子弟，有的同学穿得很漂亮，吃得好，逢年逢假便回家。外地来的也有一两个，也是富家子弟。

我刚进学校时，真是一身土气，语言也听不懂，加上贷金不多，生活是困难的。平时很少出门，就是星期天到外边参观，也力争赶回学校吃饭，或在沿街的小摊上，买几个烧饼充饥，从未下过饭馆。有一次我进西单一家叫"四如春"的江苏馆子，吃了四个包子，觉得从未吃过这么好吃的东西。这件事给我留下很深的记忆，直到解放后，我重返北京时，还去西单寻找过这家小饭馆呢！

从生活上说，我不如同学们；在绘画上，有不少同学也比我知道的多。有的同学在家里早已专门从师学过。我记得有一位陕西的同学，学"四王"已很有工夫，我们都佩服；未学过的同学，也比我见得多。面对着这种种"己不如人"的情况，我总想赶上别人。所以，我除了在课堂上认真学，还在课外时间，尤其是晚上或星期天，请比我知道得多的同学帮助我。我以前没有学过中国画，一开始很费劲，我就请那位陕西同学教我。我还请另一位曾经在教会学校上过学的同学教我英文。学校虽属中学性质，但教员都是北京当时著名的画家。我们的素描课，开始就是以画《长恨歌》出名的画家李毅士先生教的。他教学非常认真，我后来创作一个作品总想轮廓明快，就是由于受了他教素描的影响。花卉画家王梦白、山水画家肖谦中、油画家吴法鼎，都是当时我的启蒙教师。山水、花卉画家陈师曾，那时就用油画颜色画中国画花卉，还教我们博物。他说不能空想画画，要有自然的知识。他的创新精神和作品对我的影响最大，他是当时北京最有名望的画家。不久，学校由中学改为美术专门学校，分三个系：中国画系、西洋画系、图案系。后又改称艺术专门学校，添了音乐系、戏剧系。美术学校毕业后，我继续升到专门学校，共学了七年。在七年过程中，不少的名画家和著名文学家如齐白石、郁达夫诸位先生都受聘到学校教过学。开始的校长是画家郑锦先生，最后的校长是画家林风眠先生。著名诗人闻一多先生也曾一度担任教务长并讲授艺术理论。

雕塑艺术深深地吸引着我

在北京艺专学习的时候，我对中国画、油画、美术史、文艺都有兴趣。一九二四年我升入专门部西洋画系学油画。在学中外美术史时，我特别喜爱那些雕塑艺术品。它们那种强有力的体积感，格外触动我。我在课外，最喜欢上图书馆、逛书摊小市。宣武门内路西有一个小市，专卖故衣旧货、古玩、古书、碑帖一类的东西。有一次我在小市地摊上，看见几张雕塑照片，我拿起仔细欣赏，这是佛教雕刻，气势雄伟，形象生动，十分吸引我。我掏出身上全部的钱，买下了它们，带回去请教老师，特别是请教当时著名美术史专家、北大教授叶翰先生。他们告诉我，这是大同佛像，并说我国的雕塑艺术在古代产生过许多伟大的作品。敦煌石窟的塑像，龙门的雕刻，都震惊过世界。然而雕刻不像书画那样为以后历代所重视，在各个时期写的美术史上，谈到雕刻艺术的不多，几乎没有。把雕塑当作宗教迷信的工具或雕虫小技，把雕塑品也只是当作供养人，陪葬俑或墓道上的翁仲等看，它们的作者也被称作是不登大雅之堂的造像人——民间艺人。宋代帝王开办的画院，就排除了雕塑。这种只重视书画的传统，一直沿袭至近代。在获得这几张大同石窟雕塑照片以后，我就尽量找有关中外雕塑的图片看。西洋美术史教授邓以蛰先生是专门研究美术史和美学的，他给我讲了古希腊、罗马文艺复兴时代的雕塑品是如何的美，在建筑和公共场所都装饰着雕塑品，还把他收藏的欧洲雕刻集借给我看。他有时谈得很迟，还留我在他家吃饭。这时北京出版了《美育杂志》，封面印的是罗丹的《青铜时代》，更激起我对雕塑艺术的向往。我若能学雕塑，做雕塑品该多么好啊！这样，我在学习油画的同时，便对雕塑产生了浓厚的兴趣，但这时学校没有雕塑系，也没有雕塑课。

一九二七年，我毕业了。七年的时间不算长，但因为天天从事绘画及阅读各种有关美术的书籍，我确也有了自己的经验和心得。我用素描和着颜色的方法，画静物、画石膏像及人体模特儿；用白描写生花鸟等，又根据这些画稿描画、设色成工笔画；照着前人的写意画临摹，学习写意画。在这些实践中，使自己能较快地获得直接表现现实事物的技术能力的还是通过素描写生。至于用白描方法起画稿，再依稿上色画成工笔画，也能锻炼技术，但在技术上得到的能力，却很狭窄。临前人的写意画，的确能较快地掌握笔墨的方法和体会前人所以如此画的用意，但这只能熟悉前人的技术，得不到或者需要从长期临摹中方能得到很少的独立技能。而到了自己作画时，即使有点己意，也只能做到与古人大同小异，要做到以创新为主的画是困难的。以上的实践中，是素描或着色写生等基本功，使我有技术，能达到有自己艺术表现的独立能力。也就是说，我能根据自己从现实中感觉到的东西，创作出自己的作品。所以，到了大学部，我就选习了直接反映现实的油画。我在学习油画中，也经过了一些曲折过程。前人的油画也有各种派别，前后担任教学的老师，也各有所偏重或强调某一种派别的教法。这种只重某一派别的观点和方法，根据我的实践经验，它们也同主张只从临摹入手学画是一样的路子，是不能培养人创造出有独创性的艺术品的。于是我逐渐按照我自己的认识去做，首先我努力加强自己的基本功，在必要时也临摹点前人的手法，主要是努力表现我所见的社会现实，创作我认为美的艺术形式。我曾和三四个观点相同的同学组织了个"心琴画会"，我们一起做练习，一起去画风景画，也各自画些构图。我们每年举行一次展览，也受到不少人的欢迎，当时的报纸还刊登了我们画展的新闻。由于我们几个会员后来各走东西，小小的画会就没有继续下去了。我们的作品，从艺术思想上说，就是主张创新。对旧时代好的中外美术品，我们也欣赏，但不临摹。我们认为只临摹的传统学习方法和尚古的艺术标准，需要革新，需要向前发展。这种观点，在我那时写的一些艺术评论中，是个主导思想。

赴法留学专攻雕塑

一九二八年八月，我，一个二十四岁的青年从上海登上了法国邮船"Andne Lepont"号，船不太大，乘客中中国人很多。我坐的是三等舱，二人一小间，双层床，有一个直径约三十公分不能开的圆玻璃窗。船抵香港，停泊了两日，下了很多中国人；到西贡后，因要卸货上货，停了一星期，白天乘客可以上岸游览。到新加坡停了二日，这里是东南亚最大的海港，当时是英国的殖民地。居民中中国人居多，但贫富悬殊，许多华人是很穷困的。船到这里，中国乘客又大量下船。这时船上只剩下四个中国人，其余各国人都有。从斯里兰卡的科伦坡出发，要六天的时间才能越过印度洋到吉布提。八月正是风浪最大的时节，风浪把船颠簸得吱吱响，多数乘客晕得直呕吐，起不了床。浪静时站在甲板上，能看见远处的鲸鱼在喷水。茬吉布提停两天，经红海，穿苏伊士运河到达塞得港。红海的水像是浅赭色的油一样在慢慢地浮动，阳光刺眼，天空朦胧混沌，气温极高。这种情景使人有恐怖的感觉，似乎不知将会发生什么可怕的情况。许多乘客都躲进底层餐厅吃冷饮。船经过苏伊士运河时，河窄水清，两船不能并行。河东岸立了一座双高壁塔，座为两个带翅膀向前飞翔的女神，给人的印象，像是地中海正展翼飞向东方。

船离开塞得港进入地中海。印度洋每年四五月到十一月风多浪高，但在这个季节，地中海却和印度洋相反，风不多，浪不高。船出塞得港，乘客群集在甲板上观赏碧海，随波荡漾的雪白浪沫，澄蓝的天空，让人赏心悦目。

在马赛下船，坐火车到巴黎。已在那里住了多年的李风白先生到车站迎接我们，并分别给每人安顿了住处。我就在去住处的车上，要求他第二天带我去参观鲁佛尔美术馆。他说从上海到法国，坐了一个多月的船，休息几天再去游览。我急不可待地第二天就请他带我去看看。在北京时，自己是个穷学生，从未能到祖国各地石窟去看过，对西洋的雕塑也只是在国内当时很少的复制石膏像上见过。现在一下子面对这些伟大的真品，心中的惊喜，远远超过了刘姥姥进大观园的惊奇。对那些美妙的艺术光彩，就像米盖朗基罗对基拜尔蒂那两扇铜刻门说的一样，觉得只有装在天堂才相称。但我不懂法文，不知那些说明讲的什么。我必须先学好法文，才能进入西方雕塑之门。

风白替我找好一个补习法文的学校，但因生活费用昂贵，学了几个月，我便去里昂，一个人租住在一位法国老人家里，这样法文可以学得快一些、好一些，费用也省一些，为正式入美术学校创造条件。

一九二九年暑假前，我回到巴黎，准备进入国立巴黎高等美术专门学校，专攻雕塑。

这个学校是教授负责制，只要有教授同意，便可以入学。该校雕塑系共有四个工作室，男女学生分开，一个为女生，三个为男生。每室有一位教授主持。想跟哪位教授学习，就进哪位的工作室。他们都是法国社会上有名的雕塑家，在近代美术馆中都有他们的作品，在巴黎的公园或广场，也有他们做的纪念碑。我在进校前，一边学法文，一边时常到美术馆和广场去看他们的作品。朴舍（Jean Boucher）的作品特别吸引我，我尤其喜爱他做的雨果全身像。我在国内曾经画过一幅《流民图》，出国时就带在身边。我把《流民图》和我画的素描给朴舍教授审阅，请他批准我去他的工作室学习。他看了我的画，认为不错，同意接收我。他在入校单上签了名，我到学校办公室办了手续，从此开始走上了我一直向往的雕塑艺术道路。

朴舍教授是一个很有学问的人，当时声望很高。他博古通今，可以将许多世界著名诗人的代表作即兴背诵，文艺学的知识也很广博。在雕塑艺术上，他反对学院派，主张自由创造，重视独创和天才的发挥。他在艺术手法上近似罗丹，但他不赞成在造像上缺手缺腿的裁减造型，不像罗丹那样富于浪漫主义的色彩，而更趋近于现实主义。他的作品，以雨果像等为代表作。在巴黎凯旋门上的军事博物馆中，也有他的雕塑。他每逢星期三、六上午九时至十二时来校。来了之后，先看学生的习作，再看每人做的构图稿，即席授课。而后，他为下次的构图出题目，叫学生在下个星期六带来做好的稿子给他看。除了在课堂上，平时是见不到教授的。班内由班长管理，班长由教授指定，负责反映学生的愿望和要求。

到巴黎的头两年，八十元可兑换一千法郎，我每月有八百法郎也就可以了，所以，生活并不困难。后来，中国货币贬值，只能换到五六百法郎，只够我十几天的生活费，我便感到窘迫，除上午按时到校学习外，下午便到校外给一个装修公司画水彩画，挣点钱弥补生活之不足，此外，同船到法的林铁同志有时也给我一点帮助。

由于在国内已学过七八年的画，使我能比较快地掌握雕塑的立体塑造技术。我的教室习作和每次的构图稿，颇得朴舍教授的称许和勉励。一天，教授忽然问我："你愿意到我的工作室帮助工作吗？"我真是喜出望外，当即表示："愿意，非常愿意！"因为，一者他会给我一定的报酬，二者也可以借此机会看看这位负有盛名的雕塑家究竟是怎样工作的，以便学到更多的知识。但我又想，自己也应当做作品，于是又说："去半天可以吗？"教授同意了，约定一天下午二点到他的工作室去。他的工作室在达盖尔街，他的住家在另一条街。我想他回家吃饭，再休息一会，一定不会准在二点回来，所以那天二点过后我才到达。到了之后，便在门口恭候他。等了好一阵子，仍不见来。我想一定是他有事不来工作室了，我准备走，等明天再来。但我还是敲了敲门，以便次日见到时说明我去过，还敲了门，但他不在。哪知我轻轻地一敲，他就开门出来了。我不禁感到十分惭愧。我请他原谅，说我错误地认为他二点一定不会来，所以过了二点才来他的门口候他。朴舍先生说，不要紧，进来吧。朴舍教授除了上课外，每天上午八时至十二时，下午二时至六时在工作室，常年坚持不懈。他的勤奋是惊人的。他争分夺秒的苦干精神，使我深为感动。我平时是比较用功的，看到比我大得多的朴舍是那样不荒废一点时间，对我的教育非常大。以后我又跟随他工作两年多。一直到现在，虽然事过五十年了，一想起那时的情景，仍如昨日事。至今我依然怀念朴舍教授。

他每星期六下午五时才在工作室外间会客。我们以前偶尔去拜会先生时，只见他的雕塑品均已用湿布包起来，感到很神秘，不知道他的工作过程。我进入他的工作室之后，这种神秘感便渐渐消失了，而随着神秘感的消失，学到的东西也更加多起来。他常常先用泥做一个头像或人的全身像的小稿，让我照着小样加以放大，而后再由他审查和修饰细部。

朴舍每天下午六点走出工作室之后，就到咖啡店，会见一些文艺界的朋友，漫无边际地谈论一切。约七点半再到另一家饭馆进晚餐。晚饭后，再到另一咖啡店饮啤酒并与不期而遇的朋友漫谈艺术和巴黎美术文艺界的情况。天长日久，我也就在这种场合，学到了很多东西，使艺术视野日渐开阔起来，也认识了许多法国知名的雕塑家、文艺家。

我开始学雕塑时，一些学别种学科的中国朋友曾经问我："你是学雕的还是学塑的？"我说两种都学。

诚然，在中国古代，一般地说，雕像的人不学塑像，做塑像的人同时会画，不学雕，古代石窟中的塑像及壁画，多是由一个人或由一群塑像家一手完成的。巴黎美校的雕塑系，是两种都学。每月前三周做模特儿，后一周临摹古代作品，进行学习塑造；另外还有石刻教室，学生可以去学石刻，有一位教授负责专门指导。

中国传统雕塑的学习，是师傅带徒弟或者一家世代相传技术。师傅做什么，徒弟也跟着做什么，由简单到复杂地照样学着做。跟着师傅一套一套地学，学的套数越多，雕刻的越精，就算学得好；能离开传统旧稿，自出新样的人，就算是更好。这和学传统中国戏曲的方法差不多。西方学习雕塑的方法，先从绘画学起，锻炼写生的本领。在有一定的写生能力后，再学习塑造。这样由平面画到做立体的塑像，就容易些。雕塑是立体的，不仅要每个侧面做好，而且要把立体的各个侧面都做好，彼此连接成一个整体，结构紧严结实，无论从哪个侧面看，都能感到立体像的完整性。塑像是照着对象实际体积的高低大小面积做成的。雕塑和画在视觉形式上虽是相通的，但它的做成方法和画是完全不一样的。对着实物练习雕塑技术，能使作者获得表现自己所见的物体的本领。以自己的作品或古代作品作模型，用量深浅、长短、厚薄的点线机帮助测量对象，根据点线机的测量，照样在石头上雕刻，就能刻成与模型一样的石像。学刻硬质材料，是很重要的，但最根本的还是学习直接写生的基本功。在技术学习的同时，由教授出题或自己选题，依靠自己的独立思考，去表现主题。这样学习二三年，就可以自己独立进行艺术创作了。我在国内学过七年画，所以学起雕塑来，比较快，又加上自己是千里迢迢地专门来学习雕塑，所以不仅在教室里比较认真钻研，也非常注意老同学是怎样做的。这个学校不是年级制，学了十年八年的老同学和新来的同学，都在一起学习。这对后学的人，很有好处，许多东西不要老师教，就跟老同学学会了。教学方法是启发式的指导，让每个学生根据自己从对象上所感受到的去做；教授给学生讲历代美术风格变化，但决不教学生模仿前代风格，所以学生都发挥自己的所长。学校内有陈列馆，许多墙面上，也都挂的是古代各时期的名作复制品。当然学校以外的大小美术馆和无数的展览会，更有许多古今雕塑品，供学生参观。学生尊重老师的教学，但同时也到那些古今作品那里去体会前人的艺术。学生的艺术思路比较宽，形成自己的艺术观点也比较快。我给朴舍做助手，从他在作品上起稿，放大制作，加衣纹道具，直到完成作品的过程中，确实得到了在教室里学不到的东西。这时的巴黎美术学校，的确是培养人才的好地方。在巴黎美术界有不少的画家、雕刻家，由于他们成名后的艺术风格变化，不赞成巴黎学校的教学。但他们年轻时，大多数都在该校学过，所以还都认为巴黎学校是不可缺少的。

在这些年中，我做了不少的头像。有的是在学校做的，有的是在朴舍工作室里做的，也有的是在自己工作室里做的。这时我的雕塑艺术思想，认为雕塑艺术是歌颂人类，表现人的聪明才智和刻画人的正气的。雕塑品要形式稳重如山，要简朴深沉、含蓄完美，令观众从上边得到各种启发，体会到人类为万物之灵。在形态上不必要的夸张，手法上不必要的花样，情节故事上不必要的穿插，常使作品不能长久耐看，不能穿越各时代而为人们所欣赏。我在一些头像上，就是要追求这个理想，追求创作出这样的艺术风格。我想要做到二十余个头像，开个人展览会。我不做那种单纯地为做像而做像，如模拟张三，就要一模一样地像真人张三。我认为这是传真，是立体照。这在人的生活里也是需要的，它为人留影作纪念，为历史留资料，但不是引导人类创造崇高理想的雕塑艺术的事。

巴黎是西方美术界的中心，不但古今的美术品多，世界各国的美术馆、收藏家也到那里去收购美术品。巴黎的社会、法国的社会也普遍地重视美术，尊重美术家。一个美术家能在巴黎出了名，在整个西方世界也就站住脚了。那些不出名的或青年美术家，都是一边为谋生做点别的工作，一边卖点作品，继续为艺术而前进的。我记得在当时经济衰退的时候，著名的美术家的作品还有买主，而一般的，尤其是不出名的美术家，作品的买主就不多了，生活就困难了。但这时社会上出现了以物换作品，用以帮助美术家的情况，如以吃三个月的牛奶或用两个月的肉类换一张画等。我留恋巴黎社会的气氛，那些数不清的大小画廊，总使人能欣赏到一些好的美术作品。在蒙巴那斯和蒙马特的咖啡店中，常聚集些美术家，他们在争论着感兴趣的艺术问题。法国人民爱真理，热情待人，没有狭隘的种族偏见，使我觉得如生活在中国家里一样。所以在一个时期中，我觉得留在那里，对完成我的艺术理想有好处。我住了多年的蜂房街工作室，虽然陈旧，但很适用，没有钱付房租，还可以欠着。因为这一处的几十间工作室，是一位青年时期很穷、成名后有了钱的雕塑家建的，建筑简朴，租费低。不少年轻的或者因没有成名而经济困难的美术家，多住在这里。在我住进时，这里早已是巴黎出了名的地方，并为美术家和美术收藏家常常光顾。好几位美术家在他们默默无闻的年代，都曾在这里住过，而现在他们已是名扬西方世界的著名人物。我是准备为雕塑艺术艰苦奋斗，长住巴黎了。

为祖国的雕塑事业效力

一九三一年九月十八日，日本帝国主义大举侵占东三省。巴黎的各种大小报，都以大标题报道了日本的侵略，描述了中国军队不战而退，当时的政府拱手把大片山河让给敌人。不论走在街上，或是坐在地下铁道的车厢里我都觉得周围的法国人都在看着我，好像在说："你们中国人为什么不放一枪而退呢？"我还记得是东北被侵占的第三天晚上，朴舍约《小巴黎报》记者及美术家一共四人在他家里晚宴，也请了我去参加。大家的话题不多时就转到了日寇如入无人之境地占领中国东北的事。一位记者说，中国古代文明那么发达，宋瓷那么好，怎么今天会变成这样被人打了还不还手呢？我当时讲述了一些国内的混乱和当权者丧权辱国的行径。饭后，我走回住处，心情很沉重，路过当凡罗舍罗（Denfer-Rocherean）广场，抬头看见广场中雄踞在石座上昂首注目前视的雄狮大铜像，我停立在那里，望着那坚强地防御敌人的勇猛形象，不由得想到自己的祖国却是"东亚睡狮"，被帝国主义侵略而不能自防。我应该早日回国，为祖国的强盛而工作。我应在上海黄浦滩塑造一个"东亚雄狮"的塑像。但我又想到国内社会的混乱情况，雕塑也未能像书画一样被视为美术，雕塑如不被看成是一种有创造性的艺术科学，那是得不到发展的。为了自己能在创作上得到发挥，住在世界美术中心的巴黎当然最好。只要我能做出成绩，在国外工作，也是为了祖国。所以我回国的念头也只是一闪而过。

在法国期间，我也和许多学美术的中国同学往来，但在思想上、感情上和我最接近的并对我在生活上时有帮助的要算林铁、曾庶凡两位。林铁是和我同船去法国的，他为人纯朴，言语不多，我也是很少说闲话。正因为这样，在同船的四人中，我们二人能互相谈得来。到巴黎后，我们常见面。他学政治经济，和我并不同行，但在许多社会、政治、经济的观点上，我觉得他的看法很对，所以爱去找他。有时我也约他同去美术馆或名胜古迹参观。他常换地方住，有时要我帮他带信或约人。终于，有一天曾庶凡告诉我："法国人驱逐林铁，他去比利时了。"直到解放后，我们才重新见面。林铁走后，能够同我谈得来的只有曾庶凡，我常去找他。我的经济遇到困难时，他们两位都先后帮助过我。几十年来我们一直是亲近的朋友。看到他们为革命工作，我十分佩服，但又觉得我自己是从事雕塑的，虽愿在他们的推动下也做些工作，但是"艺术至上"的思想驱使我只想致力于雕塑工作，怎样有利于我的雕塑工作，我就怎样做。林铁离开法国，更使我觉得自己应该回国，为祖国的雕塑艺术而工作。但这仍是一闪之念，要留在巴黎的心思还是坚决的。"一·二八"事件后，日本帝国主义侵占了上海，进一步唤起了我回国的念头：自己的祖国被外敌侵略，还有何心思安居在他国！但要全力以赴地搞雕塑艺术的思想总是占主导地位，想到雕塑艺术在国内不被重视，看到巴黎社会对搞文艺美术工作的便利，多年相处的许多热情的法国同学和朋友，经常参观的鲁佛尔，可以随便拿出画夹子，在人群中作速写的小咖啡馆，能随便翻阅的赛纳河坝上的各种小书摊等，这一切使我总认为巴黎才有自己艺术创作的环境。我曾写信给蔡元培先生，说我想久留法国。蔡先生回信说，"国内雕塑事业需要人，可以先回来看看，工作一个时期，以后还是可以再去法国的……"蔡先生的信使我最后下了决心回国。为祖国的雕塑事业效力，应是自己的最大责任。正是因为国内的雕塑艺术不受重视，在工作时会有困难，才更应该回国去。一九三三年六月，我离开巴黎回国了。回国前，我去意大利参观了三个月。

这是我头一次去意大利访问。到了罗马后，我就去中国大使馆，想请他们介绍一个费用不太贵的旅馆。哪晓得那些国民党的官僚们根本不理睬我，连在使馆里存放一下箱子都不肯，还说："你自己去找罢，或者你去找通济隆（一个国际旅游组织）。"我跟他们吵了一顿，说他们不是"中国人"。我提起行李，就去找获得了法国罗马大奖、当时正在罗马学习的法国同学霞飞（F. Foufre），他热情地接待了我，让我先住在他的工作室里。那时法国的青年艺术家的最高奖就是罗马大奖，获得后就被派到法国在罗马设立的法国学院去进修和创作五年（现已改为三年）。学院的房子是一座由Medicis家族建造的文艺复兴式的府第，前为广场，后院紧靠一个大花园，是一座庄重而又灵巧美丽的建筑艺术品。沿着花园一边有十几个大小不等的雕塑、绘画工作室。我在那里住了两个月，参观了各个美术馆和名胜古迹，随后我又在佛罗伦萨、比萨住了一个时期。罗马等城市不仅收藏的古代艺术品很多，城市建筑艺术也是很吸引人的。我当然特别注意了那里的古今雕塑品。在那里的公共建筑上布满了雕塑品，也可以说那些建筑都是为安装雕塑品而建的。在那里不但美术馆收藏陈列了无数雕塑品，一般居住房屋的墙上也都或多或少地用雕塑品装饰着。公园广场更是以雕塑品为主进行设计。古代欧洲雕塑品多数以宗教为题材，但从古希腊、罗马起也做了一批反映当时社会生活的雕塑品。自文艺复兴开始，雕塑更是广泛地使用在社会生活中。古希腊、罗马宗教题材的雕塑品，后世均以神话故事目之。但因其有高度的艺术美，因其使用的象征形象有普遍意义，就把它们陈列于府第、美术馆，安装于公园广场，或作为建筑装饰，以丰富社会生活。那些反映文艺复兴以来的社会风貌或思想感情的雕塑品，更成为主流，成为欧洲近代社会文明的主要力量之一。我从罗马来到佛罗伦萨，这城市不大，但那里文艺复兴以来的伟大美术品，教堂府第的出色建筑艺术，周围秀丽的山林，穿城而过的阿尔诺河，形成一座最美最吸引人的艺术文化城。米盖朗基罗的大卫立像，麦底西斯墓室的《日》《夜》《晨》《晚》的四人象征性的大理石像等，尚未完成的浮雕，更是最受观众称赞的著名于世的雕刻品。我站在佛罗伦萨的米盖朗基罗广场，展望这古城的美景，细看眼前那为纪念伟大雕刻家而复制的他的大卫像和象征日、夜、晨、晚四个像的作品，心情万分激动。他为他的家乡创作出如此惊人的雕塑，此情此景使我感到自己不能久留外国，我要赶快回中国，去为我的祖国创造雕塑品。我在广场照了照片，接着就回到巴黎，转到马赛乘邮船回祖国了。

（选自《文史资料选辑》第三辑，中国文史出版社一九八九年版）

望尽天涯路
——记我的艺术生涯

吴冠中

画家　美术教育家

一九八二年春天的一个下午，我和秉明走进巴黎私立的业余美术学校"大茅屋"。

三十年前，我每天上午到巴黎美术学院学习，下午参观博物馆、画廊，到鲁佛尔美术史学校听课，晚间除去补习法文的时间外，便总是在这里画人体速写。

"大茅屋"虽非茅屋，也确是简陋的，但这里麇集着世界各国的艺术家，男女老少人头济济，还是老样子，旧气氛。只是我没带画夹，也忘掉流失了的三十年岁月。

出了"大茅屋"，我们进入附近一家小咖啡店，也是三十年前常去的老店，相对坐下，额头的皱纹对着额头的皱纹，昔日的同窗已是两个年过花甲之人。

雕刻家熊秉明现任巴黎大学东方语言文化学院中文系的主任，我呢，是以中国美术家代表团团长的身份，刚访问了西非三国，路经巴黎返国。我总不忘记秉明讲过的一个故事，说有三个寓居巴黎的俄国人，他们定期到一家咖啡店相聚，围着桌子坐下后，便先打开一包俄国的黑土，看着黑土喝那黑色的咖啡。我很快意识到忘了带一包祖国的土，那撒进了周总理骨灰的土！我立即又自慰了，因我很快就要飞回北京，而秉明近几年来也曾两度返国。

那是多年前的事了，他写信告诉我，他将自己的寓所题名"断念楼"。在恋爱纠纷中，爱憎的交错中，人们也许下过断念的决心，但对母亲，对祖国之爱，真能断念吗？我复信偏偏直戳他的痛处："楼名断念，正因念不能断也！"

留在巴黎的老同学不止秉明。还有法学博士志豪、史学家景权……及著名画家无极和德群，他们都各自做出了贡献，为祖国争得了荣誉。秉明问："如果你当年也留在巴黎，大致也走在无极、德群他们的道路上，排在他们的行列里，你满意吗？"我微微摇头，秉明也许知道我会摇头，这摇头的幅度远及三十年，六十年！

一九四六年我和秉明等四十人考取了留法公费，到巴黎学习。我曾打算在国外飞黄腾达，不再回没有出路的旧中国。凭什么站住脚跟呢？凭艺术，为艺术而生是我当时的唯一愿望。花花世界的豪华生活于我如浮云，现代艺术中敏锐的感觉和强烈的刺激多么适合我的胃口啊！我狂饮暴食，一股劲地往里钻。鲁迅说，吃的是草，挤的是奶。但当我喝着奶的时候却挤不出奶来，我渐渐意识到：模仿不是艺术，儿童和鹦鹉才学舌。虽然水仙不接触土壤也开花，我却缺乏水仙的特质，感到失去土壤的空虚。当别人画圣诞节时，我想端午节，耶稣与我有什么相干！虽然我也没有见过屈原，但他像父亲般令我日夜怀念……我不是一向崇拜梵·高、高更及塞尚等画家吗？为什么他们都一一离开巴黎，或扎根于故乡，或扑向原始质朴的乡村、荒岛？我确乎体验到了他们寻找自己灵魂的苦恼及其道路的坎坷。我的苦闷被一句话点破了："缺乏生活的源泉。"

憎恨过政治腐败、生产落后的旧中国的游子怀乡了！故乡的父老兄妹是可亲的，可惜他们全都看不懂我的艺术，无知是他们的罪孽吗？贫穷绝不是他们的过错。我们画室来了一个体态美丽的女模特儿，受到大家的赞扬，但只画了三天便旷课不来了，别人说她投塞纳河自杀了。谁知她为什么自杀？但我眼前却浮现了童年见过的几个上吊和投河的青年女尸，她们原都是我认识的美丽的好人。

回想当年离开上海到欧洲去，是搭的美国海轮，船将抵意大利的拿波里港，旅客们便登岸换火车。船上头、二、三等舱的旅客纷纷给服务员小费，一二十美元的小费人家看不上眼，我们四等舱里的中国留学生怎么办？开个紧急会，每人出一二元，集成数十元，派个代表送给服务员，人家美国人说，不要我们四等舱里中国人的小费。有一年暑假我在伦敦度过，经常乘坐那种二层楼似的红色汽车，那车中售票员挂着皮袋，售票的方式同今天北京的情况仿佛，也同时用硬币和纸币。有一回我用一个硬币买了票，身旁一位胖绅士接着拿出一张纸币买票，售票员将刚才我买票的那个硬币找补给他，他轻蔑地摇摇头，售票员只好另换一个补给他。

巴黎美术学院与鲁佛尔博物馆只隔一条塞纳河，一桥相通，趁参观人少的时候，我们随时可进馆去细读任何一件杰作。我一人围着米洛的维纳斯转，转来又转去，正好没有什么人参观，静悄悄的，似乎可以同爱神交谈哩。大腹便便的管理员向我姗姗踱来。我想他大概闲得发慌，来同我谈谈艺术解闷吧，便笑脸相迎。他开口了："在你们国家哪有这样珍贵的东西！"我因缺乏急中生智的才华而受惯了闷气，这回却突然开窍了："这是你们的东西吗？这是希腊的，是被强盗抢走的。你们还抱了我们祖先的脑袋，吉美博物馆里的中国石雕头像是怎样来的？"

今年从巴黎返国后，我又去了西安，在霍去病墓前，在秦俑坑前，在碑林博物馆的汉唐石雕前，我想号啕痛哭，老伴跟随我，还有那么多观众，我不敢哭。哭什么？哭它太伟大了，哭老鹰的后代不会变成麻雀吧！

我的老家在宜兴县的农村，家里有十余亩水田，父亲是乡村小学教员，本来还可成小康之家吧，但弟弟妹妹有七八人，生活就很不容易，我必须外出寻找生路，去念不用花钱的无锡师范。为了节省路费，父亲向捕鱼为生的姑夫借了他家的小小渔船，同姑夫两人摇船送我到无锡去投考。招生值暑天，为避免炎热，夜晚便开船，父亲和姑夫轮换摇橹，让我在小舱里睡觉。但我也睡不好，因确确实实已意识到考不取的严重性，自然更未能领略到满天星斗，小河里孤舟缓缓夜行的诗画意境。小船既节省了旅费，又兼作宿店和饭店，船上备一只泥灶，自己煮饭吃。但船不敢停到无锡师范附近，怕被别的考生及家长们见了嘲笑。从停船处走到无锡师范，有很长一段路程，经过一家书店。父亲曾来此替小学校里买过一架风琴，认得店里的一位伙计，便进去问路。那伙计倒还算热情，引我们到路口代叫了一辆人力车。因事先没讲好价，车夫看父亲那土老儿模样，敲了点竹杠，父亲为此事一直唠叨不止，怨那伙计："见鬼，我要坐车何必向他问路，坐车哪有不先讲价钱的！"

老天不负苦心人，他的儿子考取了。送我去入学的时候，依旧是那只小船，依旧是姑夫和他轮换摇船，不过他不摇橹的时候，便抓紧时间为我缝补棉被，因我那长期卧病的母亲未能给我备齐行装。我从舱里往外看，他那弯腰低头缝补的背影挡住了我的视线。后来我读到朱自清先生的《背影》时，这个船舱里的背影便也就分外明显，永难磨灭了！不仅是背影时时在我眼前显现，鲁迅笔底的乌篷船对我也永远是那么亲切，虽然姑夫小船上盖的只是破旧的篷，还比不上绍兴的乌篷船精致。庆贺我考进了颇有名声的无锡师范，父亲在临离无锡回家时，给我买了瓶汽水喝，我以为汽水必定是甜甜的凉水，但喝到口，麻辣麻辣的，太难喝了。店伙计笑了："以后住下来变了城里人，便爱喝了！"然而我至今不爱喝汽水。

师范毕业当个高小的教员，是父亲对我的最高期望。但师范生等于稀饭生，同学们都这样自我嘲讽，我终于转入了极难考进的浙江大学代办的工业学校电机科，工业救国是大道，至少毕业后职业是有保障的。幸乎？不幸乎？由于一些偶然的客观原因，我接触到了杭州艺专，疯狂地爱上了美术。正值那感情似野马的年龄，为了爱，不听父亲的劝告，不考虑今后的出路，毅然转入了杭州艺专。下海了，从此陷入茫无边际的艺术苦海，去挣扎吧，去喝那一口一口失业和穷困的苦水吧！我不怕，只是不愿父亲和母亲看着儿子落泊潦倒。我羡慕没有父母，没有人关怀的孤儿、浪子，自己只属于自己，最自由，最勇敢。抗日战争爆发了，我随艺校迁到内地去，与沦陷区的家乡从此音信断绝，真的成了浪子，可以尽情地、紧紧地拥抱我将为之献身的艺术了。

"水往低处流，人往高处走"，青年人总是不安于自己的现状。我已经当了大学的助教了，已经超出了父亲的当小学教员的最高期望。大学校长在一次助教会议上说："助教不是职业，只是前进道路中的中转站……"当时确实没有白胡子助教，要么早已改行了。留学！这是助教们唯一的前程，夜深沉，我们助教宿舍里灯光不灭，这里是名副其实的留学生预备班。我的老师们大都是留法的，他们谈起过勤工俭学的留学生涯，也有因没有路费便到海轮上充当水手混出国的，自然这也便是我追踪的一条窄路了。没有钱，只要能出了国，便去做苦工，或过那半流浪式的生活，一切为了至高无上的艺术！但要混，首先要通法语，否则怎么混得下去呢？后来我才知道，不通法语混下去的"留学生"也还是有的，那就是靠了娘老子给的许多许多的钱。我于是下决心攻读法文。在艺术学校时奋力钻研艺术技巧，对法语学得很马虎。亡羊补牢，犹未为晚，我利用沙坪坝大学区的有利环境，到中央大学外文系旁听法文，同时兼听初、中及高级班法文，饿得慌啊！经人介绍认识了焦菊隐先生，跟他补习法文；又经人介绍认识了近郊天主堂里的法国神父，只要他约定了时间，无论是鹅毛大雪或是暴雨之夜，泥泞滑溜的羊肠小道，从未能迫我缺一次课。精力还有剩余，到重庆旧书店里搜寻到一批脏旧破烂的法文小说，又找来所有的中文译本，开始逐字逐句对照着读，第一本读的是《茶花女》，其后是《莫泊桑小说选》《包法利夫人》《可怜的人们》……书读了高高一堆了，每读一页，往往得花上半个小时以上的时间，手里一直捏着那本已被指印染得乌黑乌黑的字典。当时吃的糙米饭里满是沙子、稗子、碎石子，人称百宝饭，吃饭时边吃边捡，全神贯注，吃一碗饭要花许多工夫。我突然发觉，这与我读法文捡生字时是多么的相似！捡，捡，那一段捡生字和沙子的生活多值得怀念啊！

喜从天降，日本投降了。此后不久，教育部考选送欧美的公费留学生，其中居然有两个绘画名额，我要拼命夺取这一线生机。我的各门功课考得都较满意，唯有解剖学中有关下颌骨的一个小问题答得有些含糊，为此一直耿耿在怀，闷闷不乐。到沙坪坝街头去看要把戏解解愁吧，那卖艺人正摆开许多虎骨和猴头，看到那白惨惨的猴头下颌骨，真像箭矢直戳心脏似的令我痛心！直到几个月后，留学考试发榜，我确知被录取了的时候，这块可恶的下颌骨才慢慢在我心头松软下去。

我到了巴黎了，不是梦，是真的，真的到了巴黎了。头三天，我就将鲁佛尔博物馆、印象派博物馆和现代艺术馆饱看了一遍，我醉了！然而我那黄脸的矮小个儿，那一身土里土气的西装，受不到人们的尊敬。虽说明显地表示蔑视的事例不算太多，但触及自尊，谁不敏感呢！有一回我到意大利偏僻的小城西乙那去看文艺复兴早期的壁画，在街头，有一个妇女一见我便大惊失色地呼叫起来。她大概是乡下人，从未见过东方人，她的惊恐中没有蔑视和恶意，但通过她这面镜子，我还是有自知之明的。我用人家的语言同人家谈话，说得不如人家流畅，自己很感别扭，心情不舒畅。在国内，我曾以能讲点法语为荣，在巴黎，反因为什么不能用自己的语言同人谈话，感到低人一等！留学，留学，留在异邦，学人家的好东西，那些好东西自己没有，委屈些吧，忍气吞声也要学到手。我曾利用假期，两次到意大利参观博物馆，却一回也没有进过餐厅。面包夹香肠比重庆的百宝饭要高级多了，但找个躲着吃的地方却不太容易。

半年，一年，我首先从同学和老师处逐渐地得到真心实意的尊重和爱护。绘画这种世界语无法撒谎，作品中感情的真、假、深、浅是一目了然的，这不是比赛篮球，个儿高的未必是优胜者。那是在三年公费读完的时候，苏弗尔皮教授问我：要不要他签字替我申请延长公费？我说不必了，因我决定回国了。他有些意外，似乎也有些惋惜。他说："你是我班上最好的学生，最勤奋，进步很大，我讲的你都吸收了。但艺术是一种疯狂的感情事业，我无法教你……你确乎应回到自己的祖国去，从你们祖先的根基上去发展吧！"教授感到意外是必然的，我原计划还要住下去，永远住下去，如今改变初衷，突然决定回国，也出乎自己的意外。天翻地覆慨而慷，从异邦看祖国，别人说像是睡狮醒来了。不，不是睡狮之醒，是多病的母亲大动手术后，终于恢复健康了。我已尝够了孤儿的滋味，多么渴望有自己健康长寿的母亲啊！那时，解放区的两位女代表在巴黎一家咖啡店里，同我们部分留学生相见，张挂起即将解放的全国形势图，向我们讲解党对知识分子的政策，欢迎我们日后回国，参加新中国的建设。形势发展得很快，待到中华人民共和国成立时，我们在学生会里立即挂起了五星红旗。于是学生会与国民党的大使馆之间展开了激烈的斗争，国民党的大使曾以押送去台湾来威胁我们，但不久使馆里的好几位工作人员起义支援学生了。形势发展很快，在我们留学生的脑海中，也掀起了波涛，回不回国的问题像一块试金石，明里暗里测验着每个人对祖国的感情。回去？巴黎那么好的学习环境，不是全世界艺术家心目中的麦加吗，怎能轻易离开？何况我只当了三年学生，自己的才华还未展露，而且说句私房话，我这个黄脸矮个儿中国人，有信心要同西方的大师们来展开较量！不，艺术的较量不凭意气，脚不着地的安泰便失去了英雄的本色，我不是总感到幽灵似的空虚吗！回去，艺术的事业在祖国，何况新生的祖国在召唤，回去！我已经登上归国的海轮了，突然又后悔了，着急起来，急了一身汗，醒了原是一梦，啊，幸而我还睡在巴黎！过了几个月，还是决定要回去，终于登上海轮了，确实登上了海轮，绝不是梦了，那是一九五○年的夏天。

　　归航途中，游子心情是复杂的，也朦胧，我情不自禁地在速写本的空白处歪歪斜斜记下了一些当时的感受，且录一首：

　　　　我坐在船尾，
　　　　船尾上，只我一人。
　　　　波涛连着波涛，
　　　　一群群退向遥远。
　　　　那遥远，只是茫茫，没有我的希望。
　　　　猛记起，我正被带着前进！
　　　　落日追着船尾，
　　　　在海洋上划出一道斜晖，
　　　　那是来路的标志……

我并不总坐在船尾，而更多地憧憬着来日的艺术生涯。河网纵横的家乡，过河总离不开渡船，压弯了背的大伯，脸上有伤疤的大叔，粗手笨脚的大婶，白胡子老公公，多嘴的黄毛丫头……还有阿Q吧，他们往往一起碰到渡船里来了，构成了动人心魄的画面。我想表现，表现我那秀丽家乡的苦难乡亲们，我想表现小篷船里父亲的背影和摇橹的姑夫，我想表现……我想起了玄奘在白马寺译经的故事，我没有取到玄奘那么多经卷，但我取到的一些造型艺术的形式规律，也是要经过翻译的，否则人民的大多数不理会。这个翻译工作并不比玄奘的轻易，需要靠实践来证明什么是精华或糟粕，我下决心走自己的路，要画出中国人民喜爱的油画来，靠自己的脚印去踩出这样一条路。

　　到北京了，我这个生长于南方的中国公民还是第一次见到北京。在北京天安门的观礼台上，我看到第一个国庆节日浩浩荡荡的游行队伍。我这矮个儿拔高了，我的黄脸发红光了。我被分配到中央美术学院任教，我多么想将西方学来的东西倾筐似的倒个满地，让比我更年轻的同学们选取。起先，同学们是感兴趣的，多新鲜啊，他们确确实实愿意向我学习。过了一年多，文艺整风了，美术学院首先反对"形式主义"，说我是形式主义的堡垒，有人直截了当地提出，要我学了社会主义的艺术再来教课。社会主义的艺术到哪里去学？我不知道，大概是苏联吧！说来惭愧，当我给同学们看过大量彩色精印的世界古今名家专集后，他们问有没有列宾的，我不觉一怔，列宾是谁？我不知道。我曾以为自己几乎阅尽世界名作，哪有连名字都不知道的大画家呢！查法文的美术史，其中提到列宾的只寥寥几行，我的知识太浅薄了！有一天，在王府井外文书店见到一份法兰西文学报，头版头条大标题介绍列宾，这报刊我在巴黎时常看，感到很亲切，便立即买回家读。那是著名的进步诗人阿拉贡写的介绍，文章头一句便说："提起列宾，我们法国的画家恐怕很少人知道他是谁。"啊！是这么回事，我几乎要以此来原谅自己的孤陋寡闻了！我所介绍的波提切利、夏凡纳、塞尚、梵·高、高更……同学们一无所知，但他们也很想了解。然而有人说我是在宣扬资产阶级的形式主义，并说自然主义只是懒汉，而形式主义才是真正的恶棍，对恶棍不只是应打倒的问题，要彻底消灭。造型艺术中的形式问题，没有人认真研究。什么是形式主义，谁也不敢去惹。在那些"无产阶级立场坚定"的人的眼里，我这个从资本主义国家回来的"资产阶级知识分子"，满身是毒素，他们警惕地劝告同学们别中我的毒。我终于被调到清华大学建筑系，教教水彩之类偏于"纯技法"的绘画课程。后来又离开清华，到艺术学院任教，那已是提出"双百"方针的时候了。

我被调出美术学院，不只因教学观点是属于资产阶级的，还有创作实践中的别扭与苦恼。连环画、宣传画、年画……我搞不好，硬着头皮搞，心情并不舒畅。我努力想在油画中表现自己的想法，实现归国途中的憧憬，但有一个紧箍咒永远勒着我的脑袋——"丑化工农兵"。我看到有些被认为"美化了工农兵"的作品，却感到很丑。连美与丑都弄不清，甚至颠倒了。据说那是由于立场观点的不同，唯一的道路是改造思想。我真心诚意地下乡下厂，与工农群众同吃同住，吃尽苦中苦，争做人中人。劳动，批判，改造；再劳动，再批判，再改造，周而复始地锻炼，直到"文化大革命"。我想自己是改造不好的了，不能再表现我触摸过他们体温的乡亲们，无法歌颂屈原的子孙了！但我实在不能接受别人的"美"的程式，来描画工农兵。逼上梁山，这就是我改行只画风景画的初衷。

潘光旦先生在思想改造汇报中写过的几句话，我一直忘不了，因为写得真实："农民看到我用的手帕，以为是丝的（其实是布的），我很难过。他们辨出我抽的烟丝同他们抽的原来是一样的，我感到高兴。"我住在农民家，每当我作了画拿回屋里，首先是房东大娘大嫂们看，如果她们看了觉得莫名其妙，她们绝不会批判，只诚实又谦逊地说："咱没文化，懂不了。"但我深深感到很不是滋味！有时她们说，高粱画得真像，真好。她们赞扬了，但我心里还是很不舒服，因我知道这画画得很糟，我不能只以"像"来欺蒙这些老实人。当我有几回觉得画得不错的时候，她们的反应也强烈起来："这多美啊！"在这最简单的"像"与"美"的评价中，我体会到了农民们朴素的审美力，文盲不一定是美盲。而不少人并非文盲，倒确确实实是美盲，而且还自以为代表了工农兵的审美与爱好。今年我去了华山，在华山脚下，有些妇女在卖自己缝制的布老虎，那翘起的尾巴尖上，还结扎着花朵似的彩线，很美。我正评议那尾巴的处理手法，她解释了：不一定很像，是看花花么，不是看真老虎！

我并不以农民的审美标准作为唯一的标准，何况几亿农民也至少有千万种不同的审美趣味吧。我并没有忘记巴黎的同学和教授，我每作完画，立刻想到两个观众，一个是乡亲，另一个是巴黎的同行老友，我竭力要使他们都满意。有人说这不可能，只能一面倒，说白居易就是雅俗共赏的追求者，因之白诗未能达到艺术的高峰。但我还是不肯一面倒，努力在实践中探寻自己的路，不过似乎有所侧重，对作品要求群众点头，专家鼓掌。

"搜尽奇峰打草稿"。三十个寒暑春秋，我背着沉重的画具踏遍水乡、山村、丛林、雪峰，从东海之角到西藏的边城，从高昌古城到海鸥之岛，住过大车店、渔家院子、工棚、破庙……锻炼成一种生理上的特异功能。当我连续作画一天时，中间可以不吃不喝，很多朋友为我这种工作方式担心，有时中间勉强我吃一个馒头，结果反倒要闹消化不良的毛病。我备的干粮，总是在作完画回宿处时边走边啃，吃得很舒服，那才是西太后的窝窝头呢。饮食无时学走兽，我特别珍惜这可贵的生活能耐，这是我三十年江湖生涯中所依靠的"后勤部长"啊，如今齿危兮，发斑白，怕我这位忠心耿耿的"后勤部长"亦将退休了！"旅行写生"一词，本不含有什么恶意或贬义，只在"文化大革命"中被批判为"游山玩水"。但我一向很不喜欢称我的工作为"旅行写生"。我不是反对别人在游山玩水中同时写生，只是我自己从未体验过边旅行边写生的轻松愉快。一九五九年酷热的夏天，我利用暑假，自费到海南岛去，背着数十公斤的油画材料和工具，坐硬座车先到广州。火车晚点，抵广州时已是晚上十点来钟，站上排着好几条长长的队伍，我两肩背着、两手提着笨重的行李，一步一步挪动着排在队尾，弄不清队头的情况，只好全凭别人的指点。我不懂广东话，别人给我比划又比划，到底还是弄错了，排了半个多小时的队，才看出我原来是排在买西瓜的行列里。于是重新排入登记旅店的队，再排乘坐三轮的队，及至抵达遥远的一家小旅店时，店主人说没有空床。我说是登记处指定来住的，他说那是昨天的空床，此刻已是凌晨一点多了。从广州返回北京时，我的行李已变成大包的油画，画在三合板上，油色未干透，画与画之间留有空隙，千万不可重压，但行李架上已积压得满满的了。无可奈何，只好将画安置在自己的座位上。我从广州站到北京，站肿了腿，但油画平安无恙地到家了，我很满意。

"四人帮"倒台后，我的情况好起来，被邀请出去作画和讲学的机会多起来，坐飞机、坐软卧，而且当地总有不少美术工作者照顾着，陪同下去作画，有时还有摄影工作者跟着，拍摄我作画的镜头。我很不喜欢那些表现画家作画的镜头，绝大多数都是装腔作势，反使观众误解画家的工作。风和日丽的好天气，一群人前呼后拥地围着我一同到野外写生，摄影师忙开了，要我这样、那样地摆姿势，有时我正工作紧张，连蚊子咬在手臂上都抽不出手去拍打，可我却往往要为被摄影而变换位置。

一九七九年的冬末，我在大巴山中写生，冒着微雨爬上高山之巅，去画那俯视下的一片片明镜似的水田。正因微雨，烟雾蒙蒙的蜀中山色分外迷人。山高路滑，天寒手冻，居然还有一位青年女画家罗同志坚持着跟我上山。我们在公路边选定角度，路边的小树尚未发芽，便将伞扎在它瘦瘦的躯干根部，勉强遮着点画面和调色板，人蹲着画，张开着双臂的背又从另一面保护了画面。细雨不停，我们的背湿透了，手指逐渐僵硬起来。这都不算什么，最怕那无情的大卡车不时在背后隆隆驶过，激起泥浆飞溅。快！我们像飞机轰炸下掩护婴儿的妈妈，急忙伏护画面，自己的背上却被泥浆一再地挥写、渲染，成了抽象绘画。真可惜，这时却没有跟踪的摄影师！

我之不喜欢"旅行写生"这名词，不仅是由于它会令人误以为写生是轻松的旅行，更由于它是对写生实质的一种误解，"旅行写生"不意味着只是图画的游记吗？最近有人问我对文人画有何看法。我说文人画有两个特点，一是将绘画隶属于文学，重视了绘画的意境，是其功；但又往往以文学的意境替代了绘画自身的意境，是其过。另一特点是所谓笔墨的追求，其实是进入了抽象的形式美的探索，窥见了形式美的独立性。由于传统的民族心理习惯的熏陶，我爱绘画的意境；由于对西方现代艺术的爱好，我重视形象及形式本身的感染力。鱼和熊掌都要，我不满足于印象派式地局限于一定视觉范围内的写生；我也不满足于传统山水画中追求可游可居的文学意境。我曾长期采用在一幅画中根据构思到几个不同地点写生的方式组织画面，我谓之边选矿，边炼钢。目的是想凭生动的形象来揭示意境。多数群众从意境着眼，他们先听歌词。而对美术有较深修养的专家则重视形式，分析曲谱。作者呕心沥血，在专家与群众之间沟通，三十年过去了，三十年功过任人评说。

我本来年年背着画箱走江湖，而"文革"期间，在部队劳动的那几年中，每天只能往返于稻田与村子间，谈不上"旅行写生"了。但背朝青天、面向黄土的生活，却使我重温了童年的乡土之情。我先认为北方农村是单调不入画的，其实并非如此，土墙泥顶不仅是温暖的，而且造型简朴，色调和谐，当家家小院开满了石榴花的季节，燕子飞来，又何尝不是桃花源呢！金黄间翠绿的南瓜，黑的猪和白的羊，花衣裳的姑娘，这种纯朴浑厚的色调，在欧洲画廊名家作品里是找不到的。每天在宁静的田间来回走好几趟，留意到小草在偷偷地发芽，下午比上午又绿得多了，并不宁静啊，似乎它们也在紧张地奔跑哩。转瞬间，路边不起眼的野菊，开满了淡紫色的花朵，任人践踏。我失去了作画的自由，想起留在巴黎的同行，听说都是举世闻名的画家了，他们也正在自己的艺术田园里勤奋耕作吧，不知种出了怎样的硕果，会令我羡慕、妒忌、痛哭吧！没有画笔，我在脑子里默写起风景诗来：

村外，水渠纵横，
路边，苇塘成片……

我的诗情画意突然被一件意外的事情击个粉碎。由于我的痔疮严重起来，走路困难，让我留在村子里副业组养鸡鸭。感谢领导的照顾，我工作中格外兢兢业业。但偏偏有一只黄毛乳鸭突然死了，有人说我心怀不满，打死鸭子是阶级报复，于是解剖小鸭，说内脏无病，只头骨有青色，证明是打死的。指导员根据"无产阶级立场坚定者"的汇报，要我向群众检查打死鸭子的思想根源。天哪，我怎能打鸭子呢？但像我这样资产阶级立场的人，讲话只能算是顽抗，指导员要发动全连批判我。夜晚，我这一向不哭泣的人落泪了。睡在同一炕上的同学劝慰我，我说这简直是《十五贯》。第二天，这位同学用不平的口吻在群众中评议此事，并又重复了我引的《十五贯》比喻。指导员又把我叫到连部，我以为他可能发现了自己的武断与粗暴，要同我谈谈思想了吧！然而他更加愤怒了，声色俱厉地责问我说过了什么，我愕然了。他盛怒之下卷了卷衣袖："老子上了《水浒传》了！"我更摸不着头脑，他看我确实尚未开窍，补充道：《十五贯》不是《水浒传》吗？你以为只你聪明，我没有看过吗？"他终于没有能发动起全连对我的批判会，因绝大部分党员和群众都主张先调查研究。

在部队劳动锻炼的末期，有一些星期日允许我们搞点业务，可以画画了。托人捎来了颜料和画笔，但缺画布。在村子里的小商店，我买到了农村地头用的轻便小黑板，是硬纸压成的，很轻，在上面刷一层胶，就替代了画布。老乡家的粪筐，那高高的背把正好作画架，筐里盛颜料什物，背着到地里写生，倒也方便）。同学们笑我是粪筐画家，但仿效的人多起来，形成了"粪筐画派"。星期日一天作画，全靠前六天的构思。六天之中，全靠晚饭后那半个多小时的自由活动。我在天天看惯了的、极其平凡的村前村后去寻找新颖的素材。冬瓜开花了，结了毛茸茸的小冬瓜。我每天傍晚蹲在这藤线交错、瓜叶缠绵的海洋中，摸索形式美的规律和生命的脉络。老乡见我天天在瓜地里寻，以为我大概是丢了手表之类的贵重东西，便说："老吴，你丢了什么？我们帮你找吧！"

一九七二年前后，我回到北京，打开锁了多年的凶宅似的宿舍，老伴和插队的孩子们陆续返回。我在自己的家里作起画来，不必再提心吊胆。我又开始走江湖，拥抱大好河山，新作品又一批批诞生了。然而好景不长，"黑画"风波又起，我将自己的画分成许多包，分散地藏到与美术界无关系的亲友家去。心想，也许等我火葬后，它们将成为出土文物吧！

真正能心情舒畅地作画，那是在"四人帮"被粉碎以后了。家里画不开大幅油画，画了也无法存放，我便同时用宣纸作起大幅水墨画来，画后便于卷折存放。在油画中探索民族化，在水墨中寻求现代化，我感到是一件事物之两面，相辅相成，艺术本质是一致的。一九七九年，我个人画展在中国美术馆举行，展出的油画和水墨画便是我探索的杂交品种。我不否认是艺术中的混血儿。有人爱纯种，说油画要姓油，国画要姓国，他们的理由与爱好，谁也干预不得，但在东、西方艺术之间造桥的人却愈来愈多，桥的结构日益坚固，样式也日益新颖，我歌颂造桥派！

刘姥姥进大观园，长期与外界隔膜，突然回到三十年前的学习旧地巴黎，在现代艺术的光怪陆离中，有时感到有些眼花缭乱，有时又不无一枕黄粱之叹！看了非洲的、美洲的、日本的、南斯拉夫的与菲律宾等等的现代艺术，感到欧美现代艺术确是世界化了，面目在雷同起来，颇多似曾相识之感，尽管是五花八门，日新月异，然而真正动人心弦的作品并不太多。艺术的发展不同于科学的飞跃，它像树木，只能在土壤中汲取营养，一天天成长，标新立异不是艺术，揠苗助长无异自取灭亡，但那种独创精神和毫无框框的思路，对我们则是极好的借鉴。在巴黎已成名家的华裔老同学们的作品中，我感到一种与众不同的亲切，听到了乡音，虽然他们的作品是抽象的，但像故国的乐曲，同样是熟悉的。也由于这东方故国之音吧，他们在西方世界赢得了成功！欧美现代艺术的世界化与民族艺术的现代化之间是怎样一种关系呢？其间有一见钟情的相爱，又有脾气不同的别扭。我珍视自己在粪筐里画在黑板上的作品，那种气质、气氛，是巴黎市中大师们所没有的，它只能诞生于中国人民的喜怒哀乐之中。遗憾的是，世界人民看不到或太少见到我们的作品。三十年前的情景又显现了，又记起了回国不回国的内心尖锐矛盾，恍如昨日，不，还是今日。回国后三十年的甜酸苦辣，我亲身实践了；如留在巴黎呢？不知道！秉明不已做出了估计吗："大概也走在无极、德群他们的道路上，排在他们的行列里。"无极和秉明去年都曾回国，都到过我那破烂阴暗的两间住室里。为了找厕所，还着实使我为难过。我今天看到他们优裕的工作条件，自卑吗？不，我虽长期没有画室，画并没有少画。倒是他们应羡慕我们：朝朝暮暮，立足于自己的土地上，拥抱着母亲，时刻感受到她的体温与脉搏！我不自觉地微微摇头回答秉明的提问时，仿佛感到了三十年的长梦初醒。不，是六十年！

（原载《人民文学》，一九八二年第十期）

学算四十年

陈省身

几何学家

现代微分几何之父

沃尔夫数学奖获得者

　　在国外一住十几年，每天与同行切磋乐而不疲，不觉象牙之塔的寂寥与讽刺。这次回国，得与戚友家人小聚，引起了半生的回忆，真如一梦。一生有幸，得与许多当代中外数学大师，有或深或浅的交谊。在数学渐受社会重视的今日，有些史实，或许是大家所乐闻的。

　　我于一九一一年十月二十八日生在浙江嘉兴。幼时因为祖母钟爱，一直不上学。家中有时请先生来教，但并不是长期的。我最初期的国文，是一位未出嫁的姑母教的。我父亲游宦在外。记得有一次他回家过年，教了我阿拉伯字母及四则算法。家里有一部《笔算数学》上中下三册，他走后我自己做里边的题目。题目很多，我想除了一些最难的，我大多会做。我以为这种题目别的小孩一定也都会的，根本没有告诉人。

　　等到一九一九年秋天，祖母觉得我实在不该不上学了，就把我送到县立小学，大约是插入小学四年级。三、四年级在同一教室，共有约三十个学生。第一天家里送午饭在教室吃，同学都走光了，我独自吃饭，觉得很凄凉。等到四点钟下班前，不知道为了什么，教员拿了戒尺，下来把每一学生打一下到四下不等，只有我未被打，大约我这天实在老实，没有被打的理由。

　　这样一来，我不肯再去学校了。在家又玩了一年。次年（一九二〇年）

去投考教会办的秀州中学高级小学一年级。那时我的国文程度是中等，但是做过笔算数学的习题的人，应付数学考试，自觉裕如，所以就考入了秀州。

一九二二年秋天，我父亲在天津法院任事，决定把全家搬到天津。我们在天津的河北区，附近有交通部办的"扶轮中学"。冬天就插班入扶轮中学一年级。现在在中央党部任职的詹纯鉴兄，和我在扶轮同班。我们在一九二六年中学毕业。直到今年（一九六四年）才再见。

我在扶轮的一级，是所谓的"旧制"四年毕业。毕业前一年，我父亲的朋友钱宝琮（琢如）先生来南开大学任教授。钱先生专治中国算学史，在这方面是很有创见的。他一人住南开，有时来我家，就谈到我的升学问题，进南开就成为可能性之一。

扶轮的同学大部分为铁路员工子弟，大多是预备毕业后谋铁路工作的。因此升学的对象不外是南洋大学、唐山和北京交大。因为同学的影响，我的第一志愿是唐山大学。

但是当时有两件事情，影响我升学的选择。第一是当时华北的政治军事局面不安定，连北京到沈阳的铁路干线都时断时通，投考须遇交通困难。第二是我祖母在那年（一九二六年）夏天去世，家中正办丧事。

结果我留在天津，投考了南开和北洋大学。因为只上过四年中学，北洋只准我考预科，南开却许我考本科，等于跳了两班。这自然对我后来之进南开，有很大的关系。

考南开怕是躁进，因为我的准备不足。数学的主要科目是解析几何，我根本没有学过。我在扶轮所学的物理化学也不够。家中正遭祖母丧事，乱得不堪，但是竟考取了。事后钱琢如先生告诉我说我的数学考卷是第二名。每逢考试我的数学是王牌，它总是把我的平均分数拉上去的。

南开理学院分数学、物理、化学、生物四系，分由姜立夫、饶树人、邱宗岳、李继侗四位先生主持。那些系差不多都是"一人系"，除他们四位外教授很少。父亲同我都不知道有些什么东西可读，也不知道毕业后有什么事好做。不过觉得物理似较切实，所以入学时倾向于物理系。

因为实际上跳了两班，初进大学时是有些困难的。我选了一门定性分析，是邱宗岳先生教的，助教是赵克捷先生，外号赵老虎，以严厉著名。我第一次上化学实验，被指定一个柜子，内有些化学仪器。同时接到一个单子，上有这些仪器的英文名字。我们第一件事是对照所得仪器是否完全。我的实验经验，差不多是没有的，根本不知道单子上名词与柜中仪器的对应关系。当天指定的工作是吹玻璃管，我自然弄不好。幸亏化学系有一位职员在试验室，在将结束实验前代我吹成了一些。我拿着玻璃管觉得还很热，就用冷水一冲，于是前功尽弃。

回来想了几天，觉得无论如何化学是读不下去了。结果退选化学，改选一门初等力学。当时南开第二年才分系，不过我因为不愿读化学，所以在理学院只剩数学系可进。

那年姜立夫先生请假去厦门大学，数学系只有钱先生一人。我的微积分、力学都是钱先生教的。饶先生学贯中西，但是物理学牵涉太多，我读不好。惟每跟数学有关，我就没有困难。因此对于物理的基本概念，虽然没有读懂，及格是没有问题的。

一年级的生活，在我是很舒服的。微积分、力学两课，只要做些习题。国、英文则读不读对于成绩不发生太多影响。物理只有一堂实验，费些功夫，对于它的内容，无意求深切了解，我做实验，只作几个基本度量，余时只凑答数，所以结束得很快，但借此倒可了解一些课程的内容。

在台北时有一位记者先生问我如何决定读数学的。我说中英文都不好，又不会做实验，就只好读数学了。这个答案实相当近真。现在想来，我的读书路线，实在是早就确定的。比之多才多艺的人，我的选择问题，较简单，一生受此益处不浅。

那一年的时间，用于看小说杂书者不少；也时常替人作文。我的中英文虽然都不好，但还有不如我的人。我动笔很快，一写两三篇，把好的一篇留给自己，其他的送人。但有时人家反比我得更好的分数。一年级时我的朋友大都是成绩不顶好的，我时常替他们做种种的作业，以消磨时间。

一九二七年，我的读书生活与态度有很大的改变。那年姜立夫先生回南开。姜先生在人格上、道德上是近代的一个圣人（记得胡适之先生在《独立评论》的一篇文章上也曾如此说过）。他态度严正，循循善诱，使人感觉读数学有无限的兴趣前途。南开数学系在他主持下图书渐丰，我也渐渐自己能找书看。

另一个至少受同样影响的人，是同级级友吴大任（大猷的堂弟）。大任是绝顶聪敏的人。他在南开中学毕业，得四年奖学金免考升入大学，他什么功课都好。第一年由南开中学升大学的人，常互相聚在一起，我同他们较少接触机会。但从二年级起直到毕业，我同大任几乎形影不离。大猷比我们高一班，人比我们成熟，所以虽然同班上一些课，而也很相熟，但在一起的机会，没有这样多。

一九二七年左右的中国数学界是很贫弱的。那时北方北京大学有冯祖荀（汉叔）先生，南方则东南大学有留法前辈何鲁、段调元、熊庆来各位先生。中国人以数学为主科在国外得博士学位的只有胡明复、姜立夫二先生（均在哈佛）。明复先生对组织中国科学社及编印《科学》杂志功劳甚大。可惜他回国不久，就去世了，对于发展中国数学，不能有更大的贡献。他的论文和俞大维先生关于数理逻辑的论文，似是中国人在国外主要数学杂志上最早发表的文章。

南开的数学系那时以脚踏实地见长。姜先生教书是极认真的，每课必留习题，每题必经评阅。在我进南开前，他所训练的学生刘晋年、江泽涵那时都在哈佛读书，申又枨则留校任教员。可说新的一代渐渐崛起。

在那段时期，吴大任同我是数学系最好的学生。姜先生很高兴，开了许多在当时认为高深的课，如线性代数、微分几何、非欧几何等等。我的基本数学训练都是姜先生口授的。我性喜浏览，等到一九三〇年毕业时还读过若干杂志上的论文。段茂澜先生教我德文和法文，都达到了能读数学书的程度。

这几年清华因改为大学而突飞猛进。一九三〇年我在南开毕业那年，清华决定办研究院。我看清楚要深造必须出国留学，但家里不能供给我，所以必须要找公费。清华偶然招公费生，但并不每年举行，名额中也不一定有数学。清华研究院规定，毕业后成绩优秀者可派送留学。所以大任与我经多次商讨后都去投考清华。

我去清华的另一个目的，是想跟孙光远先生做点研究，孙先生南京高等师范毕业，芝加哥大学博士，专攻"投影微分几何学"。他是当时中国数学家中惟一在国外发表论文的，也是第一个中国数学家，在博士论文后继续写研究论文的。在他的指导下，我在一九三二年清华理科报告发表第一篇研究论文。以后又继续写了两篇这方面的论文，都发表在日本东北数学杂志。

大任同我都考取了清华研究院。但他因家庭关系，改就广州中山大学助教。清华数学系因为只有我一个研究生，决定延办研究院，改聘我为助教，所以我到一九三一年才做研究生。因为是第一年考取的，我的学号是零零二，有时成为朋友们的谈话资料，其实学号是照姓名英文拼法的字母排的，并无其他含义。

清华渐成国内最高学府之一，尤以理学院为然。数学系教授有熊庆来、孙光远、杨武之及我后来的岳父郑桐荪先生，教员有周鸿经、唐培经先生。学生很多优秀者，如庄圻泰、许宝騄、柯召、徐贤修诸位。

孙光远先生率直天真，相处甚欢。我用许多时间读投影微分几何的论文，可惜那只是数学的一旁支。投微的研究当时已到结束阶段，我渐觉它的肤浅。但是后来在这方面又写了几篇论文，都是难题目做不出时用来调剂心情的结果。那时国内的数学界渐渐注重研究，但实在还没有人了解研究的主流所在。

那时清华数学系最引人注意的人物，当数华罗庚。罗庚江苏金坛人，和培经同乡。

罗庚初中毕业后辍学在家，就自修数学，因为同乡关系，他同培经通信，质询数学问题。有一期《学艺》杂志上一位先生"证明"五次方程式可解，编者竟登载了。罗庚能把错误找出，因此数学系决定聘他为图书管理员。他一九三一年来清华，办公桌放在系主任熊先生办公室外面，不久就成了系里的中心人物。罗庚是一个十分活跃的人，凡数学讨论，系内人事，他无不参与。他是确有数学天才的，每天工作十几小时，所以短期内便有文章在国外杂志发表。他在数论、代数、多元复变函数论，都有重要的贡献。

一九三二年胡坤升（旭之）先生来任专任讲师。胡先生专长变分学，他在芝加哥大学的博士论文是一篇难得的好论文。旭之先生沉默寡言，学问渊博，而名誉不及他的成就。他不久改任中央大学教授，近闻已作古人，深念这个不求闻达的纯粹学者。

这个时期，有些国外学者来华访问，数学家有哈佛的George Birkhoff及布拉施克（Wilhelm Blaschke）先生。布氏是德国汉堡大学教授，有名的几何学家。他做了一组演讲，题目是"微分几何的拓扑问题"。演讲的内容深入浅出，让我大开眼界，使我深切考虑到去汉堡读书。

在清华四年（一九三〇~一一九三四年），读书不太紧张，但亦未太荒废时间。自然多读了些书，也学会了写投影微分几何的文章。那段时期确定了微分几何为自己研究的方向。微分几何的出发点是微积分在几何学上的应用，有三百多年的历史。自从爱因斯坦的普通相对论以后，大家想从几何里找物理的模型，不少几何学家在那里工作，可惜至今成就不大。

微分几何的正确方向是所谓"大型微分几何"，即研究微分流形上的几何性质。它与拓扑学有密切关系，其系统研究，那时刚才开始。这是在清华时始终憧憬着的方向，但未曾入门。那时候的心情，是远望着一座美丽的高山，还不知如何可以攀登。

一九三〇年以后，国内数学界有长足的进步。许多在国外留学而有成就的学生回国了。北大有江泽涵、申又枨先生，浙大有陈建功、苏步青先生，其他如中央、中山、武汉等数学系标准都提高了。尤其浙大在陈、苏二先生主持下，学生甚多，工作极勤。可惜他们采取的态度，可名为"学徒制"，学生继续做先生的问题，少有青出于蓝的机会。要使科学发展，必须要给工作者以自由，这是值得深思的。

一九三四年夏我毕业于清华研究院，得到两年公费的机会。清华公费普通是留美，但我得到准许，留德去汉堡大学。汉大是第一次战后才成立的，但数学系已很有名。那年希特勒获得政权，驱逐犹太教授，德国的老大学如哥丁根、柏林等都闹学潮。汉堡数学系幸而比较局面安静而工作活跃，不失为数学家理想的去处。

汉大数学教授除布拉施克（Blaschke）外，尚有阿廷（Artin）、Hecke二人，其中尤以阿廷氏最为特出。他是近代抽象代数开创者之一。但他的兴趣及于整个数学。他的演讲与论文，都是组织严密，曲折不穷。难懂的理论，经他整理，都变成自然。他二十多岁即任正教授，为人随和，看起来像学生。

我九月到汉堡，学校十一月才开学，十月初布先生度假归来，给我他所新写的几篇论文。我不到开学，就找出他一篇论文里一个漏洞。他很高兴，叫我想法补正，我也居然做到了，结果写成在汉堡的第一篇论文。德国大学制度，博士学位的主要条件是论文，指导的教授差不多可以完全决定学位的授予。我总算初见就给布先生一个好的印象。

汉堡立刻成了中国学数学者的圣地。姜立夫先生那年恰好休假，来了汉堡。其他有曾炯之、程毓淮、周炜良等。曾、程二兄已在哥丁根得了博士。炯之是女数学家Emmy Noether的学生。他的论文是有名的"曾氏定理"，在代数几何中是一个有基本性的贡献。炯之为人直爽诚恳，没有人不喜欢他，不幸在抗战时死于四川西昌。Noether先生是抽象代数领导人之一，大家公认为女性中最伟大的数学家，放在男性数学家中也绝对是第一流的。

一九三五年来汉堡的有吴大任。他考取第一届留英公费，从伦敦大学转来汉堡。张禾瑞、袁炳南、金再鑫等也陆续而来。大任的夫人陈鸐亦习数学。布先生时常旅行，数学上同我接触最多的是凯勒（E.kahler）博士。凯勒先生那时刚完成他的一篇论文，后来称为"凯勒空间"的即此论文之发现。他是布先生的助教，他学问渊博，态度谦和，工作上正在突进的时期。他写了一本小书《微分方程组论》，发挥法国大数学家嘉当（Elie Carton）的理论。书中的基本定理，后来称为嘉当—凯勒定理，凯勒先生领导一讨论班，共读他的书。但是这理论太复杂了，凯先生又不善于讲书，结果如一般讨论班的命运，参加者愈来愈少。我则"抗战到底"，所以也许是最受益处的人。

从此讨论班我逐渐认识嘉当的伟大数学天才。嘉当先生的论文以难读出名。我渐渐习惯于他的想法，觉得实在是最自然的。我的博士论文是嘉当方法在微分几何上的应用，是一篇脚踏实地的工作论文，但无惊人之处。我的论文一九三五年秋天就完成了，因为等布先生返德，一九三六年初才正式得学位。

周炜良先生因为后来的周太太是汉堡人，所以虽在莱比锡注册，几乎常常住在汉堡。他一九三六年夏天得博士。他的论文的内容，后来在代数几何中称为"周氏坐标"，是一个重要的成绩。

从现在的标准讲，汉堡是一个规模不大的中心。但它有第一流的领导者，因之有优秀的学生。两年在汉堡的留学生活，就我讲是很愉快的。

一九三六年夏我的公费期满，就接到清华与北大的聘约。我却决定去巴黎随嘉当先生工作一年。那年得到中华文化基金会的补助。这于我在数学研究发展上确是有决定性的一年。嘉当先生不但是一个伟大的数学家，他为人和蔼随便，也是最好的教员。他是巴黎大学的几何学教授，学生众多，在他办公时间，候见的要排队。幸亏过了两个月，他允许我到家里去看他，我每两星期去他家里一次，回来的第二天往往接到他的长信，继续表示前一天所讨论的问题的意见。在巴黎十个月，工作异常紧张。所得益处，不限于那时的文章所能表现者。

一九三七年夏离法经美返国，去清华任教授。不幸未离巴黎，卢沟桥事变已爆发。行程虽未改变，心情不免沉重。归国后经香港、长沙，而至昆明，在西南联大六年，抗战生活，不在本文叙述范围之内。所可说者，我身边带了一批嘉当及其他数学家的论文复印本，所以虽在搬迁，工作不全辍废。而学校在战时不正常，反给我更多的时间，可以从事工作，研究论文仍旧继续发表。我当时在国内跻列群贤中，被看作数得上的数学家，即在国际，亦渐为若干人所知。但对于工作成就，衷心深感不满，不愿从此默默下去。

我一九四三年由昆明去普林斯顿是一生的大决定。那时大战方酣，中美交通困难。一个可能的路线是从昆明飞印度，再坐船经好望角泛大西洋赴美。想到德国潜水艇的活跃，这条路线自然有相当危险。但我决心赴美，不顾一切困难。Veblen先生欣赏我的工作，给我弄到经济援助。结果我于七月中坐军用机，用了七天功夫，经印度、非洲、南美洲，至迈阿密。

到普林斯顿后立刻做了一个确是极重要的工作，就是所谓Gauss-Bonnet公式的新证明。两年功夫发表了几篇在微分几何学方面精心独诣的文章。所谓"陈氏特征类"（Chern characteristic class）等都是那时候做的。当代最伟大的几何学家霍普夫（Heinz Hopf）先生，评论我的一篇论文时说"微分几何进入一新时代了"。

战后于一九四六年春返国，奉命组织中央研究院的数学研究所。数学所名义上由姜立夫先生任所长。但姜先生只在南京几个月。从一九四六至一九四八年，一切计划，都是由我主持的。我的政策是"训练新人"。我收罗大批新毕业的大学生，每周上十二小时的课，引他们入近代数学之堂奥。所中研究员有胡世桢、王宪钟、李华宗等先生，助理员甚多，后来有特殊成就的，有吴文俊、杨忠道、陈国才、廖山涛、张素诚等。我很高兴，现在的数学所，仍旧继续着这个提携新进的政策。

在结束本文之前，不觉有两点感想。第一，平生中外师友，有不少比我能力高的，结果成就或不如我。我致力于吾国两句平常成语自励，即"日新日日新"的精神和登峰造极的追求。问题选重要的做，虽大多无成，失败远多于成功，而所得已稍足自慰。杨武之先生赠诗谓"独步遥登百丈楼"，誉不敢承。然论为学态度，则知己深谛我心也。

第二，香港中文大学有一位英国先生跟我说，你们中国还没有自己训练成的第一流科学家。李济之先生也说过，科学在中国没有生根，我都有同感。其实中国训练成的第二、三流科学家有几人？日本汤川教授在做成meson的工作以前，没有离开过日本。相形之下，当知努力所在了。

（原载《传记文学》第五卷第五期，一九六四年）

伍.

秋水文章大自在——我的治学经验

周作人

吴晗

萧乾

华罗庚

毛彦文

谈研究历史

历史学家　吴晗

一、我怎样对历史发生了兴趣

从我自己学历史谈起。我是自学的，过去自学，现在自学，没有跟过任何老师。这话说来不大合理，我上过小学、中学、大学，为什么还要说没跟过老师？

我怎么喜欢起历史的？小时候，先在家里念古文，读《论语》《孟子》《左传》。那时，学古文很严格，每天都要背书。记得读《左传》共有十四厚本，念一本，背一本；念两本，背两本；念十四本，背完了十四本。这条很重要，通过对古文的精读、熟读，打下了古文基础，基本掌握了古代文法，语法用词，打开了阅读古书的道路。尽管隔了四十多年，书的内容记不得了，但是古文的基本规律还是掌握了。如对故人，很熟悉。学历史，这是基本一条：要掌握古代文字。

我怎么对历史发生了兴趣？我九岁那年，伯父故去了。他的儿子来送葬，带了一套石印本的绣像《三国演义》，走时扔下了。我拿来看，不知讲什么事，又对着绣像读。那时我不过就认识一两千字，碰到书中不认识的字就跳过去，就这样，把《三国演义》基本上念完了。读完《三国演义》，对历史发生了兴趣。记得当时商务印书馆出了少年儿童丛书，有岳飞、诸葛亮、班固、唐玄奘等人的传记，是用文言写的。我看了十几本书，更进一步发生了兴趣。

后来进了小学，就打下了爱好历史的基础。我进旧制中学后，对一般功课兴趣不大，成绩中常。在读中学这段时间里，我读了前四史——《史记》《三国志》《汉书》《后汉书》。商务印书馆出版的宋人笔记，我差不多都买了。这样，对各个时期的历史，有了初步认识。

旧制中学四年读完，不能直接上大学。以后到杭州之江大学念了一年，又到上海中国公学念了一年。这时（一九二九年）我写了一篇文章《西汉的经济状况》，卖给大东书局，得到八十元稿费。拿到这笔钱后，我就于一九三〇年跑到北京来考大学。最初考燕京大学，因英文不行没考上。第二年，又去考北京大学，论文史成绩在考生中数我最好，但数学我却考了零分。后来清华大学破例收我作插班生，我进了史学系二年级。

在刚到北京等待考大学的一年里，我住在沙滩公寓，每月八元钱，住宿吃饭都解决了。那时我天天进北京图书馆念书，就在北海琼岛上。从那时开始，我对图书馆的情况很熟悉，有哪些藏书都知道。念着、念着，钱用完了。有人把我介绍到燕大图书馆作馆员。半年的时间里，看了大批的书，翻了一两千本线装书。就在这时考上了清华。经济上又发生了困难。有人介绍我在历史系当工读生，整理档案，每天工作两小时。清华史学系当时买了许多旧档案，一毛钱一斤，买了一大堆。我把档案整理出来，每月得二十元钱，吃饭仅需六七元钱，生活不成问题。我又帮助弟弟读中学。此期，我还写过《金瓶梅的社会背景》一文，发表在郑振铎主编的《文学季刊》上。有许多人对这个题目就不赞成。后来妹妹也要上学，我就用稿费来支持她。我的大学生活，一是念书，一是工作，一是写文章。

清华大学原来是留美预备学校，买办性很强，一九三六年才改成大学的。当时史学系系主任是蒋廷黻，一个十足的洋奴，他上课用洋文，连对老婆讲话也用洋文，中文不通，不能写。他的文章都是由胡适改了发表，因为不通。其他还有几个留美的老师。他们外国历史知识有一些，但中国历史知识很少。在这种情况下，老师讲的不合我的需要，我需要的他们不教。我跟陈寅恪先生还学了三年，听他讲隋唐史。他研究得很细，如唐代李姓考，也没学到什么。后来，我怎么对明史有兴趣了呢？

二、研究明史的三部曲

1.胡惟庸党案考

一九三二年前后，我在读明史时，发现史书记载：洪武十三年，即一三八〇年，明初宰相胡惟庸造反，被明太祖朱元璋杀了，此案牵扯到一万二千余人。从此取消了丞相，把政治制度都改了。在中国过去的历史上，一向都设宰相。此后，相权都由皇帝亲自掌管。胡惟庸的罪状有两条：一是勾结蒙古，一是勾结日本。说日本有个叫如谣的和尚，到中国进贡时带了几百个人来，又带了许多武器，放到大蜡烛里，和胡惟庸里应外合谋反。刀枪怎么能从日本带来，又何必放在蜡烛里？这里显然有漏洞，不那么简单。秦汉以来沿袭的宰相制取消，改为公部，在中国政治史上是个很大的变化，罪状竟然是这些？

这里面胡惟庸跟日本的关系讲不通，说不过去。当时，明太祖在南京拥有几十万军队，日本来了几百个人怎么能起谋反的作用，另外，武器又怎么能放在蜡烛里？这里肯定有问题，我觉得值得研究。结果证明根本没这件事，加给胡惟庸的罪名都是莫须有的。根本原因在于统治阶级内部的矛盾，谁是统治广大人民的核心？历史上经常发生这个问题：胡管了事，皇帝管不管，皇帝管什么？经常发生冲突，这是历史上没有解决的问题。胡惟庸之前，相虽有各种名义，但大体上国家一般事多由相管，然后报告皇帝。相权职责很重，往往有自己办事没告诉皇帝的时候，这就发生了矛盾。胡惟庸管了很多，朱元璋也很有能力，朱元璋就把胡惟庸杀了。从他以后废除了丞相，原来的六部：礼、吏、户、刑、工、兵，过去在中书省下处理行政事务，胡惟庸死后，六部地位提高，由朱元璋直接管。明清两代都是如此，改变了一两千年来的情况。可是，没有相，皇帝能管得了那么多事？所以，他不能不找秘书，采取了内阁制度，选了些文官到内廷帮助皇帝做事。像内阁大学士，后来又加了什么殿。他们无相之名，而有相之实。清初还是奉行这个制度。到雍正年间，成立了军机处，军机大臣又代替了大学士。但他们都不是宰相。

研究结果，我写了《胡惟庸党案考》，发表在一九三四年六月北平燕京大学出版的第十五期《燕京学报》上。

2.建州史的研究

研究完胡惟庸党案，我又对明清之际的历史发生了兴趣。清朝满族是女真族的后代。历史上女真曾建立过金朝。元灭金后，女真部落分散，到明初，东北女真族分称建州、海西、野人几个女真部落，直到努尔哈赤才把女真族统一起来。努尔哈赤曾被明朝封为龙虎将军。他曾要人把《三国演义》译成满文，让族人学习。当时明朝袁崇焕守宁远，抵抗女真入侵，把北京守得很好。女真后来从古北口抄来包围北京。这时，女真学了三国中蒋干偷书的法子。他们俘虏了明朝的两个小太监，有意讨论明朝事让他们偷听，说"就是袁崇焕叫我们来攻北京的"。小太监逃跑回去后报告了崇祯帝。崇祯听信谗言把袁崇焕杀了。明人还真以为袁卖国，岂不知中了满人的诡计：这是满人自己在《东华录》里说的。

建州女真在今吉林长白山一带。建州生产比较落后，只会畜牧，不会农耕，他们也不会生产铁器，所用生产资料，要用貂皮、人参换回，又通过掳掠汉族人的方式替他耕地。后来女真族学会了制作铁器，在生产力提高的基础上，军事力量增强，与明朝发生冲突，最后取代明朝，建立了清朝。

清军进关取得天下后从顺治皇帝开始即修明史，一直修了一百年，到乾隆时代才修好。这里有几个问题：为什么明史修了那么多年？在明朝历史上，清代满族的祖先要不要写？如何写？清初，满族人数很少，不过百八十万人，要统治汉族这样的一个国家，清帝不能不考虑满汉关系问题。他忌讳说祖先是明朝的部下，因为这是反叛，所以，他说他没臣属过明朝，和明朝的关系是平等的。在这个方针指导下，他把清朝祖先完全取消，一个字也没写，隐瞒了。以此表明他和汉族是对等的，不是君臣关系。这样，你在明史中就找不到关于满族祖先女真的记载。不单如此，乾隆修《四库全书》，还有别的意义。从政治上讲，清朝皇帝怕汉族有反满思想，笼络集中了许多汉族知识分子来编书；其次，通过编书，毁掉反清的著作（《四库全书总目》中，就有禁毁书目，其中有错毁、全毁、抽毁等书目），进行政治上的清理工作。再进一步，他还把历史上凡是骂女真的话也改篡了，如宋朝骂金国的话也改了。这样一来，就使研究清朝祖先的历史极其困难。我当时就想研究这段空白。

怎么进行研究？一是根据《明实录》，再一个从被毁遗漏的明人著作中找到一些资料。此外，还有一部好书，即朝鲜的《李朝实录》。这部书主要记载的是朝鲜的事情，同时，也记载了从明朝洪武二十五年（一三九二）到清朝末年朝鲜和中国往来的若干史料，其中也包括朝鲜和建州的关系，而记载建州初期的史料极为详尽。这部书共八百四十八本，全国只有北京图书馆藏有一部。当时，朝鲜和明朝关系很密切，每年都派使臣往返几次。使臣回去后即向朝鲜国王报告有关中国的情况。他们和建州有共处的时候，也有爆发战争的时候。这当中还有一四六七年中朝组织联军共同攻打建州的事情。这次战争把建州几个著名的领袖全杀了。类似的许多史实，都不见诸于中国史载。

一九三二、一九三三年之际，我利用星期六、星期天的时间，跑北京图书馆，去看《李朝实录》，抄其中有关中国的史料，抄了好几年，直到一九三五、一九三六年，前后足抄了八十本。那时，只有两个人跑图书馆抄书，一个是北大的孟森，一个就是我。抄完书正准备进行综合研究，不料发生了卢沟桥事变。一九三七年，我应云南大学之聘到了昆明。所抄的《李朝实录之中国史料》正本，放在清华大学史学系，被日本人抢去。副本保留下来，但我在昆明的九年没来得及研究。直到前年，即一九六〇年才重新与原书核对过一次，因我的抄本没标点，也没有核对过。核对后，已交中华书局排印。附带说说，原藏北京图书馆的那部《李朝实录》已散失到台湾。我和董老提到过此事。到朝鲜北部找也没找到。一九五六年，日本出版此书的影印本，北京图书馆买到一部，我才能做这个工作。

我准备写一部建州史，研究一个民族成长壮大，以至建立政权的过程：介绍清朝满族入关前的历史，何时有铁器，生产发展的情况，社会情况的变化，政治制度的建立等等。另外，也研究两个民族的矛盾问题。

3.朱元璋传

研究胡惟庸党案，必然涉及明朝开国皇帝朱元璋。他在历史上的地位和所起的作用怎么样？他的方针政策是怎么回事？小时候，我在南方的家乡，听过很多有关他的传说、故事、神话，这和实际情况相符不相符？

朱元璋对北京城有过贡献。北京古称幽州，历史上有很长一段时间是在辽、金、元的统治之下，长达四五百年。宋朝想不想恢复呢？想的，但无能为力。解决这个问题的是朱元璋。一三六八年，朱元璋在南京称帝，建立明朝。他派大将北伐，终于把元朝最后一个皇帝赶走，解放了大都，遂即改称北平。这在历史上贡献很大。为了这样的理由，也在研究这个人物。

历代对朱元璋的评价是不一致的。有人说他很了不起，有人说他搞特务统治，杀戮功臣，跟他起兵的将领大多被他杀了。他为什么杀这些功臣？这里存在不少问题。我怎么想到研究他的呢？

抗战后期，我是在昆明度过的。一九三四年我清华大学毕业，一九三五年任助教，一九三六年为教员，一九三七年，卢沟桥事变前，云南大学即请我当历史系教授。我先到昆明，后来西南联大也搬到昆明。一九四〇年，我又到联大任教授。开始，我还以为蒋介石抗日，但后来见他内战内行，外战外行，这时人人恨他。此时，写文章也很困难，国民党的新闻检查机构检查得也很厉害。一九四三年我就写了《朱元璋传》，通过明太祖攻击蒋介石，指桑骂槐，强调明朝的特务统治，以攻击蒋介石的特务统治。最初的书名是《朱元璋传》，但发表时却被主持其事的重庆中央大学教授陈铨改为《由僧钵到皇权》，我很不高兴。一九四六年，清华大学迁回北平。一九四七年我又重新改写，书名改为《朱元璋传》，写出后，感到有缺点，不满意。

记得一九四八年九、十月间，正是淮海战役期间，我到解放区去，见到了毛主席。谈到《朱元璋传》，毛主席把我的原稿要去，提了许多宝贵的意见。主席的历史知识非常丰富。我在书中讲到元朝末年农民大起义中的一个组织者彭和尚，这人最初在江西组织了一批军事力量，起义结果失败了。他又到淮西流域搞了十几年，和徐寿辉一起聚众起义。成功后，彭和尚就不见了。我赞叹他神龙见首不见尾，不居功。这种感情与我从前读《史记》有关，张良就是功成身退的人物。当时我对做官很讨厌，认为彭和尚不做官好。主席找我谈了一个晚上。他说：这个问题对不对？革命者要革命到底，为什么半途而废？你写他少年坚持不懈，怎么会半途开了小差？大功并没有告成，你称赞他开小差，看起来开小差的不是彭和尚，而是你自己。那晚也说到政权性质问题，谈了很多。回北京后，我又重新翻阅史书，发现彭和尚果然没开小差。他打到浙江后，在一次战斗中牺牲了。

从那以后，我就开始学习列宁的《国家与革命》。从而感到《朱元璋传》书中关于国家政权的概念不清楚。因为要影射攻击蒋介石，对明太祖的评价也不太公正。一九五四、一九五五年，我又第三次改写，油印了一百本，正在征求意见，觉得有些问题还是没讲清楚，准备做第四次改写。至今已过了六七年，书店还等着出版。我写初稿时约八万字，材料没出处；第二稿注明了出处加了五百多条小注，篇幅增加一倍多，达到十几万字，史料充实了。第三稿则观点有所改变。写部书，起码要半年的时间。

通过这三方面的研究，我对明史有了更进一步的认识。

前边，我提到我是自学出来的。为什么呢？三十年代，我进清华大学读书时，教师中没有一个人研究明史，全国也没人研究。明史知识，我是靠自学得来的。

（选自《吴晗文集》，北京出版社一九八八年版）

在困境中更要发奋求进

华罗庚

数学家

中国现代数学之父

中国科学院院士

　　今天，我就给在座的好多先后同学谈谈我的经历，也就是我的学历。我的经历，或者说我的学历，讲起来也简单，也不简单，说简单，就是三个字：靠自学。说不简单，就是一生中，遭受过许多次"劫难"。

　　现在，我们大家称"文化大革命"是一场浩劫。如果从"劫"字谈起，那么我这一辈子碰到过三"劫"，我准备讲一讲我怎么度过这三场"劫数"的。这样，同学们也可以对比一下，把现在的环境，同我从前的那个环境对比，看哪个环境更有利于我们的发展，如果今天的环境确实比我们以前的那个环境好，大家就可以更有信心地走到前面去。这就是我讲话的目的，我不是要在这儿宣扬自己，而是把我的经历给同学们作借鉴。

　　先说第一"劫"。这一"劫"就是从我们这所学校开始的。你们现在叫金坛县中了，我们当时叫金坛初中，最高班是初中三年级。在国外有时人家问我什么学历，我说，我的最高学历就是初三，金坛县初中毕业。人家问我有什么文凭，我说，我有一张文凭，就是初中毕业的文凭，除此之外，没有了。一直到一九八〇年才发生了一个变化，法国给我荣誉博士证书，现在总算有头衔了，以往都没有。我初中毕业是多少岁呢？我只有十五岁。后来，又到上海进了一年职业学校。尽管那个学校给了我免交学费，不过还是交不起饭费，后来只好回家呆着。我的家，就在大桥那边，现在叫南新桥，从前叫大桥。我就住在桥东。在家怎么办呢？要是现在的话，没有机会上正规学校，也许有许多其他求学的机会，像电视大学啊，函授大学啊，我们那个时候可没有这个方便，也没有像现在这样的图书馆，我只有一本大代数，一本解析几何，还有一本很薄的五十页的微积分，我就啃这么几本书。那时候，这当然也不知道有社会主义、共产主义，只感觉我们应该为国家出一点力，争一点光。

我就这样开始钻研学问了。也许有人要说这是笑话，念了几年书就谈钻研了。那不是笑话！钻研并不是迷信，并不一定大学毕业才能钻研，也不是非有齐全的条件不可。实际上，真正肯钻研的人在什么场合都可以钻研。这是大约一九二五年到一九二八年的事情。我记得，后来大约在十八九岁的时候，我又有机会回到这个学校里来了。到这个学校做什么呢？当会计兼事务。那时我的老师王维克，预备提拔我一下，预备搞一个初中一年级补习班，让我去教书。但刚有一个计划，不幸我的母亲在那年死了，我也生了重病，我病在床上六个月，腿就坏了。要是在今天，我的腿是不该坏的。现在都知道，如果生病睡在床上睡久了，不翻身会发生组织坏死，所以不管疼不疼要翻几个身，那个时候我们既请不起医生，也没有哪一个人告诉我这个常识，所以病后起来，就不会走路了。本来嘛，不生病，身体好，还可以多参加一点体力劳动，挣碗饭吃，可是我的腿坏了。我们家里原不宽裕，我一生病，那就更穷了。亏得那位王维克老师，在我身体好些后，还是让我参加工作，让我在那个补习班教了一个月的书。但结果有人告了一状，说什么王维克校长任用不合格教员华罗庚。王维克校长是法国留学生，做初中校长，未免委屈，他一听有人告状，就不干了。

在这种情况下，我也几乎没有办法了。继任的校长叫韩大受，他说，旁人上任要带会计来，我不带，就让你干，不过书万万不能教了，因为前任校长就是为了你任课而被告了一状的。这样，我总算当了一个会计。有了一点办法，我就继续钻研下去。不久，清华大学找我去任职，那大约是一九三一年。到了清华，他们碰到一个困难：怎么安排我的工作？这是个麻烦，因为要在清华大学当个助教，应当有大学毕业的资格，否则又是不合格的教员，后来，清华大学安排我当数学系助理。所谓助理，就是管管图书，管管公文，打打字，办点杂事。助理已经很不错了，我继续抓紧学习，过了一年半，他们让我教微积分。这一关是非常难过的，为什么呢？因为没资格啊！清华大学的教授为此特别开会通过，让我教微积分。这等于说，清华大学承认我了，我可以抵得上大学毕业了。从初中毕业到当大学教师，我前后大约用了六年半时间，通常初中到大学毕业要用八年。从这一点同学们可以看到，学习要自己努力，努力就可以很快上去。

到一九三六年，我就到英国去了。一九三八年我从英国回来，因为那时候抗战了，有好多事情要做。回来后，清华大学就让我直接当教授了。从助教到教授，前后又是七年。现在有的人，身在研究机关，自己是大学毕业生，环境很好，又有书，又有杂志，又有导师，更重要的还有党的领导，但就是对赶世界先进水平没有信心。要知道，到二○○○年还有二十年啊，能不能赶得上呢？从我人生经历里面，同学们可以算一笔账，只要有一点简单的算术知识，就可以得出解答。

以上是我早年碰到的困难。同学们可以想一想，在旧社会，又没有书，又没有钱，又没有老师，甚至没有灯光，电灯黄黄的，一点儿光，看不清。

今天，在党的关怀之下，我们有这么好的环境，我请同学们对比一下，一方面要珍惜现在的环境，另一方面要加强信心。现在很多人没有信心，能不能赶上世界先进水平啊？四个现代化能不能搞得成功啊？等等。从我的体会讲，我觉得有信心，赶得上。不过做个懒人可不行，要加强努力，才赶得上。

现在，再讲我生平第二"劫"。抗日战争期间，我从英国回来，当时后方条件很差，回到昆明以后，吃不饱，饿不死。那个时候，有句话叫"教授教授，越教越瘦"。记得有这么个故事：教授在前面走，要饭的在后面跟，跟了一条街，前面那个教授实在没钱，回头说："我是教授！"那个要饭的就跑掉了，因为连他们也知道，教授身上是没有钱的。在那个时候，日本人封锁我们，国外的资料，甚至杂志之类都看不到，不但封锁，而且还轰炸。在那种困境之中，许多教授不得不改行了，有的还被迫做买卖了，他们跑仰光，去买点东西到昆明来卖。我住在昆明乡下，我住的房子是小楼上的厢房，下面养猪、马、牛，晚上牛在柱子上擦痒，楼板就跟着摇晃。没有电灯，就找了一个油灯使用。油灯是什么样的呢？就是一个香烟筒，放个油盏，那儿没有灯草，就摘一点棉花做灯芯。就是在这种微弱的灯光下，我从一九四〇年到一九四二年完成了我的《堆垒素数论》，后来又跨到了矩阵几何。

抗战胜利后，我到美国去了，当上了"洋教授"。我当"洋教授"也比较困难。别人是又有博士头衔，又有大学毕业证书，我却都没有。在这种情况之下，人家还是让我当了教授。所以同学们可以看到，第二次在昆明的艰苦环境里，由于坚持不懈，有了成果，人家还是不得不承认的。

第三"劫"，是"文化大革命"时期，我是"臭老九"，当然不能幸免。一九八〇年，外国又来邀请我去讲学。有的朋友很关心，也有点担忧，他们说，这次华罗庚出国，可能要摔跤，可能要露底了。为什么呢？因为"文化大革命"中，我图书馆也不能进，十几年不上图书馆了，还能不落后吗？不但如此，大家都知道，那时候，我一方面是各处跑，搞统筹优选，是很忙的；另一方面，背后还要防"四人帮"的冷箭，虽然时刻提防，我还是被射了不少，甚至在一九七五年被射倒过。所以，有些朋友的关心、担忧是很自然的。

但是，他们不知道我有一个上算的地方，就是"外通里国"。什么叫外通里国？就是外国知道我的名字，有书出版就寄一点给我。这样，我不通过图书馆，也可以知道一些国际行情。而且，他们不了解，我始终没有放弃理论研究。那时候，我身体还很好，白天紧张地搞优选法，有时上午跑三四个厂，下午跑三四个厂，一天跑七八个厂。尽管这样紧张，我没有放松理论研究。我的理论研究是晚上进行的。做我的助手也不容易，说不定晚上一点钟、二点钟被叫醒，来考虑考虑这个问题怎么搞。所以他们是很辛苦的。不过那个时候搞了理论研究还不敢说。因为如果哪一天我们暴露出来，等一会就要说：你看这个华罗庚，用统筹优选作幌子，他实际上念念不忘半夜搞他的理论研究。这种人后来一看形势变了，他又改一个手法，说华罗庚就只搞统筹优选，不搞理论研究。反正这种人理论不多，实际也不高，但他有一种本领：手里有一根棍子。你搞理论他就打你的理论，你搞实际他就打你的实际。那时期我们的帽子当然不少啰，"唯生产理论"的帽子也戴过了，"以目乱纲"的帽子也戴过了。但你说你的，我干我的。我只知道统筹优选对人民有利，我要搞；我只知道，没有理论就搞不出优选来，所以理论也要搞。

　　不过，我们刚出国的时候，心里终究也不很踏实。为什么呢？因为十几年中虽然是搞了一些理论研究，但毕竟遭到了损失，许多手稿也抄的抄了，偷的偷了，而且研究成果大部分没有写下来，或者只写了一点草稿，在脑子里像散沙一样，像乱麻一样。如果出国以后，立刻叫我上台讲演的话，我还真有点担心，亏得去了之后开了两个学术性会议，会议后刚好暑假到了，有三个月时间。我们就利用这三个月时间，把研究成果部分整理了一下，整理好之后，我给了他们一个单子，单子提了十个方面。一般讲演，提出几个专题就够了，拿自己最擅长的专题就够了。可是我们提了十个方面。这是什么意思呢？是不是要在外界人面前炫耀一下，表示学问广、精、深，数学十个方面都可以讲？这不是我的想法。我的想法是，到一个地方去，与其讲我自己所长的，不如讲我自己所短的。讲自己所长的好不好？我在这儿跟同学们讲一下哥德巴赫问题好不好？好，为什么呢？大家都听不懂。你们会得出个什么结论呢？华罗庚的话，大家都听不懂，一定是有学问的。可我自己有收获没有？我自己没有，得不到东西。所以我的想法是，提出十个方面来，好让人家自由选择。让他们选，他们一般都是选他们最好的东西，最拿手的东西。好，我就到你那儿讲你们拿手的东西。中国古代有一个说法，切忌班门弄斧。可是我的看法是反过来的：弄斧必到班门！你要耍斧头就要敢到鲁班那儿去耍。在旁人面前耍，欺负人家干啥？你到鲁班面前耍一耍，如果他说你有缺点，一指点，我下回就好一点了；他如果点点头，说明我们的工作就有相当成绩。俗话说，下棋找高手。找一个比我差的人，天天在那里赢他的棋，赢得每天哈哈大笑好不好？好是好，但你的水平提不高。如果你找高手下棋，每一次都输给他，输这么半年下来，你的棋艺能够没有进步吗？所以我主张弄斧到班门，下棋找高手。

这一次，我跑了四个国家，好几十个城市，做了好多次报告。反应怎么样呢？我给跟我出去的同志说：你们向上面汇报，第一，人家给我讲的好话，你少吹点，如果要说一点的话，最好是有书面根据的。为什么呢？因为虽然外国人对学问还是很严肃的，不瞎吹瞎捧别人，不过我们也不得不防备一点，因为我这个七十岁的老头儿到那里去，人家大多是我的学生辈，你又是借了新中国的威信，又是科学院的副院长，人家捧一两句会不会呀？我想是会的。所以，我们情愿估计我们的差距比人家大一点，而不要估计我们比人家好。

我们经常说，我们的文章达到了世界水平，可能某篇文章达到了世界水平，可整个加起来呐，我们的差距还是很大。因为差距是指面上的差距，不是说我们有几个个别的人，他的数学很好，或者他的某一门科学很好，我们中国的科学就很好了。我们是一个面上的差距，是整个的差距。所以领导上再三强调，要提高我们整个民族的科学文化水平。实际真正的水平是整个民族科学文化的水平。当然也不排斥我们有若干个特殊的人先搞好，搞得好。这次我在国外，也同国内一样，"人民来信"多得很。我只想给大家念一封信。有一位美国的学者，在荷兰听了我的报告，他是这样写的："您在安呐本的演讲，是真正令人赞叹不已的。您向大家证明了，好的学者即使在最恶劣的逆境中，仍然可以做出出色的成绩，您使我们这些生活在安逸和稳定环境中的人们，只能感到羞愧。"这个人我不认识他，他给我写了这封信。这说明了什么呢？说明即使是像"文化大革命"这样的浩劫，也不能把我国人民压倒。由于我们能够坚持工作，结果还是做出了成果，这个成果还得到世界上学者的承认。而现在是"四害"除掉了，我们的日子是一天比一天好过了，同学们想一想，现在环境这样好，我们应该不应该有信心呐？我想，你们是会做出叫人欣慰的回答的。

那么，我们是不是还会有困难呢？困难肯定有的。不过，现在看起来，就是有困难，也决不会比从前我们遇到的困难更严酷。就是再有困难，我们还是可以克服的。我们应该有勇气，有志气。对我个人讲，是不是还会有困难呢？当然是会有困难的。除了其他困难，眼前就面对着：自己有成果了，满足于现在的成果，甚至骄傲自满；国外有名声了，国内也有了，我可以歇口气了，可以不要学习了，而且我这个人年纪大了，就指导指导人家搞研究，自己少吃点苦呢。如果这样想，那就是一个危险，这是自己造成的困难。比如，今天我在这里跟同学们见面，以老同学的资格给大家谈自己的经历，就很容易产生满足的思想。所以我要警惕。满足的思想是不能有的。因为学问是没有止境的，科学是实事求是的，是精益求精的。科学每前进一步，都需要付出更大的劳动。所以，我顺便在这儿给同学们把自己的思想暴露一下，讲了之后，对我自己可能有好处的。

我为了经常提醒自己，给自己写了几句话，叫"树老怕空，人老怕松。不空不松，从严以终。"像我这样的年龄，是很容易"松"下来的。当然，并不是说年纪轻的人就不会松呀！年轻人如果要松起来，对不起，我就要以老学长的资格打他的手心啦！总之，搞科学，做学问，要"不空不松，从严以终"。要很严格地搞一辈子工作，为人民服务一辈子。我常常对自己说：以前三次浩劫，都没有把我打垮，说不定很可能最后从我自己的思想上，在已经有收获的时候，自己打垮了自己。我一定要警惕。

现在的学习环境和条件，比我从前碰到的情况好多了。我走的是自学的道路。自学嘛，就得靠自己勤奋努力。有的同志要我谈谈这方面的体会。很系统的一下子讲不出，我想：一、自学最起码的一条要踏实，从自己水平出发，不要好高骛远；二、自学要有周密的计划，要经常检查；三、在自学过程中要多想多练；四、要以长期性、艰苦性克服自学中遇到的困难。要知难而进，锲而不舍。我曾写过这样四句话："埋头苦干是第一，发白才知智叟呆。勤能补拙是良训，一分辛苦一分才。"

（一九八一年六月在江苏金坛县中学的演讲）

我学国文的经验

周作人

作家

　　我到现在做起国文教员来，这实在在我自己也觉得有点古怪的，因为我不但不曾研究过国文，并且也没有好好地学过。平常做教员的总不外这两种办法，或者把自己的赅博的学识倾倒出来，或者把经验有得的方法传授给学生，但是我于这两者都有点够不上。我于怎样学国文的上面就压根儿没有经验，我所有的经验是如此的不规则，不足为训的，这种经验在实际上是误人不浅，不过当作故事讲也有点意思，似乎略有浪漫的趣味，所以就写它出来，这给《孔德月刊》的编辑，聊以塞责，收稿的期限已到，只有这一天了，真正连想另找一个题目的功夫都没有了，下回要写，非得早早动手不可，要紧要紧。

　　乡间的规矩，小孩到了六岁要去上学，我大约也是这时候上学的。是日，上午，衣冠，提一腰鼓式的灯笼，上书"状元及第"等字样，挂生葱一根，意取"聪明"之兆，拜"孔夫子"而上课，先生必须是秀才以上，功课则口授《鉴略》起首两句，并对一课，曰"元"对"相"，即放学。此乃一种仪式，至于正式读书，则迟一二年不等。我自己是哪一年起头读的，已经记不清了，只记得从过的先生都是本家，最早的一个号叫花塍，是老秀才，他是吸鸦片烟的，终日躺在榻上，我无论如何总记不起他的站立着的印象。第二个号子京，做的怪文章，有一句试帖诗云，"梅开泥欲死"，很是神秘，后来终以疯狂自杀了。第三个的名字可以不说，他是以杀尽革命党为职志的、言行暴厉的人，光复的那年，他在街上走，听得人家奔走叫喊，"革命党进城了！"立刻脚软了，再也站不起来，经街坊抬他回去；以前应考，出榜时见自己的前一号（坐号）的人录取了，就大怒，回家把院子里的一株小桂花都拔了起来。但是从这三位先生我都没有学到什么东西，到了十一岁时往三味书屋去附读，那才是正式读书的起头。所读的书我还清清楚楚地记得，是一本"上中"，即《中庸》的上半本，大约从"无忧者其唯文王乎"左近读起。书房里的功课是上午背书上书，读生书六十遍，写字；下午读书六十遍，傍晚不对课，讲唐诗一首。老实说，这位先生的教法倒是很宽容的，对学生也颇有理解，我在书房三年，没有被打过或罚跪。这样，我到十三岁的年底，读完了《论》《孟》《诗》《易》及《书经》的一部分。

"经"可以算读得也不少了，虽然也不能算多，但是我总不会写，也看不懂书，至于礼教的精义尤其茫然，干脆一句话，以前所读之经于我毫无益处，后来的能够略写文字及养成一种道德观念，乃是全从别的方面来的。因此我觉得那些主张读经救国的人真是无谓极了，我自己就读过好几经（《礼记》《春秋》《左传》是自己读的，也大略读过，虽然现在全忘了），总之就是这么一回事，毫无用处，也不见得有损，或者只耗费若干的光阴罢了。恰好十四岁时往杭州去，不再进书房，只在祖父旁边学做八股文试帖诗，平日除规定看《纲鉴易知录》，抄《诗韵》以外，可以随意看闲书，因为祖父是不禁小孩看小说的。他是个翰林，脾气又颇乖戾，但是对于教育却有特别的意见：他很奖励小孩看小说，以为这能使人思路通顺，有时高兴便同我讲起《西游记》来，孙行者怎么调皮，猪八戒怎样老实，——别的小说他也不非难，但最称赞的却是这《西游记》。晚年回到家里，还是这样，常在聚族而居的堂前坐着对人谈讲，尤其是喜欢找他的一位堂弟（年纪也将近六十了罢）特别反复地讲猪八戒，仿佛有什么讽刺的寓意似的，以致那位听者轻易不敢出来，要出门的时候必须先窥探一下，如没有人在那里等他去讲猪八戒，他才敢一溜烟地溜出门去。我那时便读了不少的小说，好的坏的都有，看纸上的文字而懂得文字所表现的意思，这是从此刻才起首的。由《儒林外史》《西游记》等渐至《三国演义》，转到《聊斋志异》，这是从白话转到文言的径路。教我懂文言，并略知文言的趣味者，实在是这聊斋，并非什么经书或是《古文析义》之流。《聊斋志异》之后，自然是那些夜谈、随录等的假聊斋，一变而转入《阅微草堂笔记》，这样，旧派文言小说的两派都已入门，便自然而然地跑到《唐代丛书》里边去了。不久而"庚子"来了。到第二年，祖父觉得我的正途功名已经绝望，照例须得去学幕或是经商，但是我都不愿，所以只好"投笔从戎"，去进江南水师学堂。这本是养成海军士官的学校，于国文一途很少缘分，但是因为总办方硕辅观察是很重国粹的，所以入学试验颇是严重，我还记得国文试题是"云从龙风从虎论"，复试是"虽百世可知也论"。入校以后，一礼拜内五天是上洋文班，包括英文、科学等，一天是汉文，一日的功课是，早上打靶，上午八时至十二时为两堂，十时后休息十分钟，午饭后体操或升桅，下午一时至四时又是一堂，下课后兵操。在上汉文班时也是如此，不过不坐在洋式的而在中国式的讲堂罢了，功课是上午作论一篇，余下来的功夫便让你自由看书，程度较低的则作论外还要读《左传》或《古文辞类纂》。在这个状况之下，就是并非预言家也可以知道国文是不会有进益的了。不过时运真好，我们正苦枯寂，没有小说消遣的时候，翻译界正逐渐兴旺起来，严几道的《天演论》，林琴南的《茶花女》，梁任公的《十五小豪杰》，可以说是三派的代表。我那时的国文时间实际上便都用在看这些东西上面，而三者之中尤期是以林译小说为最喜看，从《茶花女》起，至《黑太子南征录》止，这期间所出的小说几乎没有一册不买来读过。这一方面引我到西洋文学里去，一方面又使我渐渐觉到文言的趣味，虽林琴南的礼教气与反动的态度终是很可嫌恶，他的拟古的文章也时时成为恶札，容易教坏青年。我在南京的五年，简直除了读新小说以外别无什么可以说是国文的修养。一九〇六年南京的督练公所派我与吴周二君往日本改习建筑，与国文更是疏远了，虽然曾经忽发奇想地到民报社去听章太炎讲过两年"小学"。总结起来，我的国文的经验便只是这一点，从这里边也找不出什么学习的方法与过程，可以供别人的参考，除了这一个事实，便是我的国文都是从看小说来的，倘若看几本普通的文言书，写一点平易的文章，也可以说是有了运用国文的能力。现在轮到我教学生去理解国文，这可使我有点为难，因为我没有被教过这是怎样地理解的，怎么能去教人？如非教不可，那么我只好对他们说，请多看书。小说，曲，诗词，文，各种；新的，古的，文言，白话，本国，外国，各种；还有一层，好的，坏的，各种；都不可以不看，不然便不能知道文学与人生的全体，不能磨炼出一种精纯的趣味来。自然，这不要成为乱读，须得有人给他做指导顾问，其次要别方面的学问知识比例地增进，逐渐养成一个健全的人生观。

写了之后重看一遍，觉得上面所说的话平庸极了，真是"老生常谈"，好像是笑话里所说，卖必效的臭虫药的，一重一重地用纸封好，最后的一重里放着一张纸片，上面只有两字曰"勤捉"。但是除灭臭虫本来除了勤捉之外别无好法子，所以我这个方法或者倒真是理解文章的趣味之必效法也未可知哩。

（原载《孔德月刊》/《谈虎集》，一九二六年十月）

我的工读生涯

文学家 萧乾 翻译家

　　说起教育，我的起点很难再低了。不但谈不上什么家学，小时除了木台上供的几本蒙文家谱，就是一本翻得稀烂的黄历。从家境来说，小学毕业都很勉强。

　　我在小说里诅咒过我早年上的学校。人到老年，心态平衡了，又不能不感激我早年生活另外的一面：工读。由于这种办法，才使我这孤儿把中小学对付下来，尽管由于带头闹学潮，高中没毕业就被迫请了长假，可后来还是混进大学。回想起来，不能不感谢早年的工读。

　　四十年代当我披着黑袍在只有世家子弟才进得去的剑桥大学徜徉时，我忽然记起我那孤苦的童年时代，恍如做了一场梦，东跑西混就进了这十五世纪的皇家学院。那时以及以后，我经常提醒自己的是：千万不要忘本。

　　我很幸运，在国内外都进过最高学府。然而我的底子差，教育受得也不完整。

　　我是从私塾读起的。那是在一间又黑又潮湿的大屋子，是尼姑庵的一间堆房。我们十几个孩子（当然都是男的）成天扯了喉咙喊"子曰"。教学法是干背，到时背不上就打。老师仰坐在一把快散架的太师椅上，成天"吧哒"他那根兼作刑具的老长老长的烟袋。不讲解，不训导。从早到晚就那么"喊"书。只要喊声不断，师生就相安无事。声音一断，或者小了下来，他就找岔儿打板子。

老师还有个职务——或权柄：他掌管一块木牌。为了限制学生出恭，每次凭牌只放一名。于是，我们就不约而同地跑起接力：一个孩子刚回来，另一个准立刻接上去。

其实，揣上木牌我们并不奔向那作为厕所的空地，而是借机闲散一下，在尼姑庵里到处溜达。有时去前殿偷看尼姑焚香念经，有时在草丛里捉起蛐蛐。反正干什么都比关在那大黑屋子里开心。

不知道这种私塾今天还有没有。那真是误人子弟。

几个月后，九道湾开了一家"新式"学堂。那里一个年级一个年级地念，总比在私塾里混要强。这样，我又挪了窝儿。记得上学那天是妈妈送我去的。九道湾，每拐一个弯儿，妈妈就叮嘱我一番。内容总是嘱咐我要强，好为她争一口气。现在回想我生命开头一段对我起作用的一句话，就是"给妈争口气"，每逢我一调皮捣蛋，一想起这句话，我就会老实下来，在六个叔伯兄弟中间，我行五。我就是在那毫不伟大的目标下起步的。

这"新学堂"只是把"子曰"换成"人手足刀尺"，仍是成天死背，成天价扯了喉咙喊。"学堂"是个小四合院，老师和师母住北房，师姐住西屋，我们的课室则在冬冷夏晒的东屋。这"新式"学堂仍旧是死背而不给讲解，而且学费之外，年节还得送蒲包。老师的脸色就决定于蒲包的成色和大小。

我真正的小学教育是从长老会办的崇实小学开始的。由于我上过私塾，所以一进去就插进三年级。

这家小学设在大小三条衔接的横胡同里，是一长排教室。关于这家小学，我的记忆模糊了，可我至今还记得学校斜对门有一排红砖洋式平房，前面还砌着一道花砖墙。冬天下学时，临街的那间长屋里灯光灿烂。大概是间书房，沿墙都是书架，时而还可看到一位戴眼镜的先生在翻阅架上的书。真巧，四十年代后期我遇到了那位主人——社会学家陶孟和先生。我告诉他二十年代初，他那间书房的灯光曾指引过我的生活道路：我一生就盼着自己也有间书房。这憧憬今天总算变为现实了。

尤其难忘的是崇实用工读办法让穷孩子也能上学。那里设有地毯房、小型印刷厂和羊奶房。我干过地毯工：从绕线、织杂毛或粗牛毛毯直到织上羊毛地毯。我是在刚织上土耳其凸花活时被调去送羊奶的。

我写过那阵子挨过的打骂，然而在九十年代来回顾七十多年前的那段日子，我还是蛮感激的。我甚至觉得工读是种值得提倡的可贵的办法。

我对眼下的中学教育不大了解，只偶尔听人说学费贵得吓人。对于在商潮中发了的家长，这当然不成问题：要多少老子就拍出多少。可是贫寒子弟呢？难道交不起学费就失学吗？

我认为应当提倡工读。工读不仅仅解决了因经济原因而失学的问题，对于锻炼孩子的性格也大有好处。

记得我好像写过八十年代访问挪威时见到的一个情况。接待洁若和我的男主人是挪威外交部的一位高级官员，女主人是奥斯陆大学的教授，著名汉学家。家里是一幢三层小楼，后边是花园，应当称得上是小康之家了吧。然而他们的独子每日天不亮就出门骑车去挨家送报。后来才知道他在装一具无线电收音机，缺几件贵重零件。他父母本可以掏钱为他买，可他却就这么靠自己的血汗去挣。乍听起来不大理解，可细一想，他家里正借此来锻炼他的性格。

把劳动视为神圣的社会主义国家，为什么不提倡一下工读办法？

现存我的最早一张照片，就是我初中时——在羊圈里拉着我心爱的一只羊照的。那是二十年代初，是一只瑞士奶羊。说不定就是三十年代初我写的题名《小蒋》那篇小说中的那只。我是用文字抚摸着它周身写成的。

说起工资来真可怜。那时起早贪黑，一个月只挣一元五角。最令我伤心的是我妈妈就在我第一次领到工资的那个黄昏辞世的。那情景我已写入我的《落日》中了。

羊圈里干的都是露天的活儿。这里没啥技术，但需要的是一颗爱动物的心。打扫羊圈，尤其喂羊，都是挺愉快的活儿，但我怵的是送奶。前后襟背上十几瓶奶，天没亮就蹬上车，穿过没有行人的大街小巷，我不在乎。我怕的是把新奶瓶放下、取走空奶瓶时，洋狗汪汪汪地死死纠缠。我手里没棍子，就只好把那辆破自行车横过来抵挡。

我顶喜欢放羊了。把羊群赶到安定门去牧放。那时城墙和护城河都还在。我们来到护城河边，羊在坡上吃草。后来每当我读起西方早期文学中的游牧生活时，我的心总驰往早年在安定门外牧放羊群的日子。

我就是这样，读完了我的初中。

我同文艺的关系，应该说始自一九二六年。那年暑假，我从《世界日报》上看到一则广告：北新书局招考一名练习生。我穿上一件新浆洗的蓝大褂去应试，居然就被录取了。

北新书局是五四运动后成立的一家带同人性质的新文艺出版社。印过鲁迅、周作人、徐祖正、冰心和刘半农等早期作家的书，并发行过鲁迅主编的《语丝》周刊。主持人李小峰负责编务，书局杂务则由他的妻子C. F. 女士和那位喜拉弦子哼绍兴戏的乃兄经管。地点在北平翠花胡同路北一排两明一暗的南屋。

虽然我仅仅呆了三个月，那却决定了我一生要走的道路：文艺。

书局的规模不能再小了。除了三位东家，就只有我这个练习生和两个伙计。时间是一九二六年的夏天，我初三毕业后已放暑假。

那三间南屋里，既搞编辑，又办发行。外屋架子上摆着本版和外版图书，我坐在里间靠角落的一张书桌上，校对图书和每期的《语丝》。我记得经我校对的有徐祖正的《兰生弟日记》、刘半农的《太平天国》和章衣萍的一部畅销书：《情书一束》。有时还派我去北大红楼图书馆去抄书。我得从《京报》或《东方杂志》上去找。我抄过《吴稚晖文集》，但是真正触动过我心灵的，是我从《新月》等早期文艺刊物上抄徐志摩所译的新西兰女作家曼殊·斐尔的短篇小说。还记得当我在抄一篇题名《小姐儿》的短篇时，我曾哭湿了袖子。

当时我还有个任务：老板常派我去给作家们送稿费。为了怕丢失，我总把钞票绑在手腕上。一路随骑着车，两眼随时盯住它。由于我和冰心的小弟为楫在崇实同班同学，所以每次去，大姐总让我进堂屋喝杯水。他们住剪子巷。大姐长我整十岁，那时她还留着海发，身穿月白色长衫。

一九五七年在作协为我开的批判会上，大姐发言时忘记了场合，竟表扬我起来。说"你别忘了在北新你给我送稿费时，还偷偷告诉我书局实际印的《寄小读者》大大超过版权页上所写的"。那时，出版社确有这方面问题，以致有些在北新出书的作家（如徐祖正）竟实行在每本书盖上作者印章的办法。

其实，我国的出版社这方面从来就不严格。只有商务一家比较制度化，总按季度给作者结算一下，也让他知道究竟印了多少册。一般虽说是按版税制，往往打的都是一次性交道。

在北新那三个月，我同文学出版结了不解之缘。当时倘若我一直干下去，说不定这辈子就以出版为业了。可我同那两位伙计搞了一场罢工的闹剧。当时想取消他们和我在待遇上的区别。他们每晚用桌子拼起来当床，我则由书局在红楼对面的大兴公寓里开了每月四元租金的房间。我替他们感到不平，认为应该给他们也各开个房间。恰好那时我刚读了一本讲罢工的小册子，于是，一个早晨，我们三个就丢下工作开溜了。在街头浪荡了一天，满以为晚上回去就得到肯定的答复，谁知我们得到的回音是：三个一道滚蛋。

这时我进高中一了，崇实的教务处刚好缺人搞油印，就把我叫了去。言明蜡纸由各科老师写，我光管印。活很轻，可成天闻那汽油和油墨的气味，很不好受。

经于道泉和李安宅的介绍，这时我已参加了C.Y.并且在崇实组织起"少年互助团"。另外，又参加了北平中学界的十人通信团，以致引起胖校长的戒心。他们索性让张作霖的侦缉队把我抓到报房胡同拘留所里，囚禁起来。那阵子连小孩抓进去也会手拉到后院枪毙，我却侥幸被放了回来，交给学校软禁。北伐军到北平时，我才恢复自由。后来被迫请了"长假"，流浪到了广东汕头。那段生活已写入《梦之谷》中了。

回到北京，上了不需高中文凭的燕京国文专修班。那里有马鉴先生主持的"学生辅导委员会"，它的一个职能就是替贫寒学生找零活儿干。校园里，中外教职员需要人去打零工，也到那里登记。轻重和脑力体力活儿，每小时一律两角五分钱。

我干过不少工种，曾经给东大地一位外籍教授推过草坪，看过洋囡囡，但更多的是教洋人华语。我是地道的北京人，四声拿得准，这就大大吃香了。我还常用英语语法来解释中文句子的结构，甚至画出图解。然而有的洋人真笨！中国人半路学英语也能学好，可我教的学生总是洋腔洋调的。

在我教的洋学生中，有两个出色的。

一个是丹麦的老太太。她写过《乾隆传》。她要我陪她念《东华录》：我口译，她笔记。然而她太老了，看来总有八旬。所以有时候写着写着她就睡着了。这时，我当然不能推醒她。可她一醒过来就抱怨我偷懒。夏天，她总住在颐和园的景福阁。陪她住的大概是个孙孙，个子高大，成天在画荷花。

另外一个高足是名叫安澜的美国青年。他大学毕业后，家里要他先去环绕地球旅行一周。可是他走到中国就爱上了这里。他向我了解到中国五四文学运动，就像发现了新大陆。他一定要我同他编一个刊物，这就是《中国简报》（*China in Brief*）。我就把杨振声老师在专修班上讲的现代文学搬上来。（见符家钦的《记萧乾》）

《中国简报》没出几期就因一没资金二无订户关门了。但在一九三〇年，那也许是最早（比斯诺的《活的中国》还早上五年）有关早期中国新文学的介绍。

我的工读生涯是从体力发展到脑力劳动。弄到一张文凭考入辅仁大学后，我又当了英文系主任雷德曼神父的助手。他是因失恋才当的洋和尚。他成天喝酒，吟情诗，卷子常推给我去判。学校则不但免了我学宿费，每月还给点零用。那时我已开始向熊佛西主编的《晨报》副刊投稿了。记得我介绍过爱尔兰的小剧院运动。

一九三三年从福州教完书再回到燕京，我就向沈从文和杨振声主编的《大公报·文艺》投稿，写起小说了。所以我的文学生涯是用写小说代替工读来开始的。那时由于刊物篇幅有限，沈先生嘱咐我要少而精，不可多产。每月只许交他一两篇，他则保证我至少每月能有二三十元的收入。在当时，那就很阔气了。我没贪多，也不给旁处写。每次交稿前自己都要反复读上几遍。自己点了头才去投给他。

可是读到大学四年级，要写毕业论文了。我分不出精力来写小说。当沈先生听说我要写的论文题目是《书评研究》时，就说那好办，你随写一章我就随给你在刊物上发表，问题不就解决了！同时，郑振铎先生又在为商务编《文学丛刊》。他就把我的那毕业论文连同小说集《篱下》和散文集《小树叶》一道收进去了。那是我最早的三本书。

一九三五年七月，我就结束了各种方式的工读，走上《大公报》岗位，一直呆到五十年代初。那时，我参加了政府对外宣传工作。

如今，八十七岁已过了，回顾这一生，起点很糟，连小学都差点没念完。我能有今天，不能不感谢我在工读方面的幸运。它总是在我快断弦的当儿接续了我，工读也丰富了我对人生的体验，使我更广泛地接触了生活。

（原载《文汇报》，一九九七年三月十八日、十九日）

求学与就业

毛彦文

最早留学海外并获硕士研究生学位的女性之一

　　江山县属衢州府，地当浙、闽、赣三省之交，县境内有仙霞岭，万山环列，一望无际。须江发源于县之石鼓，流经鹿溪，与常山县同江汇于钱塘，东流入海，以上二者为本县最突出的名胜。至于全县境内山明水秀，风景甚佳，尤以仙霞岭为著名险要、浙东屏障。只是在清末民初之时，本县仍因交通不便，与外界几乎隔绝，风气未开，教育落后，对女子教育，更不注重，故我幼时无机会受当时的新式学校教育。

一、蒙馆受教

　　七岁时，父亲请了一位徐老先生来家教蒙馆，这是我初次启蒙，教读《三字经》，学描写"上大人，孔乙己"红字，同时父亲邀来附近小女孩共读。蔡一锷夫人李馥梅女士便是那时蒙馆同学，至今还有书信往来（蔡全家移居美国）。大约在一年后的夏天，有一次我背不出书，老师用竹片做的板子打我的背，致背上有两条红印，我向祖母哭诉，她大怒说："女孩子不能考状元，读什么书？"命父亲辞退徐老师，停办家塾，于是我失学了。

二、西河女校

辛亥年革命军起，推翻满清，创建民国，当时全国学校停课。江山有少数在杭州、北京等地求学的男学生纷纷回乡，如：毛常（夷庚）、毛准（子水）、毛咸（子正）、毛应麟、朱斌魁（君毅，我的中表兄，详见第三章"逃婚记"）、胡维鹏、胡之德等。这些青年从各大都市都得了不少新知识，眼看本县尚无女校，女孩无处求学，故商议办一女校。乃经费无着，校舍及设备无从筹办，束手无策。幸江山县城内，西河毛氏宗祠是一个有钱的机构，且有余屋。这批青年以毛咸为首，向宗祠主事者磋商借用空屋，开办女校，得其应允并协助，便因陋就简，居然办成，命名"西河女校"。那些发起的青年都是教师，公推毛咸为校长，当时仅有二十几个女生，我是其中之一。民国二年（一九一三）初，全国各校复课，我们的青年教师各回原校求学，西河女校由朱叶氏（我的舅母，她的名字好像是叶德桔）接办。

这个女校既非完全小学，也非正规中学，没有学制，只靠教师能教的便教，课程中有国文、算学、地理、历史、体操、唱歌、女红等。女生多半在家学过方块字，或读过《三字经》《千家诗》，多多少少有点国文根底，故校方对国文特别重视，有《论语》《孟子》及选读《古文观止》的文章，并背诵《诗经》等功课。

三、杭州女师

满清推翻，民国起始，但百废待举，尤以教育未普及，民智未开为大问题。各县急于添办小学，无奈小学教员奇缺，因之各省教育厅共谋补救办法。浙江省教育厅令杭州女子师范学校加办讲习科二班，两年毕业，由各县县政府在县内女校中选择一名女生保送入学，完全免费，以年龄二十岁至三十五岁为合格，毕业后回各县做小学教员。我幸而被选上，可是虚岁十六，冒填二十岁。

我被选上是有原因的：一是我能勉强写点通顺的文字。二是民国二年（一九一三）春全县发起天足运动，定期在城隍庙开大会。事先徐光国先生（朱君毅的舅父）写了一篇演说稿，要我背熟，上台演说。我费好几天工夫把它背得滚瓜烂熟，光国先生及我自己都以为没有问题了。不料那天城隍庙挤满了人，姚应泰县知事和地方士绅一排坐在台上，我一进庙门就被吓倒！等到上台演讲时，讲词完全忘了，只向台后、台前一鞠躬，说："今天是开天足会"，以下便说不下去了，忽然想起捐一枚银元做天足会基金是事先预备好的。急忙从衣袋取出银元一枚，放在台上，说："我先捐一元。"便鞠躬下台了。此时姚知事问旁边的人："这女孩是谁家的女儿？她背不出讲词而没有哭，知道怎样下台，真是聪敏。"因之姚知事对我有了好印象。（姚前后做了两任江山县知事，在他第二任时又帮了我大忙，详见第三章"逃婚记"第二节：家庭革命。）所以选拔女生保送去杭州女师，我便被选中了。

我被保送去杭女师，在那时是一件大事。衢州府没有女生入选，该府认为失面子，有些县份也没有女生可选，赶不上江山。衢州周石华女士于半年后自费赴杭求学，各县风起云涌争将女儿送往杭州受教育，本县女生亦相继前往，这对于女子教育是好现象。

那时我虚岁十六岁，身体还没有十分发育，矮矮小小的，看上去像是一个小女孩。从未离开过家，满口江山方言，骤然离乡背井，投入一个陌生的环境，教我怎样适应呢？我一向男装，发多而长，拖了一条长及膝的辫子。入校第二天早晨便要把发向前面梳成一个大圆饼的样子顶在头上，我愈梳愈梳不起来，于是哭了。在旁边的蔡任玉（叔慎）同学看见了（女师的盥洗室是大家住在一起共同用的），帮我把长发剪短并剪少，方才梳成。以后好久都是她帮我梳的，我们成了好友，出了校门交往也未中断。后来她与蒋志澄先生结婚，伉俪情深，有一子。抗战胜利的第二年，蔡任玉偕儿子、媳妇在上海搭机赴港，因飞机出事，三人丧生。蒋志澄先生在上海服毒自杀，真是惨绝人寰！

在校约一星期，有一天学监沈兆芝女士叫我去问话，她问："毛彦文，你今年几岁？"等了好久，我答不出，反而流下泪来，勉强说："二十岁。"沈说："二十岁就二十岁，为什么要哭？"这叫做贼心虚，自己知道是虚报说谎。

经过测验，这新开办的讲习科分甲、乙两班。乙班因程度太差，改为三年毕业，甲班二年毕业。我被分在甲班。这班有三十余人，我年纪最小，同班同学叫我"小姥"。最年长者为孙朗玉，已三十多岁，杭州人。次之应品仙，永康人，及谢镐，她们已二十五六岁。我们四人因常名列前茅，很快便成为好友。第一个月，月考成绩发表：应品仙第一名，谢镐第二名，我第三名，孙朗玉第四名。孙大起恐慌，私下跟我商量，把第三名让给她，因我年轻，名次低点不要紧，她不能落在"小姥"后面。我答应她的要求，好几门功课代她做枪手。可是到了毕业发榜时（榜是贴在学校大门外的），孙还是第四名，我依然第三。

民国四年（一九一五）夏，我在杭州女子师范学校讲习科毕业，秋间应永康县女子讲习所之聘，教了一年书。杭女师的二年讲习科是专为训练小学教员而设，不是为升学。我志在读大学，故非另择校肄业不可。这个讲习科是专门为栽培小学教员而设的，所有功课都要配合这个目标。学生毕业只能做小学教师，如果想投考大学，程度是不够的。

四、湖郡女校

民国五年（一九一六）夏，朱君毅从清华学堂毕业，秋间赴美留学。暑假回家，我们有五年不见了。他住在我家，彼此有说不完的话，最重要的是选学校，（当时两方家长都主张我们先结婚，然后君毅赴美，我去升学。我们二人均不同意，因为时间太匆促，在新婚期间便赋骊歌，对二人的心理上、精神上都不好，宁愿忍痛久别。）最后选了浙江吴兴的湖郡女校。这是一所教会学校，选此校为了想多读点英文。君毅将于七月放洋，我们于六月中旬由江山乘帆船去杭州转上海。君毅与一批同学在上海候轮出发，湖郡

— 244 —

于七月初先开学，他送我去由上海开往吴兴县的船码头，当两人握别时，我几乎放声大哭，君毅则黯然呆立岸上，频频挥手。这一别便是六年！

湖郡女校在海岛（地名），为吴兴县有名学校，当地人称它为贵族学校，规模不大，风景甚佳。有男女两校，中间隔一礼拜堂，校长是一位美国女传教士。这是中学（四年）及小学混合的学校，没有向我政府立案，课程由学校自由编排，与立案的中小学课程不一样。学生约一百五十人左右，中学生住宿。我从未接触过教会式教育，对于《圣经》一无所知，做礼拜更为茫然。刚听讲道及唱赞美诗，以为前者是天方夜谭，后者好像一群人在哭喊，非常不习惯。同学多半是教徒，她们称我为"外教人"。幸而一个月后朱曦来了〔后为朱庭祺夫人，她系熊秉三先生夫人朱其慧女士的内侄女，民国二十年（一九三一）朱夫人逝世，二十四年（一九三五）我与熊先生缔姻，完全是朱曦促成的，详见第四章"奇缘此生"〕，她也是"外教人"，对于教会一切也一无所知。我们年龄相若，教育背景相似，很快便成知己。

朱曦好像没有进过小学，她的耽误入学是为了要在家侍奉年高的外祖母马太夫人，马太夫人无子，仅育一女，那就是朱曦的母亲。传闻朱曦的父亲因暴病逝世，当时瞒了即将临盆的太太，不知为了什么，朱太太甫生产不久，便知道了丧夫的消息，以致一恸而亡。遗下一群子女均由外祖母抚养长大，迨哥哥姐妹相继离家远道求学，只有朱曦自愿失学在家陪奉外祖母，直至马太夫人逝世后，才由长沙去北京姑母家。

朱曦所以去湖郡女校，也许因为其堂妹朱骄（字君允）及同乡刘菊淡在该校肄业的原故。她初去校时完全是闺阁式美人，举一例证明，她穿的是平底绣花缎鞋及白竹布短袜，在那时女学生已没有人穿那种鞋和袜了。她与我都是由A、B、C、D开始学英语的。教员是本校前一年毕业生邱丽英女士，吴兴人。

第一学年朱曦、俞雅琴（后为陈鹤琴夫人）、高英凤及我四人同一寝室。民国七年（一九一八）秋，即第二学年，我与朱曦二人得了一间仅容两人的寝室，于是我们朝夕相处，交情又进一步。二人都没有家及任何亲友在吴兴，故周末及假日仍住校内。闲时我们在寝室内话家常，朱曦和我谈她的家世甚详，尤其常谈及她的姑父（秉三公）及五姑母（朱其慧夫人），她对他们的感情好像和自己的父母一样。那时其姑父五旬生日将近，她一有空便在房中绣花，绣的系两个黑缎子靠垫，一绣黄菊花，一绣红梅花，都非常雅美。

民国七年，秋季开学时，来了两位新同学，都是上海人。一是张维桢（后为罗家伦夫人），一是张佩英（后为邵雨湘夫人），她们两人原是好友，和我及朱曦很谈得来，于是我们四人便成为好友了。

当时，礼拜堂的牧师是江长川先生（后成名牧师，据说他是为蒋公介石施洗礼的人），我入学约一星期，他邀我晤谈，问我懂不懂"道理"，我说不懂，他便讲上帝如何如何的爱世人，信上帝的人将来会上天堂，等等，要我多听道，多读《圣经》。从此隔些时就要我去他办公室，考问懂了多少道理，读了多少《圣经》，渐渐地他要我领洗礼，我总以让我多读点《圣经》，多听点讲道再说。直到最后一学年，有一天江牧师又要我去见他，他一开口便说："毛彦文，你到底领不领洗？如果不领洗，你上不了天堂，将来会下地狱……"我冲口而出："我还年轻不想死，不要上天堂。"江气极了，说："你这女孩子真调皮，你的灵魂不会得救的！"（因为江牧师这句话，我终身没有入教。）

民国八年（一九一九）五月四日，在北京发生了以北京大学学生为首的学生运动，抗议第一次世界大战后，巴黎和平会议对于我国不公平的待遇，即将以前德国人在我国青岛取得的特权让与日本。初则北大学生联络北京其他学校学生罢课游行示威，逐渐扩展到全国工商界罢课罢工，这便是"五四运动"。

那时吴兴县中小学也联合起来响应罢课游行。湖郡女校系教会学校，非常保守，洋校长是不许我们参加的。有一天，一群男学生在我们校门外大喊："有胆量的洋奴滚出来！"我们听了非常激动，认为这是奇耻大辱，立即要求洋校长让我们参加游行，终被拒绝。校长说："你们这些女孩子，如果要出去游行，那么全体离开学校，我把校门关起来。"于是全校骚然，不顾一切，立刻召集全校紧急会议，为首的学生是朱曦、张维桢、张佩英、陈达人、毛忆春、毛彦文六人。同学推我们六人为代表，向吴兴县学生联合会求援，请他们协助我们全校一百五十余人迁出学校。他们替我们找到一所会馆（忘其名），我们六人即引导全校同学离开湖郡女校。洋校长此时无法阻止，自悔说错了话。大约离校一星期光景，校长觉得无处世经验的年轻女孩，如果在外出了差错，她得负很大责任，故派人来与我们商量，要我们搬回学校，照常上课，倘学生会通知游行、演讲等事，允许我们参加。校长已让步，我们在外不舒适，乐得答应回校。于是，我们忙着写标语、演讲、游行，还办了一份《吴兴妇女周刊》，由我编辑，这些活动对于功课当然有妨碍。

校长在我们搬出学校时，去信通知我们六个代表的家长，要他们把我们接回家。去信后只有朱曦的姑母熊夫人朱其慧女士采取行动，立即来电报，说她的三姑母病危，要她速回北京。朱曦信以为真，匆匆北上，到家才知道被骗，但家人已不许她回湖郡。因此她改进天津中西女校。彼此友情，并不因分离而中断，我们仍不断地书信往返。

五、北京女高师

我于民国九年（一九二〇）夏在湖郡女校毕业，是年秋季南京高等师范学校开始招收女生（也许是国内第一所男女兼收的高等学校），我很兴奋，有此机会，即去报名。但不数日报名证件（文凭等）被退回，理由是：湖郡女校系教会学校，未向政府立案，没有资格参加国立学校入学考试。我非常失望，正在一筹莫展时，北京女子高等师范学校招生，并且每省考生中有免费名额，即去报名。考试是在杭州省教育会举行，考试结果，我是浙江省第一名录取。这使我想起同是国立高等师范学校，为什么南京的高师，我连参加考试的资格也没有，而北女高师竟录取我第一名？当时南高师的教务长是陶知行（后改为陶行知），我气愤不平，写封公开信登在上海《时事新报·学灯栏》质问他为何南、北高等师范有如此不同的标准？此信一发表，引起好多同情者，年轻学生（男的居多）纷纷投稿责问。陶寄一私人信，略谓他是限于法令，不是有意拒绝我，如果我向往南高师，可先去北女高师读一学期，然后以北女高师学生资格申请转学，他一定欢迎我。我认为既被拒绝入学考试于前，绝不愿申请转学于后，于是北上入学。

因去北京太早，学校尚未开学，故暂寄住表妹朱豪夫家，即叶华伯先生家中（叶家于我到北京一个月后即迁回南方）。我初到北京，对它非常陌生，加之语言（纯北京话）有些隔阂，大有飘零异乡的感觉，于是写信与在天津中西女校肄业的朱曦，告诉她我已来北京，她接信后即来看我，真有他乡遇故知的欣悦。朱曦带我去她姑丈家，并把我介绍给她的姑丈熊希龄先生、姑母朱其慧夫人，承他们以长辈之礼招待，这是我初次认识熊氏伉俪。同时朱曦又介绍她的胞妹朱巇（后为董时进夫人）及堂姊妹朱畹（朱经农胞妹，后为饶毓泰夫人），她们两人都在女高师肄业，这样我不寂寞了，进校后她们便是同学兼朋友。尤其朱巇照顾周到，她代我买了一小本子，刻了一枚父亲名字的图章，每逢周末，她和我拿了小本子去教务处，打上家长的图章，便去熊府度周末了。（朱家的子侄辈在北京没有家，以熊府为家。）

朱其慧夫人的兄弟辈都英年早逝，遗下孤儿、孤女都由姑母教养成人，他们全住在熊家，故我有机会认识朱家的姊妹兄弟。

我在北女高师进的是英文系，系主任吴贻芳，名教授如：毛子水、陈钟凡、李大钊、刘廷芳、张耀翔、徐亦蓁等都是本校的教授。北女高师造就不少人才，现在在台湾知名度较高的有江学珠、苏雪林，前者为教育家，后者为文学家，她们都与我同时（苏与我同学一年即毕业，江同学两年）。当年在北洋军阀时代，教育经费不充裕，教育部常发不出薪水，国立大学、高等师范等学校欠薪数月是常有的事，所以教授不得已，曾一度全体罢教。

记得在校第二学年的第一学期，教授罢教，我在十分无奈的情形下，去学校对面教会办的培华女校补习英文。有一天早晨刚走到会客室门口（女高师的会客室设在学校大门前中间，出入必须经过），有一人站起来行一鞠躬礼，等我走到他面前，阻我前进，要我坐下谈谈。我说不认识他，他说不要紧，既然见到苏梅（苏雪林在女高师是用苏梅为学名，后改用今名）女士，就是朋友了。我很生气，一冲而出校门，两小时课上完后回校时，径去质问苏梅为什么有这样鲁莽的男友，在旁的同学哄然大笑说："原来是你冒充苏梅！"事情是这样的，有一谢姓男生登报说将出版白话诗（那时白话诗是很时髦的），可以预约购买，苏梅预约印了一本，迨书出版寄来后，苏梅看完写了一篇批评文章，登在《晨报》上，于是笔战开始，谢写了辩驳文登在《京报》上，连日你来我往，热闹非常。有一男高师学生读了苏梅文章，着了迷，迭次去信苏梅，要求面谈，她置之不理，此人有些精神恍惚起来，亲来女高师求见，不巧碰错了人。当时我离开会客室，这位仁兄也离去，在路边摊上喝了汽水，因付不出钱，跟摆摊的人冲突起来，摔倒受伤，送进医院，一时传为趣谈。后来此男生登报向某女士，即本人，道歉。同时苏与谢的笔战越来越凶，加入笔战的人也越来越多。一天《京报》忽然登出一篇标题为《呜呼苏梅》的文章，内容不堪入目，不是论诗，而是谩骂。至此胡适之先生出来说话了，要双方停止笔战，此事方告结束。这在当时是轰动学界的新闻，也是我在女高师经历的一段小插曲。

六、金陵女大

民国十一年（一九二二）秋季，我转学到南京金陵女子大学（那时称大学，在教育部立案后改称金陵女子文理学院）。因为转学，我在女高师两年选修的功课当中，有几门功课的学分金女大不承认，所以我成为在一年级与二年级之间的未分班学生，有些功课分在一年级上，有些分在二年级上，读完一年后才正式为三年级学生。

英文课我被分在二年级，第二次上课即碰上每月一次的English Club Meeting，那是上课时用英语学习开会程序，临时选一位主席。忽听有人提名"毛彦文"，立刻有人附议，而且全体通过。提名的人是章嵒——即"展"

字古写——国学大师章太炎的女儿，附议的是刘蓉士。我当时几乎哭出来，这种用英语进行的开会方式，我从来没有经验过，当然不肯上讲台做主席，当时英文老师Miss Union（也许不是这个字，记不起怎样拼的了）很慈祥地说："你上去，我会告诉你怎么做。"我含泪被迫上讲台，糊糊涂涂地过了一小时。可是心中非常愤怒！这是老生欺侮新生的陋习，非报复不可。于是跑到章展寝室门口（金女大校规，不能进入他人寝室）大叫，要她出来论理，彼此争吵一番，出出气。我们中国人有句老话："不打不相识"，我这举动引起章展的好奇心，认为这个新生有胆量。从此，我们成为好朋友。

民国十四年（一九二五），我在金陵女大毕业之后，便受聘于南京江苏第一中学，为初中部教员兼女生指导（是年该校初次收女生，男女同校）。在该校两年，北伐军兴，民国十六年（一九二六）春，南京被围，学校停课。我偕三妹辅文（在东南大学肄业）和五妹同文（在金女大附中肄业），冒险逃到杭州。原拟回江山家中，乃道路不通，只得暂且在杭州住下。先拟住女青年会，有人说女青年会系帝国主义机构，在被打倒之列，不能住，乃改住城站旅馆。三人挤在一间房内，正一筹莫展时，有一晚我已就寝，忽有人敲门说要看毛彦文，同文请他明天来，那在门外的人说："我是毛彦文的老师，叫她起来。"相见之下，始知他是前杭州女子师范学校教教育课的张葆灵先生。他看见我们的狼狈情形，便说："明天你们去省政府司法科（后改为司法厅）看我，我会安排你们的工作。"

七、浙江省政府

张老师那时任省政府委员兼司法科主管，经他安排，我在司法科当科员，辅文、同文则在省政府图书馆工作，如此有一个月。有一天省政府被包围，自上午八时起至下午五时止，禁止员工进出，我被困在办公室内一天。傍晚解围后出来，才知道是逮捕共产党员，我们事先一无所知。省政府主席宣中华被押去上海枪决。省政府改组，我们姊妹三人依然留下蝉联。同文年幼，不愿继续在图书馆工作，回江山家中，我与辅文留下。

浙江省政府内部大幅改组，约半个月后各厅才正式成立，开始办公。省党部之改组先行完成。我与辅文因省府改组，暂停办公，是否留职，不得而知，十分焦急。适此时同乡姜绍谟需由江西到达杭州，接收省党部，需人孔急，他要我去党部妇女部为秘书，部长是葛武启（妇女部由男人做部长，足见当时妇女人才之短缺）。我告诉姜，我不是国民党员，他说没关系，于是我便做起妇女部秘书来了。不久葛武启他调，杭州名律师沈尔乔接任部长，他特去女青年会看我，面邀继续秘书职，不知何故，没有多时沈又离职了，许宝驹到任，仍留我为秘书，我成了三朝元老。那时省党部对外活动频繁，经常开这个会那个会，妇女部便由我代表出席这些集会，每次都要讲话，所谓部长，其实是挂名的。因之好多人对我的印象很深，这也说明女界人才不多。

不久省政府各厅正式成立，发表职员名单中我为司法厅科员。但我已任职省党部妇女部，能否兼职成问题，于是去见司法厅厅长阮荀伯先生，这位长官非常慈祥，恳切地告诉我，他早知道我在妇女部，所以仍要我为科员，是想栽培一位懂法律的女性。他把两处办公时间替我分配了一下：上午八时至十时及下午二时至三时在司法厅，余时去妇女部。我又告诉他，不懂"等因奉此"的公文程序，他立刻请章绥谦科长来，随时教我拟稿并代为修改。这样像慈父和老师的长官，令我感服莫名。我在司法厅约有半年，有一天阮厅长要我去见他，他说："昨天民政厅马厅长（马叙伦）来说，查你的履历，在金女大主修教育，辅修社会学，不适宜在司法厅，应调去民政厅。"我听了非常惊惶，好容易把公文程序学得有点头绪，忽然又要他调，冲口而出说不愿去民政厅。阮厅长说，他也不愿我调厅，但我是女的，马厅长既然指名要调，他不便强留，好在两厅都在一幢房屋内（那时各厅都在一处），倘我有疑问，仍旧可以请章科长帮忙解决。

事后才知道，马叙伦厅长调我去民政厅系抵制当时杭州名人王碧华。王指责马不够开明，他厅内连一个女职员也没有，故毛遂自荐，要马任用她。

马把我调过去，表示民政厅有女职员了，王便无话可说。

初进省政府时，主席是张静江，当时政局动荡不稳，五日京兆，时时调动。后来蒋伯诚为省府主席（也许代理），有一次总理纪念周，台上坐着全体省府委员，台下站着各厅职员。蒋主席忽然指名"毛彦文同志上台演讲"。事先并未通知，听了愕然！不肯上去，蒋连叫三次，同事劝我赶快上去，不然主席太没面子了。我深感这是对女职员的一种戏弄，非常生气，勉强上台说："承蒙主席抬举，命令说话，想系临时考试彦文是否合格作省府职员，希望及格，谢谢主席。"鞠躬下台。回到办公厅，刚坐下，有一工友来说："马寅初委员请。"这是我初次认识马委员，他说："你刚才表现得很得体，这个地方不适合你工作，为什么不出国深造？有什么事我可以帮忙的吗？"我告诉他已向美国密歇根大学申请奖学金，明春才知道是否得着，谢谢他的奖励与关怀。

八、密歇根大学

民国十八年（一九二九）秋，我因得到美国密歇根州安娜堡的密歇根大学（University of Michigan, Ann Arbor）的Barbour Scholarship赴美。这个奖学金系由美人Levi Lewis Barbour设立。一九一二年，他偕夫人周游世界各国，到了远东的中国、日本、朝鲜、印度等国家，发现当地女子教育落后，而且医药情形更差，回国后拨出一笔现金在密歇根大学设立奖学金，专为远东女生而设。该大学设一奖学金委员会管理之，名"Barbour Scholarship Committee"。这个奖学金的委员会经营捐款得法，为东南亚各国造就不少女界人才。最初要学医的女生方可申请，后放宽标准，只要该女生在本国大学毕业平均分数八十分以上，有两位教授的介绍信，经该奖学金委员会审查合格便给予。在二十年代这是很优厚的奖学金，每月八十美元，学杂费由委员会缴付，有些节省的女生，每月还有余钱。一九二〇年除普通奖学金外，又加fellowship，每名每年两千美元，得此种奖学金的人，须在本国学术界已有成就，由该国学术团体或大学推荐。

半世纪以前，我国女子高等教育已较任何东南亚国家为进步，所以被选中的女生较多。国人得奖学金，最早的有丁懋英和吴贻芳，丁学医回国后在天津开妇科医院，吴回国后为金女大校长。我那年各国得奖学金的女生共有二十二人，中国即占七人。与我同时得奖学金的，有郭美德（沪江大学）、刘菊淡（南开大学）、张肖松（金女大）、吴鼎（由日本去美，其母为日本人）。稍早几年去的而仍与我同在密大的，还有朱潋、包自立、丁懋英、高君珊。葛成慧于一九二九年得到，与我同时在密大，彼此过从甚密，成为好友。

我于民国十八年七月乘美国的克利夫兰总统号邮轮（S. S. President Cleveland）赴美。船上有一百五十余名男女学生，几乎全是清华毕业的官费留学生，约二十名来自其他学校，女生不到十名。那时邮轮规定学生须坐头等舱，头等有两种，第一种是真头等，每人一房；第二种系头等中的两等，两人一房。我们全体学生都是两人一房，我与王粲芝（秋瑾的女儿）共一房。上船第一晚上有Captain Dinner（船长请宴），很是隆重，乘客须穿礼服，王粲芝上身穿短圆角衣，下身穿长裙，一出现便引起男生哄然大笑，因为那种衣服已过时，旗袍为当令衣着。自从那晚以后，王即不出房门，每餐都由仆役送至房中。我因同船有金女大同学，日间便与她们混在一起，晚上才回房中，王粲芝常跟我闲谈，说了好多当时的掌故，很为有趣，举一例：她问我认识张默君及邵元冲吗，我说认识前者，不认识后者。她告诉我她因找邵元冲担保两千美元保证金（当时美移民局要留学生付两千元保证金），连去他家三次，门房都说邵先生不在家，最后一次她火了，说要坐在邵家等邵回来才走，门房这才偷偷告诉她，应说拜访邵先生及夫人，不能只说要见邵先生一人，依言通报进去，邵氏夫妻果然接见了。

船行二十多天到了西雅图，梅贻琦先生那时为清华留学生监督来接船，第二天大家便各奔前程。我到校已迟，女生宿舍没有空位，租了一间校外住处，不能举炊，三餐都要在外觅食，很不习惯。安娜堡冷得非常早，九月初便飘雪。初次下雪时，我打电话给朱激，告诉她不出去赴约共进晚餐了，朱坚持要我去她处，我打了伞去，她见状大笑，说这儿没人下雪打伞的，要我赶快把伞收起来。雪自九月下到第二年三四月间，地上全是冰，一不小心就滑倒，树上结的冰柱，十分美观，用"冰天雪地"来形容此大学城，最为恰当。第二学期搬进女生宿舍Helen Newberry Hall。一人一房，非常舒适。每天除三餐外，下午还有茶点，晚上九时后有点心，每月付膳宿费三十元。安娜堡是一个以学校为重心的小镇，几乎所有商店都为学生而营业。

当时我国男女学生在密大的约有四五十人，有学生会之组织，每学期开会一次，餐叙、跳舞、聊天，大家心情欢乐，但也仅此而已，平常各忙所忙，很少往来。与我交往较密切的同学有朱激、郭美德、包自立、曹用先（查良鉴的元配夫人）等。曹与查去密校时系未婚夫妻，一九三〇年夏他们在安娜堡结婚，这是我国同学在密大的大事，大家都喜气洋洋，多方协助，令婚礼尽善尽美。曹用先是一位学识丰富、待人诚挚的人，朋友中我最欣赏她，不幸她来台不久便病逝，至今我仍有失去知己之痛！

初上课有困难，教授的话不能完全懂，笔记写不完全，只有拼命地上图书馆，经过一段时间适应，一切困难都克服了。我主修中等教育行政，辅修社会学。所以选中等教育行政，因有一个愿望，希望回国能办一所够水准的中学校。我认为中等教育最为重要，如果一个学生在中学时代打下各科的良好基础，同时学好道德规范，到了大学将为优秀的大学生，对于功课则事半功倍，对于做人处事将成为一个正直无私的标准好公民。可惜这个愿望，始终未能实现，徒有幻想而已！

第二年拿到硕士学位后，原拟继续攻读，不料此时母亲病重，父亲迭函催促回国。只好于六月间离校，好友曹用先等送行，短短两年，匆匆过去，所学虽稍有所得，终有不够深入之憾。密大良好的教育、宏伟的校园、可爱的小镇、同学诚挚的友谊，都令我依依不忍离去！

九、返国执教

一九三一年夏，同学高君珊、葛成慧及我三人偕同回国，取道欧洲旅游。第一站由纽约乘船去英国。英国是一个古色古香的国家，她的英语与美国变调的英语不同，初听很不容易懂。我们住的旅馆房间内有三个灯：一个在天花板上，一个在床头，另一个在梳妆台上，三个灯不能同时全亮，床头的亮，其余两灯便不亮了。我们以为电线有毛病，叫来女侍，她说："你如要梳妆，用梳妆台灯，其余两灯便不必亮了，因为你不能同时做几样事。"在美国房内所有的灯都可同时打开，这证明英国节俭多了。我们在伦敦勾留了两星期，参观了不少名胜，如大英博物馆、西敏寺、圣保罗大教堂、温莎古堡、泰晤士河，及看白金汉宫卫队换班等。第二站去巴黎，巴黎给我印象最深的是沿街咖啡座，皆由五颜六色的伞支撑着，一个人可以在此消遣整天，看书、阅报、写情书、与朋友或情侣聊天。这种浪漫气氛是别国少有的。至于古迹，当然很多，最出名的卢浮宫、凡尔赛宫等处，我们也走马看花地参观一下。又去瑞士、比利时等处与法国附近的国家游览，终站是德国的柏林。因我们要在柏林乘俄国的西伯利亚火车，经过俄国，须申请过境签证，痴痴地等了一个月，签证才发下。这期间我们住一私人住宅，房主是两个年过半百的未婚姊妹，很和善且勤快。柏林给我的印象是到处整洁、民风厚朴。那一个月内，我们游览附近名胜，以及看电影、逛百货公司、逛街，有时也学着喝点啤酒，藉以消磨时间。

西伯利亚火车分两等：一是硬座，须旅客自备卧具，一间房内上下铺各两个，容四人，男女不分；一是软座，两个铺位，供卧具。前者较便宜，我们三人买了硬座，好不容易找到另一女客，凑足四人。车上没有茶水，不卖膳食，须旅客自己预备干粮带上车。至于茶水，则火车到每一站便停下，旅客自己下车取水。车行甚速，好像都在沙漠中奔驰。车进入俄国境界时，看见俄人大排长龙，等候买黑面包，那副穷苦景象令人心酸。在车上过了约一星期，终于到哈尔滨。下车。一进国门，犹如回到了家，那份喜悦，难以形容。同坐火车的还有三位本国男士，我们去市上饱餐一顿，地道北方菜，其味无穷。勾留一天，随即乘火车去天津，我在天津下车，高君珊和葛成慧径赴上海。

在天津，我先找到一家旅馆，略事休息后，即去拜访南开大学校长张伯苓先生，他坚留我住在该校女生宿舍，令宿舍管理员顾如女士招待，盛情可感。由顾女士处得知，熊夫人朱其慧女士新近去世。她在世时曾以侄辈相待，尤以民国十二年（一九二三）夏，她在南京金陵女子大学主持我与朱君毅解除婚约一事，那份爱护的情义，令我深铭五中，故特赴平吊唁。到了熊府晋见秉三先生，他那时悼亡情深，形容悲戚，略慰唁几语，即去晤多年不见的旧同学朱曦。好友重逢，欣快莫名，她留我住在她家叙旧，三天后南下赴南京，住同文家。第二天报纸第一版头条新闻登载惊人消息，沈阳失守，日本军阀已开始武装侵略！这就是民国二十年（一九三一）的"九一八"事变。旬日前我曾经过哈尔滨、沈阳那些地方，不料转瞬间便成沦陷区！沈云龙先生在他《抗战十四年，胜利四十年》（登载《传记文学》第四十七卷第三期，一九八五年九月号）一文内说："一般所习称的'八年抗战'系指起自民国二十六年'七七'卢沟桥事变，以迄民国三十四年'九九'南京受降而言。然按诸抗战史实，残有未谛。溯民国二十年'九一八'沈阳事变！突发之初，日军首袭北大营，我守军第六二〇团团长王铁汉即予还击，此时抗战实已开始。"从此，日本军阀蚕食华北，渐侵全国，我举国奋起抗战，不计牺牲，不辞艰苦，终于得到胜利。

未回国前，即致函前女高师及金女大教授陈钟凡先生（在这两校，我都选他的课，他对我很奖励），恳他代找一教职，那时陈在上海任国立暨南大学文学院院长，校长为郑洪年先生。很顺利地得他复信，谓已在暨南大学教育系为我谋到一个教授职位，不久即寄来聘书，并要我九月前到上海见郑校长。陈先生与郑校长约好八月底某日，由他陪我去郑公馆。我们二人进入客厅时，郑坐在沙发上阅报，并未因有客人放下报纸。陈钟凡先生说："校长，我带毛彦文先生（当时称老师为先生）来拜见您。"郑说："请坐。"仍旧阅报，并没看我们一眼。约有一刻钟光景，郑放下报纸，朝我观看一下说："毛先生，你是专任教授，月薪二百元，每星期教六小时课，校中需要女生指导，所以请你担任此职，住在女生宿舍，你必须严厉管理女生，有什么问题和我磋商。"

我在上海无住处，做女生指导可住在校内，很为满意。可是隔了几天，陈钟凡先生寄来快信，要我立刻去见他。见面后他告诉我，郑校长说，我年纪太轻，女生指导恐不能胜任，已另聘他人，加六小时课，每周十二小时，仍为专任。当时又气又失望！于是去看在复旦大学任教的同学郭美德女士，向她诉苦。美德说："复旦正在物色女生指导，我陪你去见李登辉校长，也许他会请你。"李校长系华侨出身，毫无官僚气派，爽真诚恳，系一恂恂儒者。一见面便肯定请我做女生指导。可是他说只做女生指导，怕女生轻视，还须教几点钟课，于是马上找来教育系主管安排科目与钟点，每周教五小时。李校长又用英语对我说："Don't push the girls too hard. You work slowly but steadily."这真是"塞翁失马，安知非福"，我同时得了两所大学的职位，复旦大学在江湾，暨南大学在真如，每周一、三、五三天在暨南，余时在复旦。

开学不久，在暨南校园内，忽然遇到以前女高师同班同学胡淑光，问她为何来此，她说："在南京很闷，出来找点事做散散心，郑校长请我在大学部做女生指导，在中学部教六小时课。"于是恍然大悟，郑洪年校长把女生指导改聘胡淑光，是为应酬，因为当年胡的丈夫是教育部高等教育司的司长，亦即暨南大学的顶头上司。大约隔了一个多月，有一天我在暨大下课后去找胡淑光，她已离去，女生宿舍内到处贴着"打倒泼妇胡淑光"的标语。我找到胡，问她原因，她愤怒地说："郑校长要我严厉管理女生，我照办，引起女生反抗，去找他，他说：'你不要做女生指导，专教中学部的书好了。'"听了心悸不已，如果郑没有改聘胡，我也许会跟胡遭受同样的打击！

我每周往返于两大学之间，一切顺利，与复旦女生相处融洽，亦师亦友。几年下来，相安无事。至今在台湾尚有女生邵梦兰、姚兆如、施祖佩等与我时相往来，尤其邵梦兰校友非常多礼，这是她以身作则的美德。至于在两大学授课，也很顺利，师生感情融洽，直到民国二十三年（一九三四）寒假辞去两校教职，大家还依依不舍。当时复旦李校长不允许我辞职，理由是聘约要翌年六月才到期。经秉三先生亲去校磋商，并向校长秘书长金通尹先生关说，才得谅解。

（选自《往事》，百花文艺出版社二〇〇七年版）

陆.

枕畔好书伴我眠——我的自学小史

梁漱溟

胡绳

沈从文

老舍

陈垣

严北溟

陈从周

我的自学小史（节选）

梁漱溟

思想家　哲学家　教育家

　　学问必经自己求得来者，方才切实有受用。反之，未曾自求者就不切实，就不会受用。俗语有"学来的曲儿唱不得"一句话，便是说：随着师傅一板一眼地模仿着唱，是不中听的。必须将所唱曲调吸收融会在自家生命中，而后自由自在地唱出来，才中听。学问和艺术是一理：知识技能未到融于自家生命而打成一片地步，知非真知，能非真能。真不真，全看是不是自己求得的。一分自求，一分真得；十分自求，十分真得。"自学"这话，并非为少数未得师承的人而说；一切有师傅教导的人，亦都非自学不可。不过比较地说，没有师承者好像"自学"意味更多就是了。

　　我愿指出：我虽自幼不断地学习以至于今，然却不着重在书册上，而宁在我所处时代环境一切见闻。我又不是为学问而学问者，而大抵为了解决生活中亲切实际的问题而求知。因此在我的自学小史上，正映出了五十年来之社会变动、时代问题。倘若以我的自述为中心线索，而写出中国最近五十年变迁，可能是很生动亲切的一部好史料。现在当然不是这样写，但仍然可以让青年朋友得知许多过去事实，而了然于今天他所处社会的一些背景。

我生在这样一个家庭

距今五十年前，我生于北京。那是清光绪十九年癸巳，西历一八九三年，亦就是甲午中日大战前一年。甲午之战是中国近百年史中最大关节，所有种种剧烈变动皆由此起来。而我的大半生，恰好是从那一次中日大战到这一次中日大战。

我家原是桂林城内人。但从祖父离开桂林，父亲和我们一辈便都生长在北京了。母亲亦是生在北方的，而外祖张家则是云南大理人，从外祖父离开云南，没有回去。祖母又是贵州毕节刘家的。在中国说：南方人和北方人不论气质上或习俗上都颇有些不同的。因此，由南方人来看我们，则每当成我们是北方人；而在当地北方人看我们，又以为是来自南方的了。我一家人，兼有南北两种气息，而富于一种中间性。

从种族血统上说，我们本是元朝宗室。中间经过明清两代五百余年，不但旁人不晓得我们是蒙古族，即自家不由谱系上查明亦不晓得了。在几百年和汉族婚姻之后的我们，融合不同的两种血，似亦具一中间性。

从社会阶级成分上说，曾祖、祖父、父亲三代都是从前所谓举人或进士出身而做官的。外祖父亦是进士而做官的。祖母、母亲都读过不少书，能为诗文。这是所谓"书香人家"或"世宦之家"。但曾祖父做外官（对京官而言）卸任，无钱而有债。祖父来还债，债未清而身故。那时我父亲只七八岁，靠祖母开蒙馆教几个小学生度日，真是寒苦之极。父稍长到十九岁，便在"义学"中教书，依然寒苦生活，世宦习气于此打落干净；市井琐碎，民间疾苦，倒亲身尝历的；四十岁方入仕途，又总未得意，景况没有舒展过。因此在生活习惯上意识上，并未曾将我们后辈限于某一阶级中。

父母生我们兄妹四人。我有一个大哥，两个妹妹。大哥留学日本明治大学商科毕业。两妹亦于清朝最末一年毕业于"京师女子初级师范学堂"。我们的教育费，常常是变卖母亲妆奁而支付的。

像这样一个多方面荟萃交融的家庭，住居于全国政治文化中心的北京，自无偏僻固陋之患。又遭逢这样一个变动剧烈的时代，见闻既多，是很便于自学的。

我的父亲

促成我之自学的，完全是我父亲。所以必要叙明我父亲之为人，和他对我的教育。

吾父是一秉性笃实的人，而不是一天资高明的人。他做学问没有过人的才思，他做事情更不以才略见长。他与母亲一样天生的忠厚；只他用心周匝细密，又磨炼于寒苦生活之中，好像比较能干许多。他心里相当精明，但很少见之于行事。他最不可及处，是意趣超俗，不肯随俗流转，而有一腔热肠，一身侠骨。

因其非天资高明的人，所以思想不超脱。因其秉性笃实而用心精细，所以遇事认真。因为有豪侠气，所以行为只是端正，而并不拘谨。他最看重事功，而不免忽视学问。前人所说"不耻恶衣恶食，而耻匹夫匹妇不被其泽"的话，正好点出我父一副心肠。——我最初的思想和做人，受父亲影响，亦就是这么一路（尚侠、认真、不超脱）。

父亲对我完全是宽放的。小时候，只记得大哥挨过打，这亦是很少的事。我则在整个记忆中，一次也没有过。但我似乎并不是不"该打"的孩子。我是既呆笨，又执拗的。他亦很少正言厉色地教训过我们。我受父亲影响，并不是受了许多教训，而毋宁说是受一些暗示。我在父亲面前，完全不感到一种精神上的压迫。他从未以端凝严肃的神气对儿童或少年人。我很早入学堂，所以亦没有从父亲受读。

十岁前后（七八岁至十二三岁）所受父亲的教育，大多是下列三项：一是讲戏；父亲平日喜看戏，即以戏中故事情节讲给儿女听。一是携同出街，购买日用品，或办一些零碎事；其意盖在练习经理事物，懂得社会人情。一是关于卫生或其他的许多嘱咐，总要儿童知道如何照料自己身体。例如：

正当出汗之时，不要脱衣服；待汗稍止，气稍定再脱去。

不要坐在当风地方，如窗口门口过道等处。

太热或太冷的汤水不要喝，太燥太腻的食物不可多吃。

光线不足，不要看书。

诸如此类之嘱告或指点，极其多，并且随时随地不放松。

还记得九岁时，有一次我自己积蓄的一小串钱（那时所用铜钱有小孔，例以麻线贯串之），忽然不见。各处寻问，并向人吵闹，终不可得。隔一天，父亲于庭前桃树枝上发现之，心知是我自家遗忘，并不责斥，亦不喊我来看。他却在纸条上写了一段文字，大略说：

一小儿在桃树下玩耍，偶将一小串钱挂于树枝而忘之。到处向人寻问，吵闹不休。次日，其父亲打扫庭院，见钱悬树上，乃指示之。小儿始自知其糊涂云云。

写后交与我看，亦不做声。我看了，马上省悟跑去一探即得，不禁自怀惭意。——即此事亦见先父所给我教育之一斑。

到十四岁以后，我胸中渐渐自有思想见解，或发于言论，或见之行事。先父认为好的，便明示或暗示鼓励，他不同意的，让我晓得他不同意而止，却从不干涉。十七八九岁时，有些关系颇大之事，他仍然不加干涉，而听我去。就在他不干涉之中，成就了我的自学。那些事例，待后面即可叙述到。

瘠弱而又呆笨

我自幼瘠瘦多病，气力微弱，未到天寒，手足已然不温。亲长皆觉得，此儿怕不会长命的。五六岁时，每患头晕目眩，一时天旋地转，坐立不稳，必须安卧始得。七八岁后，虽亦跳掷玩耍，总不如人家活泼勇健。在小学里读书，一次盘杠子跌下地来，用药方才复苏，以后更不敢轻试。在中学时，常常看着同学打球踢球，而不能参加。人家打罢踢罢了，我方敢一个人来试一试。又因为爱用思想，神情颜色皆不像一个少年。同学给我一个外号"小老哥"。——广东人呼小孩原如此的;但北京人说来,则是嘲笑话了。

却不料后来,年纪长大,我倒很少生病。三十以后,愈见坚实,寒暖饥饱,不以为意。素食至今满三十年,亦没有什么营养不足问题。每闻朋友同侪或患遗精,或患痔血,或胃病,或脚气病,在我一切都没有。若以体质精力来相较,反而为朋辈所不及。久别之友,十几年以至二十几年不相见者,每都说我现在还同以前一个样子,不见改变。因而人多称赞我有修养。其实,我亦不知道我有什么修养。不过平生嗜欲最淡,一切无所好。同时,在生活习惯上,比较旁人多自知注意一点罢了。

小时候,我不但瘠弱,并且很呆笨的。约莫六岁了,自己还不会穿裤子。因裤上有带条,要从背后系引到前面来,打一结扣,而我不会。一次早起,母亲隔屋喊我,为何还不起床。我大声气愤地说:妹妹不给我穿裤子呀!招引得家里人都笑了。原来天天要妹妹替我打这结扣才行。

十岁前后,在小学里的课业成绩,比一些同学都较差。虽不是极劣,总是中等以下。到十四岁入中学,我的智力乃见发达,课业成绩间有在前三名者。大体说来,我只是平常资质,没有过人之才。在学校时,不算特别勤学;出学校后,亦未用过苦功。只平素心理上,自己总有对自己的一种要求,不肯让一天光阴随便马虎过去。

经过两度家塾、四个小学

我于六岁开始读书,是经一位孟老师在家里教的。那时课儿童,入手多是《三字经》《百家姓》,取其容易上口成诵。接着就要读"四书五经"了。我在《三字经》之后,即读《地球韵言》,而没有读"四书"。《地球韵言》一书,现在恐已无处可寻得。内容多是一些欧罗巴、亚细亚、太平洋、大西洋之类;作于何人,我亦记不得了。

说起来好似一件奇特事,就是我对于"四书五经"至今没有诵读过,只看过而已。这在同我一般年纪的人是很少的。不读"四书",而读《地球韵言》，当然是出于我父亲的意思。他是距今四十五年前，不主张儿童读经的人。这在当时自是一破例的事。为何能如此呢？大约由父亲平素关心国家大局，而中国当那些年间恰是外侮日逼。例如：

父亲心里激动很大。因此他很早倾向变法维新。在他的日记中有这样一段话：

却有一种为清流所鄙，正人所斥，洋务西学新出各书，断不可以不看。盖天下无久而不变之局，我只力求实事，不能避人讥讪也。［光绪十年（一八八四）四月初六日日记《论读书次第缓急》］

到光绪二十四年（一八九八），就是我开蒙读书这一年，正赶上光绪帝变法维新。停科举，废八股，皆他所极端赞成；不必读四书，似基于此。只惜当时北京尚无学校可入。而《地球韵言》则是便于儿童上口成诵，四字一句的韵文，其中略说世界大势，就认为很合用了。

次年我七岁，北京有第一个"洋学堂"（当时市井人都如此称呼）出现，父亲便命我入学。这是一位福建陈先生创办的，名曰"中西小学堂"。现在看来，这名称似乎好笑。大约当时系因其既念中文，又念英文之故。可惜我从那幼小时便习英文而到现在亦没学得好。

八岁这一年，英文念不成了。这年闹"义和团"——后来被称为拳匪——专杀信洋教（基督教）或念洋书之人。我们只好将《英文初阶》《英文进阶》（当时课本）一齐烧毁。后来因激起欧美、日本八国联军入北京，清帝避走陕西，历史上称为"庚子之变"。

庚子之变后，新势力又抬头，学堂复兴。九岁，我入"南横街公立小学堂"读书。十岁，改入"蒙养学堂"，读到十一岁。十二岁十三岁，又改在家里读书，是联合几家亲戚的儿童，请一位奉天刘（讷）先生教的。十三岁下半年到十四岁上半年，又进入"江苏小学堂"——这是江苏旅居北京同乡会所办。

因此，我在小学时代前后经过两度家塾四个小学。这种求学得不到安稳顺序前进，是与当时社会之不安、学制之无定有关系的。

从课外读物说到我的一位父执

我的自学，最得力于杂志报纸。许多专门书或重要典籍之阅读，常是从杂志报纸先引起兴趣和注意，然后方觅它来读的。即如中国的经书以至佛典，亦都是如此。其他如社会科学各门的书，更不待言。因为我所受学校教育，从上面说的小学及后面说的中学而止，而这些书典都是课程里没有的。同时我又从来不勉强自己去求学问，做学问家；所以非到引起兴趣和注意，我不去读它的——我之好学是到真好才去学的，而对某方面学问之兴趣和注意，总是先借杂志报纸引起来。

我的自学作始于小学时代。奇怪的是在那样新文化初开荒时候，已有人为我准备了很好的课外读物。这是一种《启蒙画报》和一种《京话日报》。创办人是我的一位父执，而且是对于我关系深切的一位父执。他的事必须说一说。

他是彭翼仲先生（诒孙），苏州人而长大在北京。祖上状元宰相，为苏州世家巨族。他为人豪侠勇敢，其慷爽尤为可爱。论体魄，论精神，俱不似苏州人，却能说苏州话。他是我的谱叔，因他与我父亲结为兄弟之交，而年纪小于我父。他又是我的姻丈，因我大哥是他的女婿，他的长女便是我的长嫂。他又是我的老师，因前说之"启蒙学堂"就是他主办的，我在那里从学于他。

他的脾气为人（豪侠勇敢）和环境机缘（家住江南、邻近上海得与外面世界相通），就使他必然成为一个爱国志士维新先锋。距今四十年前（一九〇二年），他在当时全国首都——北京——创办了第一家报纸，严格讲，它是第二家。一九〇一年先有《顺天时报》出版。但《顺天时报》完完全全为日本人所办。但就中国人自办者说，它是第一家，广东人朱淇所办《北京日报》为第二家。当时草创印刷厂，还是请来日本工人作工头的。蒙养学堂和报馆印刷厂都在一个大门里，内部亦相通。我们小学生常喜欢去看他们印刷排版。

彭公手创报纸，计共三种。我所受益的是《启蒙画报》；于北方社会影响最大的，乃是《京话日报》；使他自身得祸的，则是《中华报》。

《启蒙画报》最先出版。它是给十岁上下的儿童阅看的。内容主要是科学常识，其次是历史掌故、名人轶事，再则如《伊索寓言》一类的东西亦有；却少有今所谓"童话"者。例如天文、地理、博物、格致（"格物致知"之省文，当时用为物理化学之总名称）、算学等各门都有。全是白话文，全有图画（木板雕刻无彩色）。而且每每将科学撰成小故事来说明。讲到天象，或以小儿不明白，问他的父母，父母如何解答来讲。讲到蚂蚁社会，或用两兄弟在草地上玩耍所见来讲。算学题以一个人做买卖来讲。诸如此类，儿童极其爱看。历史如讲太平天国，讲"平定"新疆等。就是前二年的庚子变乱，亦作为历史，剖讲甚详。名人轶事如司马光、范仲淹很多古人的事，以至外国如拿破仑、华盛顿、大彼得、俾斯麦、西乡隆盛等都有。那便是长篇连载的故事了。图画为永清刘炳堂先生（用烺）所绘。刘先生极有绘画天才，而不是旧日文人所讲究之一派。没有学过西洋画，而他自得西画写实之妙。所画西洋人尤为神肖，无须多笔细描而形象逼真。计出版首尾共有两年之久。我从那里面不但得了许多常识，并且启发我胸中很多道理，一直影响我到后来。我觉得近若干年所出儿童画报，都远不及它。

《启蒙画报》出版不久，就从日刊改成旬刊（每册约三十多页），而别出一小型日报，就是《京话日报》，内容主要是新闻和论说。新闻以当地（北京）社会新闻占三分之二，还有三分之一是"紧要新闻"，包括国际国内重大事情。论说多半指陈社会病痛，或鼓吹一种社会运动，甚有推动力量，能发生很大影响，绝无敷衍篇幅之作。它以社会一般人为对象，而不是给"上流社会"看的。因为是白话，所以我们儿童亦能看，只不过不如对《启蒙画报》之爱看。

当时风气未开，社会一般人都没有看报习惯。虽取价低廉，而一般人家总不乐增此一种开支。两报因此销数都不多。而报馆全部开支却不小。自那年（一九〇二年）春天到年尾，从开办设备到经常费用，彭公家产已赔垫干净，并且负了许多债。年关到来，债主催逼，家中妇女怨讁，彭公忧煎之极，几乎上吊自缢。本来创办之初，我父亲实赞助其事，我家财物早已随着赔送在内；此时还只有我父亲援救他。后来从父亲日记和银钱摺据上批注中，见出当时艰难情形和他们做事动机之纯洁伟大——他们一心要开发民智，改良社会。这是由积年对社会腐败之不满，又加上庚子（一九〇〇年）亲见全国上下愚昧迷信不知世界大势，几乎招取亡国大祸，所激动的。

这事业屡次要倒闭，终经他们坚持下去，最后居然得到亨通，到第三年，报纸便发达起来了。然主要还是由于鼓吹几次运动，报纸乃随运动之扩大而发达。一次是东交民巷（各国使馆地界）一个外国兵，欺侮中国贫民，坐人力车不给钱，车夫索钱，反被打伤。《京话日报》一面在新闻栏详记其事，一面连日著论表示某国兵营如何要惩戒要赔偿才行，并且号召所有人力车夫联合起来，事情不了结，遇见某国兵就不给车子乘坐。事为某国军官所闻，派人来报馆查询，要那车夫前去质证。那车夫胆小不敢去，彭公即亲自送他去。某国军官居然惩戒兵丁而赔偿车夫。此事虽小，而街谈巷议，轰动全城，报纸销数随之陡增。另一次是美国禁止华工入境，并对在美华工苛待。《京话日报》就提倡抵制美货运动。我还记得我们小学生亦在通衢闹市散放传单，调查美货等。此事在当时颇为新颖，人心殊见振奋，运动亦扩延数月之久。还有一次反对英属非洲虐待华工，似在这以前，还没有这次运动热烈。最大一次运动，是国民捐运动。这是由报纸著论，引起读者来函讨论，酝酿颇久而后发动的。大意是为庚子赔款四万万两，分年偿付，为期愈延久，本息累积愈大；迟早总是要国民负担，不如全体国民自动一次拿出来。以全国四万万人口计算，刚好每人出一两银子，就可以成功。这与后来民国初建时，南京留守黄克强（兴）先生所倡之"爱国捐"，大致相似。此时报纸销路已广，其言论主张已屡得社会拥护。再标出这大题目来，笼罩到每一个人身上，其影响之大真是空前。自车夫小贩、妇女儿童、工商百业以至文武大臣、皇室亲王，无不响应。后因彭公获罪，此事就消沉下去。然至辛亥革命时，在大清银行（今中国银行之前身）尚存有国民捐九十几万银两。计算捐钱的人数，要在几百万以上。

报纸的发达，确实可惊。不看报的北京人，几乎变得家家看报，而且发展到四乡了。北方各省各县，像奉天黑龙江（东）、陕西甘肃（西）那么远，都传播到。同时亦惊动了清廷。西太后和光绪帝都遣内侍传旨下来，要看这报。之所以这样发达，亦是有缘故的。因这报纸的主义不外一是维新，一是爱国，浅近明白正切合那时需要。社会上有些热心人士，自动帮忙，或多购报纸沿街张贴，或出资设立"阅报所""讲报处"之类。还有被人呼为"醉郭"的一位老者，原以说书卖卜为生。他改行，专门讲报，作义务宣传员。其他类此之事不少。

《中华报》最后出版。这是将《启蒙画报》停了才出的。在版式上，不是单张的而是成册的。内容以论政为主，文体是文言文。这与《京话日报》以"大众"为对象的，当然不同了。似乎当年彭公原无革命意识，而此报由其妹婿杭辛斋先生（慎修，海宁人）主笔，他却算是革命党人。我当时学力不够看这个报，对它没有兴趣，所以现在不大能记得其言论主张如何。

到光绪三十二年（一九〇六年），《中华报》出版有一年半以上，《京话日报》则届第五年，清政府逮捕彭杭二公并封闭报馆。其实彭公被捕，此已是第二次，不过在我的自学史内不必叙他太多了。这次罪名，据巡警部（如今之内务部）上奏清廷，是"妄论朝政、附和匪党"。杭公定罪是递解回籍，交地方官严加管束；彭公是发配新疆，监禁十年。其内幕真情，是为袁世凯在其北洋营务处（如今之军法处）秘密诛杀党人，《中华报》予以揭出之故。

后来革命，民国成立，举行大赦，彭公才得从新疆回来。《京话日报》于是恢复出版。不料袁世凯帝制，彭公不肯附和，又被封闭。袁倒以后再出版。至民国十年（一九二一），彭公病故，我因重视它的历史还接办一个时期。

自学的根本

在上面叙述了我的父亲，又叙述了我的一位父执。这是意在叙明我幼年之家庭环境和最切近之社会环境。关于这环境方面，以上只是扼要叙述，未能周详。例如我母亲之温厚明通，赞助我父亲和彭公的维新运动，并提倡女学，自己参加北京初创第一间女学校"女学传习所"担任教员等类事情都未及说到。然读者或亦不难想象得之。就从这环境中，给我种下了自学的根本：一片向上心。

一方面，父亲和彭公他们的人格感召，使我幼稚的心灵隐然萌露对社会对国家的责任感，而鄙视那种世俗谋衣食求利禄的"自了汉"生活。另一方面，在那维新前进的空气中，自具一种迈越世俗的见识主张，使我意识到世俗之人虽不必是坏人，但缺乏眼光见识那就是不行的；因此，一个人必须力争上游。所谓一片向上心，大抵在当时便是如此。

这种心理，可能有其偏弊；至少不免流露了一种高傲神情。若从好一方面来说，这里面固含蓄得一点正大之气和一点刚强之气——我不敢说得多，但至少各有一点。我自省我终身受用者，似乎在此。

特别是自十三四岁开始，由于这向上心，我常有自课于自己的责任，不论何事，很少需要人督迫。并且有时某些事，觉得不合我意见，虽旁人要我做，我亦不做。十岁时爱看《启蒙画报》《京话日报》，几乎成瘾，固然已算是自学，但真的自学，必从这里（向上心）说起。所谓自学应当就是一个人整个生命的向上自强，要紧在生活中有自觉。单是求知识，又如我自幼呆笨，几乎全部小学时期皆不如人；自十四岁虽变得好些，亦不怎样聪明。讲学问，又全无根底。乃后来亦居然滥厕学者之林，终幸未落于庸劣下愚，反倒受到社会的过奖过爱。此其故，要亦不外：

一、由于向上心，自知好学，虽没有用过苦功，亦从不偷懒。

二、环境好，机缘巧，总让我自主自动地去学，从没有被动地读过死书，或死读书。换句话说，无论旧教育（老式之书房教育），或新教育（欧美传来之学校教育），其毒害唯我受得最少。

总之，向上心是自学的根本，而今日我所有成就，皆由自学得来。古书《中庸》上有"虽愚必明，虽柔必强"两句话，恰好借用来说我个人的自学经过（原文第二句不指身体而言，第一句意义亦较专深，故只算借用）。

五年半的中学

我于十四岁那一年（一九〇六年）的夏天，考入"顺天中学堂"（地址在地安门外兵将局）。此虽不是北京最先成立的一间中学，却是与那最先成立的"五城中学堂"为兄弟者。"五城"指北京的城市；"顺天"指顺天府（京兆）。福建人陈璧，先为五城御史，创五城中学；后为顺天府尹，又设顺天中学。两个学堂的洋文总教习，同由王劭廉先生（天津人，与伍光建同留学英国海军）担任。汉文教习以福建人居多，例如五城以林纾（琴南）为主，我们则以一位跛腿陈先生（忘其名）为主。

当时以初设学校，学科程度无一定标准。许多小学比今日中学程度还高，而那时的中学与大学似亦颇难分别。我的同班同学中竟有年纪长我近一倍者；——我十四岁，他二十七岁。有好多同学虽与我们年纪小的同班受课，其实可以为我们的老师而有余。他们诗赋、古文词、四六骈体文，都作得很好；进而讲求到"选学"（昭明文选）。不过因为求出路（贡生、举人、进士）非经过学堂不可，有的机会凑巧得入大学，有的不巧就入中学了。

今日学术界知名之士，如张申府（崧年）、汤用彤（锡予）诸位，皆是我的老同学。论年级，他们尚稍后于我；论年龄，则我们三人皆相同。我在我那班级上是年龄最小的。

当时学堂里读书，大半集中于英算两门。学生的精力和时间，都用在这上边。年长诸同学，很感觉费力；但我于此，亦曾实行过自学。在我那班上有四个人，彼此很要好。一廖福申（慰慈，福建），二王毓芬（梅庄，北京），三姚万里（伯鹏，广东），四就是我。我们四个都是年纪较小的；廖与王稍长一两岁。在廖大哥领导之下，我们曾结合起来自学。

这一结合，多出于廖大哥的好意。他看见年小同学爱玩耍不知用功，特来勉励我们。以那少年时代的天真，结合之初，颇具热情。我记得经过一阵很起劲的谈话以后，四个人同出去，到酒楼上吃螃蟹，大喝其酒。廖大哥提议彼此不用"大哥""二哥""三哥"那些俗气；而主张以每个人的短处标出一字来，作为相呼之名，以资警惕。大家都赞成此议，就请他为我们一个个命名。他给王的名字，是"懦"；给姚的名字，是"暴"；而我的就是"傲"了。真的，这三个字都甚恰当。我是傲，不必说了。那王确亦懦弱有些妇人气；而姚则以赛跑跳高和足球擅长，原是一粗暴的体育大家。最后，他自名为"惰"。这却太谦了。他正是最勤学的一个呢！此大约因其所要求于自己的，总感觉不够之故；而从他自谦其惰，正可见出其勤来了。

那时每一班有一专任洋文教习，所有这一班的英文、数学、外国地理都由他以英文原本教授。这些位洋文教习，全是天津水师学堂出身，为王劭廉先生的门徒。我那一班是位吕先生（富永）。他们秉承王先生的规矩，教课认真，做事有军人风格。当然课程进行得并不慢，但我们自学的进度，总还是超过他所教的。如英文读本Carpenter Reader（亚洲之一本），先生教到全书的一半时，廖已读完全书，我亦能读到三分之二；纳氏英文文法，先生教第二册未完，我与廖研究第三册了；代数、几何、三角各书，经先生开一个头，廖即能自学下去，无待于先生教了。我赶不上他那样快，但经他携带，总亦走在先生教的前边。廖对于习题一个个都做，其所做算草非常清楚整齐悦目。我便不行了，本子上很多涂改，行款不齐，字迹潦草。比他显得忙乱，而进度反在他之后。廖自是一天才，非平常人之所及。然从当年那些经验上，使我相信没有不能自学的功课。

同时，廖还注意国文方面之自学。他在一个学期内，将一部《御批通鉴辑览》圈点完毕。因其为洋版书（当时对于木版书外之铜印、铅印、石印各书均作此称）字小，而每天都是在晚饭前划出一点时间来作的，天光不足。所以到圈点完功，眼睛变得近视了。这是他不晓得照顾身体，很可惜的。这里我与他不同。我是不注意国文方面的。国文讲义我照例不看；国文先生所讲，我照例不听。我另有我所用的功夫，如后面所述，而很少看中国旧书。但我国文作文成绩还不错，偶然亦被取为第一名。我总喜欢作翻案文章，不肯落俗套。有时能出奇制胜，有时亦多半失败。记得一位七十岁的王老师十分恼恨我。他在我作文卷后，严重地批着"好恶拂人之性，灾必逮夫身"的批语。而后来一位范先生偏赏识我。他给我的批语，却是"语不惊人死不休"。

十九岁那一年（一九一一年）冬天，我们毕业。前后共经五年半之久。本来没有五年半的中学制度，这是因为中间经过一度学制变更，使我们吃亏。

中学时期之自学

在上面好像已叙述到我在中学时之自学，如自学英文、数学等课，但我所谓自学尚不在此。我曾说了：

所有上节所述只是当年中学里面一些应付课业的情形，还没有当真说到我的自学。

真的自学，是由于向上心驱使我在两个问题上追求不已：一人生问题；二社会问题，亦可云中国问题。此两个问题互有关联之处，不能截然分开，但仍以分别言之为方便。从人生问题之追求，使我出入于西洋哲学、印度宗教、中国周秦宋明诸学派间，而被人看作是哲学家。从社会问题之追求，使我参加了中国革命，并至今投身社会运动。今届五十之年，总论过去精力，无非用在这两问题上面；今后当亦不出乎此。而说到我对此两问题如何追求，则在中学时期均已开其端。以下略述当年一些事实。

我很早有我的人生思想。约十四岁光景，我胸中已有了一价值标准，时时用以评判一切人和一切事。这就是凡事看它于人有没有好处，和其好处的大小。假使于群于己都没有好处，就是一件要不得的事了。掉转来，若于群于己都有顶大好处，便是天下第一等事。以此衡量一切并解释一切，似乎无往不通。若思之偶有扞格室碍，必辗转求所以自圆其说者。一旦豁然复有所得，便不禁手舞足蹈，顾盼自喜。此时于西洋之"乐利主义""最大多数幸福主义""实用主义""工具主义"等等，尚无所闻。却是不期而然，恰与西洋这些功利派思想相近。

这思想，显然是受先父的启发。先父虽读儒书，服膺孔孟，实际上其思想和为人乃有极像墨家之处。他相信中国积弱全为念书人专务虚文，与事实隔得太远之所误。因此，平素最看不起做诗词做文章的人，而标出"务实"二字为讨论任何问题之一贯的主张。务实之"实"，自然不免要以"实用""实利"为其主要涵义。而专讲实用实利之结果，当然流归到墨家思想。不论大事小事，这种意思在他一言一动之间到处流露贯彻。其大大影响到我，是不待言的。

不过我父只是有他的思想见解而止，他对于哲学并没有兴趣。我则自少年时便喜欢用深思。所以就由这里追究上去，究竟何谓"有好处"？那便是追究"利"和"害"到底何所指，必欲分析它，确定它。于是就引到苦乐问题上来。又追究到底何谓苦，何谓乐？对于苦乐的研究，是使我探入中国儒家印度佛家的钥匙，颇为重要。后来所作《究元决疑论》中，有论苦乐的一段，尚可见一斑。而这一段话，却完全是十六七岁在中学时撰写的旧稿。在中学里，时时沉溺在思想中，亦时时记录其思想所得。这类积稿当时甚多，现在无存。

然在当时受中国问题的刺激，我对中国问题的热心似又远过于爱谈人生问题。这亦为当时在人生思想上，正以事功为尚之故。

当时——光绪末年宣统初年——正亦有当时的国难。当时的学生界，亦曾激于救国热潮而有自请练学生军的事，如"九一八"后各地学生之所为者。我记得我和同班同学雷国能兄，皆以热心这运动被推为代表，请求学堂监督给我们特聘军事教官，并发给枪支，于正课外加练军操。此是一例。其他像这类的事，当然很多。

为了救国，自然注意政治而要求政治改造。像民主和法治等观念，以及英国式的议会制度、政党政治，早在三十五年前成为我的政治理想。后来所作《我们政治上第一个不通的路——欧洲近代民主政治的路》，其中诠释近代政治的话，还不出中学时那点心得。的确，那时对于政治自以为是大有心得的。

自学资料及当年师友

无论在人生问题上或在中国问题上，我在当时已能取得住在北中国内地的人所可能有的最好自学资料。我拥有梁任公先生主编的《新民丛报》壬寅、癸卯、甲辰（一九〇二~一九〇四）三整年六巨册和《新小说》（杂志月刊）全年一巨册（以上约共五六百万言）。——这都是从日本传递进来的。还有其他从日本传递进来的或上海出版的书报甚多。此为初时（一九〇七年）之事。稍后（一九一〇年后）更有立宪派之《国风报》（旬刊或半月刊，在日本印行），革命派之上海《民立报》（日报），按期陆续收阅。——这都是当时内地寻常一个中学生，所不能有的丰富资财。

《新民丛报》一开头有任公先生著的《新民说》，他自署即曰"中国之新民"。这是一面提示了新人生观，又一面指出中国社会应该如何改造的；恰恰关系到人生问题中国问题的双方，切合我的需要，得益甚大。任公先生同时在报上有许多介绍外国某家某家学说的著作，使我得以领会不少近代西洋思想。他还有关于古时周秦诸子以至近世明清大儒的许多论述，意趣新而笔调健，皆足以感发人。此外有《德育鉴》一书，以立志、省察、克己、涵养等分门别类，辑录先儒格言（以宋明为多），而任公自加按语跋识。我对于中国古人学问之最初接触，实资于此。虽然现在看来，这书是无足取的，然而在当年却给我的助益很大。这助益，是在生活上，不徒在思想上。

《新民丛报》除任公先生自作文章约占十分之二外，还有其他人如蒋观云先生（智由）等的许多文章和国际国内时事记载等，约居十分之八，亦甚重要。这些能助我系统地了解当日时局大势之过去背景。因其所记壬寅、癸卯、甲辰（一九〇二~一九〇四）之事正在我读它时（一九〇七~一九〇九）之前也。由于注意时局，所以每日报纸如当地之《北京日报》《顺天时报》《帝国日报》等，外埠之《申报》《新闻报》《时报》等，都是我每天必不可少的读物。谈起时局来，我都很清楚，不像普通一个中学生。

《国风报》上以谈国会制度、责任内阁制度、选举制度、预算制度等文章为多；其他如国库制度、审计制度，乃至银行货币等问题，亦常谈到。这是因为当时清廷筹备立宪，各省咨议局亦有联合请愿开国会的运动，各省督抚暨驻外使节在政治上亦有许多建议，而梁任公一派人隐然居于指导地位，即以《国风报》为其机关报。我当时对此运动亦颇热心，并且学习了近代国家法制上许多知识。

革命派的出版物，不如立宪派的容易得到手。然我终究亦得到一些。有《立宪派与革命派之论战》一厚册，是将梁任公和胡汉民（展堂）、汪精卫等争论中国应行革命共和抑行君主立宪的许多文章，搜集起来合印的；我反复读之甚熟。其他有些宣传品主于煽动排满感情的，我不喜读。

自学条件，书报资料固然重要，而朋友亦是重要的。在当时，我有两个朋友必须说一说。

一是郭人麟（一作仁林），字晓峰，河北乐亭县人。他年长于我二岁，而班级则次于我。他们一班，是学法文的；我们则学英文。因此虽为一校同学，朝夕相见，却无往来。郭君颜貌如好女子，见者无不惊其美艳，而气敛神肃，眉宇间若有沉忧；我则平素自以为是，亦复神情孤峭。彼此一直到第三年方始交谈。但经一度交谈之后，我思想上竟发生极大变化。

我那时自负要救国救世，建功立业，论胸襟气概似极其不凡；实则在人生思想上，是很浅陋的。对于人生许多较深问题，根本未曾理会到。对于古今哲人高明一些的思想，不但未加理会，并且拒绝理会之。盖受先父影响，抱一种狭隘功利见解，重事功而轻学问。具有实用价值的学问，还知注意；若文学，若哲学，则直认为误人骗人的东西而排斥它。对于人格修养的学问，感受《德育鉴》之启发，固然留意；但意念中却认为"要做大事必须有人格修养才行"，竟以人格修养作方法手段看了。似此偏激无当浅薄无根的思想，早应当被推翻。无如一般人多半连这点偏激浅薄思想亦没有。尽管他们不同意我，乃至驳斥我，其力量却不足以动摇我之自信。恰遇郭君，天资绝高，思想超脱，虽年不过十八九而学问几如老宿。他于老、庄、易经、佛典皆有心得，而最喜欢谭嗣同的"仁学"。其思想高于我，其精神亦足以笼罩我。他的谈话，有时嗤笑我，使我惘然如失；有时顺应我要作大事业的心理而诱进我，使我心悦诚服。我崇拜之极，尊之为郭师，课暇就去请教，记录他的谈话订成一巨册，题曰"郭师语录"。一般同学多半讥笑我们，号之为"梁贤人、郭圣人"。

自与郭君接近后，我一向狭隘的功利见解为之打破，对哲学始知尊重，这在我的思想上，实为一大转进。那时还有一位同学陈子方，年纪较我们都大，班级亦在前，与郭君为至好。我亦因郭而亲近之。他的思想见解、精神气魄，在当时亦是高于我的，我亦同受其影响。现在两君都不在人世。

另一朋友是甄元熙，字亮甫，广东台山县人。他年纪约长我一二岁，与我为同班，却是末后插班进来的。本来陈与郭在中国问题上皆倾向革命，但非甚积极。甄君是（一九一〇年）从广州上海来北京的，似先已与革命派有关系。我们彼此同是对时局积极的，不久成了很好的朋友。

但彼此政见不大相同。甄君当然是一革命派。我只热心政治改造，而不同意排满。在政治改造上，我又以英国式政治为理想，否认君主国体民主国体在政治改造上有什么等差不同。转而指责民主国，无论为法国式（内阁制），抑美国式（总统制），皆不如英国政治之善。——此即后来辛亥革命中，康有为所唱"虚君共和论"。在政治改造运动上，我认为可以用种种手段，而莫妙于俄国虚无党人的暗杀办法。这一面是很有效的，一面又破坏不大，免遭国际干涉。这些理论和主张，不待言是从立宪派得来的；然一点一滴皆经过我的往复思考，并非一种学舌。我和甄君时常以此作笔战，亦仿佛梁（任公）、汪（精卫）之所为；不过他们在海外是公开的，我们则不敢让人知道。

后来清廷一天一天失去人心，许多立宪派人皆转而为革命派，我亦是这样。中学毕业期近，武昌起义爆发，到处人心奋动，我们在学堂里更呆不住。其时北京的、天津的和保定的学生界秘密互有联络，而头绪不一。适清廷释放汪精卫。汪一面倡和议，一面与李石曾、魏宸组、赵铁桥等暗中组织京津同盟会。甄君同我即参加其中，是为北方革命团体之最大者。所有刺良弼、刺袁世凯和在天津暴动的事，皆出于此一组织。

（选自《我的生活小史》，三联书店二〇一三年版）

漫谈自学经验及其他（节选）

胡绳

哲学家　近代史专家

　　一些青年朋友要我谈谈自学、读书和写作的经验。我说不出什么系统的东西，只好来一次漫谈。

正规教育与自学

　　既然是讲经验，不能不说到我的学习经历。我在一九二五年，七岁半时开始上小学。由于在上学以前，曾读过师范学校的父亲已经教会了我和比我长一岁的姐姐识字，并且教我们读了唐诗的一些绝句和《论语》，也教了一点新的语文和算术课本，所以我一进小学就读五年级。初中，因为功课赶不上和生病，多读了一年。高中先后进了两个学校，读满了三年。中学毕业后，我考入北京大学哲学系。但在大学里，只学了一年就离开了。所以我先后共受了十年正规学校的教育，这以后就靠自学了。

　　在大学的一年中，我不满足于学校里的几门课程，用很多时间在图书馆里看书。这时我已经学了一点马克思主义。我之所以自动离开大学，是因为感到那时大学里上的课没有什么意思。现在回顾起来，这种想法含有幼稚的成分。旧社会的大学哲学系，教师讲的自然是唯心论，其实学点这类课程还是有用的，可以从中获得一些基本知识。比如，在那一年中我听了郑昕教授讲的逻辑，学到了些形式逻辑的基本知识。形式逻辑要求使用的概念必须前后一致，进行推理必须有必要的严密性。形式逻辑的有些内容看起来好像繁琐，但对锻炼正确的思维能力还是有益处的。那时我也听了汤用彤教授讲的哲学概论，选修了张颐教授讲的西洋哲学史。这使我多少懂得了唯心论哲学的基本概念，对我后来进一步自学哲学有不少好处。总之，在从一九二五年到一九三五年的十年的正规学校教育中，我学了一些基本的文化知识，包括语文、史地以及自然科学的基本知识。在中学里的几位语文教员（那时叫国文教员）应该说是很优秀的教员，我现在还能记得在初中三年级时一位姓诸的教员充满感情地向孩子们讲《离骚》的情景。这段学校教育为我后来自学打下基础。正规的基本的文化知识教育确实是很重要的。现在我们党要求干部必须具备专业知识，但是如果没有基本的文化知识，是很难学好专业知识的。所以，青年朋友们应该继续努力学习语文、史地、自然科学、哲学、外语等等，把基础打好。

一九三五年，我离开北大到上海后，一边学写文章，以维持生活，一边自己继续学习。当时我主要是自学哲学，从古希腊哲学学起，尽可能地把当时我能找到的各家著作的译本都读一下。在两年的时间里，陆陆续续地从古希腊哲学读到十七世纪培根、霍布斯的著作。抗日战争的爆发使我中断了这个比较系统的学习。我除自学哲学外，也看历史、经济学等方面的各种书籍。小说是从小就看的，看的第一本小说大概是什么《小五义》。十岁以前家里可看的书不多，《水浒传》反复看了好几遍。到中学时可以从图书馆借书了，从读平江不肖生的《江湖奇侠传》、礼拜六派文人用文言翻译的《福尔摩斯侦探案》，逐渐地过渡到读新文学，先看冰心和郭沫若的作品，然后接触到鲁迅的著作，接触到十九世纪俄国和法国的小说。一本《欧洲文艺思潮概论》使我知道了文学原来有这么多流派。漆树芬著、郭沫若作序的《帝国主义侵略下的中国》也许是我看到的第一本理论书，这本书使我知道关于什么叫帝国主义还有种种不同的解释，知道了中国的贫穷落后是由于遭受帝国主义的侵略压迫而造成的。

关于读书

人们常说，专和博要结合，这话是对的。在比较集中地攻一门知识的同时，应该尽可能广泛地把各种门类和各种品种的书都读一些。我对有些方面的书没有读过，没有能力读，至今引为憾事。最近胡耀邦同志向中青年干部提出了一个要求，即需要阅读两亿字的书。有的同志估算了一下，认为一个人要用五十年的时间才能实现这个要求。这就是说，每年读四十万字，每天读一万多字。我倒认为年轻的同志应该努力在十五年到二十年的时间内完成这个任务，这是可以做到的。两亿字的书当然包括小说，包括可以使人增长见闻、丰富知识的人物传记、旅游记、记述历史史实的著作等等，这些并不都是需要正襟危坐，逐句细读的。我认为，应该养成快读的能力和习惯。有许多书是可以快读的，快读的能力是可以训练出来的。比如看小说，一小时可以看四五万字。读学术著作当然不能像看小说那样快，但许多书平均一小时读两万字左右是能够做到的。即使是马恩全集里的文章，有的需要精读，但有的可以较快地浏览。在两亿字的书中，如果说四分之一的书要精读，四分之三的书可以浏览，那么，每天抽出两小时来读书，在十五年到二十年的时间里完成这个任务是可能的。

一九三一年"九一八"事变后，全国性的学生运动席卷到苏州这个城市。一九三二年"一二·八"事变的上海战争对于苏州的学生更产生了强烈的影响。这时我开始阅读马列主义的书。最早对我影响较大的是瞿秋白的《社会科学概论》、郭沫若的《中国古代社会研究》、华岗的《中国大革命史》。这最后一本书是被严禁的书，一个旧书店老板悄悄地从书堆中取出来卖给我的。我也开始读当时已有译本的《反杜林论》《哲学的贫困》等等。那时我才十四五岁，这些马列著作当然不能全读懂，只能有个模模糊糊的印象。不久，艾思奇的《大众哲学》在《读书生活》杂志发表了，这时我已上了大学。这本书是很受欢迎的。艾思奇比我大不了几岁，但是他的《大众哲学》给我的印象较深，它使我从那些艰深的译著中得到的模糊印象有了比较明确的概念。早期的译本往往很难懂，要一字一句去抠是很难办到的。所以，我读马列著作养成了一种习惯，观其大意，不去抠其中个别词句。这可能不是个好习惯。但不从总体上、基本精神上去了解，而死死地抓住一句两句话甚至几个字，好像到处是微言大义，恐怕也不是好办法。

一九四〇年、一九四一年我在重庆，认真地通读了郭大力、王亚南合译的《资本论》三卷，这比以前有过的几种不完全的译本是好读多了。我读《资本论》比较仔细，但当时也不能完全读懂。对马列主义著作，要反复学习。有好些书，不能只读一遍，需要多读几遍。但不是说读完一遍后很快又再读第二遍，而是说隔若干年后再来重新学习。在一九五六年左右，我把许多读过的马列主义著作重新读了一遍，收获就很不一样。正像有人所说，年轻人也可以欣赏一句格言，但他对格言的理解和一个年纪大一点有了一些经历的人的理解就大不相同。所以，马列主义的一些著作必须反复学习，要结合实际工作和研究工作的需要，有计划地反复阅读。

（原载《自学》月刊，一九四二年）

　　我能正确记忆到我小时的一切，大约在两岁左右。我从小到四岁左右，始终健全肥壮如一只小豚。四岁时母亲一面告给我认方字，外祖母一面便给我糖吃，到认完六百生字时，腹中生了蛔虫，弄得黄瘦异常，只得每天用草药蒸鸡肝当饭。那时节我就已跟随了两个姐姐，到一个女先生处上学。那人既是我的亲戚，我年龄又那么小，过那边去念书，坐在书桌边读书的时节较少，坐在她膝上玩的时间或者较多。

　　到六岁时，我的弟弟方两岁，两人同时出了疹子。时正六月，日夜皆在吓人高热中受苦。又不能躺下睡觉，一躺下就咳嗽发喘。又不要人抱，抱时全身难受。我还记得我同我那弟弟两人当时皆用竹簟卷好，同春卷一样，竖立在屋中阴凉处。家中人当时业已为我们预备了两具小小棺木搁在廊下。十分幸运，两人到后居然全好了。我的弟弟病后家中特别为他请了一个壮实高大的苗妇人照料，照料得法，他便壮大异常。我因此一病，却完全改了样子，从此不再与肥胖为缘，成了个小猴儿精了。

　　六岁时我已单独上了私塾。如一般风气，凡是私塾中给予小孩子的虐待，我照样也得到了一份。但初上学时我因为在家中业已认字不少，记忆力从小又似乎特别好，比较其余小孩，可谓十分幸福。第二年后换了一个私塾，在这私塾中我跟从了几个较大的学生，学会了顽劣孩子抵抗顽固塾师的方法，逃避那些书本去同一切自然相亲近。这一年的生活形成了我一生性格与感情的基础。我间或逃学，且一再说谎，掩饰我逃学应受的处罚。我的爸爸因这件事十分愤怒，有一次竟说若再逃学说谎，便当砍去我一个手指。我仍然不为这话所恐吓，机会一来时总不把逃学的机会轻轻放过。当我学会了用自己眼睛看世界一切，到不同社会中去生活时，学校对于我便已毫无兴味可言了。

　　我爸爸平时本极爱我，我曾经有一时还作过我那一家的中心人物。稍稍害点病时，一家人便光着眼睛不睡眠，在床边服侍我，当我要谁抱时谁就伸出手来。家中那时经济情形还很好，我在物质方面所享受到的，比起一般亲戚小孩似乎都好得多。我的爸爸既一面只做将军的好梦，一面对于我却怀了更大的希望。他仿佛早就看出我不是个军人，不希望我做将军，却告诉我祖父的许多勇敢光荣的故事，以及他庚子年间所得的一份经验。他因为欢喜京戏，只想我学戏，做谭鑫培。他以为我不拘做什么事，总之应比作个将军高些。第一个赞美我明慧的就是我的爸爸。可是当他发现了我成天从塾中逃出到太阳底下同一群小流氓游荡，任何方法都不能拘束这颗小小的心，且不能禁止我狡猾的说谎时，我的行为实在伤了这个军人的心。同时那小我四岁的弟弟，因为看护他的苗妇人料理十分得法，身体养育得强壮异常，年龄虽小，便显得气派宏大，凝静结实，且极自重自爱，故家中人对我感到失望时，对他便异常关切起来。这小孩子到后来也并不辜负家中人的期望，二十二岁时便做了步兵上校。至于我那个爸爸，却在蒙古、东北、西藏各处军队中混过，民国二十年（一九三一）时还只是一个上校，在本地土著军队里做军医（后改中医院长），把将军希望留在弟弟身上，在家乡从一种极轻微的疾病中便瞑目了。

　　我有了外面的自由，对于家中的爱护反觉处处受了牵制，因此家中人疏忽了我的生活时，反而似乎使我方便了好些。领导我逃出学塾，尽我到日光下去认识这大千世界微妙的光，希奇的色，以及万汇百物的动静，这人是我一个张姓表哥。他开始带我到他家中橘柚园中去玩，到城外山上去玩，到各种野孩子堆里去玩，到水边去玩。他教我说谎，用一种谎话对付家中，又用另一种谎话对付学塾，引诱我跟他各处跑去。即或不逃学，学塾为了担心学童下河洗澡，每到中午散学时，照例必在每人左手心中用朱笔写一大字，我们尚依然能够一手高举，把身体泡到河水中玩个半天。这方法也亏那表哥想得出来。我感情流动而不凝固，一派清波给予我的影响实在不小。我幼小时较美丽的生活，大部分都与水不能分离。我的学校可以说是在水边的。我认识美，学会思索，水对我有较大的关系。我最初与水接近，便是那荒唐表哥领带的。

现在说来，我在作孩子的时代，原来也不是个全不知自重的小孩子。我并不愚蠢。当时在一班表兄弟中和弟兄中，似乎只有我那个哥哥比我聪明，我却比其他一切孩子懂事。但自从那表哥教会我逃学后，我便成为毫不自重的人了。在各样教训各样方法管束下，我不欢喜读书的性情，从塾师方面，从家庭方面，从亲戚方面，莫不对于我感觉得无多希望。我的长处到那时只是种种的说谎。我非从学塾逃到外面空气下不可，逃学过后又得逃避处罚。我最先所学，同时拿来致用的，也就是根据各种经验来制作各种谎话。我的心总得为一种新鲜声音，新鲜颜色，新鲜气味而跳。我得认识本人生活以外的生活。我的智慧应当从直接生活上吸收消化，却不须从一本好书一句好话上学来。似乎就只这样一个原因，我在学塾中，逃学记录点数，在当时便比任何一人都高。

离开私塾转入新式小学时，我学的总是学校以外的。到我出外自食其力时，又不曾在职务上学好过什么。二十年后我"不安于当前事务，却倾心于现世光色，对于一切成例与观念皆十分怀疑，却常常为人生远景而凝眸"，这种性格的形成，便应当溯源于小时在私塾中的逃学习惯。

自从逃学成习惯后，我除了想方设法逃学，什么也不再关心。

有时天气坏一点，不便出城上山里去玩，逃了学没有什么去处，我就一个人走到城外庙里去。本地大建筑在城外计三十来处，除了庙宇就是会馆和祠堂。空地广阔，因此均为小手工业工人所利用，那些庙里总常常有人在殿前廊下绞绳子，织竹簟，做香，我就看他们做事。有人下棋，我看下棋。有人打拳，我看打拳。甚至于相骂，我也看着，看他们如何骂来骂去，如何结果。因为自己既逃学，走到的地方必不能有熟人，所到的必是较远的庙里。

到了那里，既无一个熟人，因此什么事都只好用耳朵去听，眼睛去看，直到看无可看听无可听时，我便应当设计打量我怎么回家去的方法了。

来去学校我得拿一个书篮。内中有十多本破书，由《包句杂志》《幼学琼林》到《论语》《诗经》《尚书》通常得背诵，分量相当沉重。逃学时还把书篮挂到手肘上，这就未免太蠢了一点。凡这么办的可以说是不聪明的孩子。许多这种小孩子，因为逃学到各处去，人家一见就认得出，上年纪一点的人见到时就会说："逃学的，赶快跑回家挨打去，不要在这里玩。"若无书篮可不必受这种教训。因此我们就想出了一个方法，把书篮寄存到一个土地庙里去，那地方无一个人看管，但谁也用不着担心他的书篮。小孩子对于土地神全不缺少必需的敬畏，都信托这木偶，把书篮好好地藏到神座龛子里去，常常同时有五个或八个，到时却各人把各人的拿走，谁也不会乱动旁人的东西。我把书篮放到那地方去，次数是不能记忆了的，照我想来，搁得最多的必定是我。

逃学失败被家中学校任何一方面发觉时，两方面总得各挨一顿打。在学校得自己把板凳搬到孔夫子牌位前，伏在上面受笞。处罚过后还要对孔夫子牌位作一揖，表示忏悔。有时又常常罚跪至一根香时间。我一面被处罚跪在房中的一隅，一面便记着各种事情，想象恰如生了一对翅膀，凭经验飞到各样动人事物上去。按照天气寒暖，想到河中的鳜鱼被钓起离水以后拨刺的情形，想到天上飞满风筝的情形，想到空山中歌呼的黄鹂，想到树木上累累的果实。由于最容易神往到种种屋外东西上去，反而常把处罚的痛苦忘掉，处罚的时间忘掉，直到被唤起以后为止，我就从不曾在被处罚中感觉过小小冤屈。那不是冤屈。我应感谢那种处罚，使我无法同自然接近时，给我一个练习想象的机会。

家中对这件事自然照例不大明白情形，以为只是教师方面太宽的过失，因此又为我换一个教师。我当然不能在这些变动上有什么异议。对我说来，这倒又得感谢我的家中，因为先前那个学校比较近些，虽常常绕道上学，终不是个办法，且因绕道过远，把时间耽误太久时，无可托词。现在的学校可真很远很远了，不必包绕偏街，我便应当经过许多有趣味的地方了。从我家中到那个新的学塾里去时，路上我可看到针铺门前永远必有一个老人戴了极大的眼镜，低下头来在那里磨针。又可看到一个伞铺，大门敞开，做伞时十几个学徒一起工作，尽人欣赏。又有皮靴店，大胖子皮匠，天热时总映出一个大而黑的肚皮（上面有一撮毛！）用夹板上鞋。又有个剃头铺，任何时节总有人手托一个小小木盘，呆呆的在那里尽剃头师傅刮脸。又可看到一家染坊，有强壮多力的苗人，踹在凹形石碾上面，站得高高的，手扶着墙上横木，偏左偏右的摇荡。又有三家苗人打豆腐的作坊，小腰白齿头包花帕的苗妇人，时时刻刻口上都轻声唱歌，一面引逗缚在身背后包单里的小苗人，一面用放光的红铜勺舀取豆浆。我还必须经过一个豆粉作坊，远远的就可听到骡子推磨隆隆的声音，屋顶棚架上晾满白粉条。我还得经过一些屠户肉案桌，可看到那些新鲜猪肉砍碎时尚在跳动不止。我还得经过一家扎冥器出租花轿的铺子，有白面无常鬼，蓝面阎罗王，鱼龙，轿子，金童玉女。每天且可以从他那里看出有多少人接亲，有多少冥器，那些定做的作品又成就了多少，换了些什么式样。并且还常常停顿下来，看他们贴金敷粉，涂色，一站许久。

我就欢喜看那些东西，一面看一面明白了许多事情。

每天上学时，我照例手肘上挂了那个竹书篮，里面放十多本破书。在家中虽不敢不穿鞋，可是一出了大门，即刻就把鞋脱下拿到手上，赤脚向学校走去。不管如何，时间照例是有多余的，因此我总得绕一节路玩玩。若从西城走去，在那边就可看到牢狱，大清早若干把人从那方面戴了脚镣从牢中出来，派过衙门去挖土。若从杀人处走过，昨天杀的人还没有收尸，一定已被野狗把尸首咋碎或拖到小溪中去了，就走过去看看那个糜碎了的尸体，或拾起一块小小石头，在那个污秽的头颅上敲打一下，或用一木棍去戳戳，看看会动不动。若还有野狗在那里争夺，就预先拾了许多石头放在书篮里，随手一一向野狗抛掷，不再过去，只远远的看看，就走开了。

既然到了溪边，有时候溪中涨了小小的水，就把裤管高卷，书篮顶在头上，一只手扶着，一只手照料裤子，在沿了城根流去的溪水中走去，直到水深齐膝处为止。学校在北门，我出的是西门，又进南门，再绕从城里大街一直走去。在南门河滩方面我还可以看一阵杀牛，机会好时恰好正看到那老实可怜

畜牲放倒的情形。因为每天可以看一点点，杀牛的手续同牛内脏的位置不久
也就被我完全弄清楚了。再过去一点就是边街，有织簟子的铺子，每天任何
时节，皆有几个老人坐在门前小凳子上，用厚背的钢刀破篾，有两个小孩子
蹲在地上织簟子。（我对于这一行手艺所明白的种种，现在说来似乎比写字
还在行。）又有铁匠铺，制铁炉同风箱皆占据屋中，大门永远敞开着，时间
即或再早一些，也可以看到一个小孩子两只手拉着风箱横柄，把整个身子的
分量前倾后倒，风箱于是就连续发出一种吼声，火炉上便放出一股臭烟同红
光。待到把赤红的热铁拉出搁放到铁砧上时，这个小东西，赶忙舞动细柄铁
锤，把铁锤从身背后扬起，在身面前落下，火花四溅的一下一下打着。有时
打的是一把刀，有时打的是一件农具。有时看到的又是这个小学徒跨在一条
大板凳上，用一把凿子在未淬水的刀上起去铁皮，有时又是把一条薄薄的钢片
嵌进熟铁里去。日子一多，关于任何一件铁器的制造程序，我也不会弄错了。
边街又有小饭铺，门前有个大竹筒，插满了用竹子削成的筷子。有干鱼同酸
菜，用钵头装满放在门前柜台上，引诱主顾上门，意思好像是说，"吃我，随
便吃我，好吃！"每次我总仔细看看，真所谓"过屠门而大嚼"，也过了瘾。

　　我最欢喜天上落雨，一落了小雨，若脚下穿的是布鞋，即或天气正当十
冬腊月，我也可以用恐怕湿却鞋袜为辞，有理由即刻脱下鞋袜赤脚在街上走
路。但最使人开心事，还是落过大雨以后，街上许多地方已被水所浸没，许
多地方阴沟中涌出水来，在这些方照例常常有人不能过身，我却赤着两脚故
意向深水中走去。若河中涨了大水，照例上游会漂流得有木头、家具、南瓜
同其他东西，就赶快到横跨大河的桥上去看热闹。桥上必已经有人用长绳系
了自己的腰身，在桥头上呆着，注目水中，有所等待。看到有一段大木或一
件值得下水的东西浮来时，就踊身一跃，骑到那树上，或傍近物边，把绳子
缚定，自己便快快地向下游岸边泅去，另外几个在岸边的人把水中人援助上
岸后，就把绳子拉着，或缠绕到大石上大树上去，于是第二次又有第二人来
在桥头上等候。我欢喜看人在洄水里扳罾，巴掌大的活鲫鱼在网中蹦跳。一
涨了水，照例也就可以看这种有趣味的事情。照家中规矩，一落雨就得穿上

钉鞋，我可真不愿意穿那种笨重钉鞋。虽然在半夜时有人从街巷里过身，钉鞋声音实在好听，大白天对于钉鞋我依然毫无兴味。

若在四月落了点小雨，山地里田塍上各处全是蟋蟀声音，真使人心花怒放。在这些时节，我便觉得学校真没有意思，简直坐不住，总得想方设法逃学上山去捉蟋蟀。有时没有什么东西安置这小东西，就走到那里去，把第一只捉到手后又捉第二只，两只手各有一只后，就听第三只。本地蟋蟀原分春秋二季，春季的多在田间泥里草里，秋季的多在人家附近石罅里瓦砾中，如今既然这东西只在泥层里，故即或两只手心各有一匹小东西后，我总还可以想方设法把第三只从泥土中赶出，看看若比较手中的大些，即开释了手中所有，捕捉新的，如此轮流换去，一整天仅捉回两只小虫。城头上有白色炊烟，街巷里有摇铃铛卖煤油的声音，约当下午三点左右时，赶忙走到一个刻花板的老木匠那里去，很兴奋地同那木匠说：

"师傅师傅，今天可捉了大王来了！"

那木匠便故意装成无动于衷的神气，仍然坐在高凳上玩他的车盘，正眼也不看我地说："不成，要打打得赌点输赢！"

我说："输了替你磨刀成不成？"

"嗨，够了，我不要你磨刀，你哪会磨刀？上次磨凿子还磨坏了我的家伙！"

这不是冤枉我，我上次的确磨坏了他一把凿子。不好意思再说磨刀了，我说：

"师傅，那这样办法，你借给我一个瓦盆子，让我自己来试试这两只谁能干些好不好？"我说这话时真怪和气，为的是他以逸待劳，若不允许我，还是无办法。

那木匠想了想，好像莫可奈何才让步的样子，"借盆子得把战败的一只给我，算作租钱。"

我满口答应："那成，那成。"

于是他方离开车盘，很慷慨地借给我一个泥罐子，顷刻之间我就只剩下一只蟋蟀了。这木匠看看我捉来的虫还不坏，必向我提议："我们来比比，你赢了我借你这泥罐一天；你输了，你把这蟋蟀给我，办法公平不公平？"我正需要那么一个办法，连说"公平，公平"，于是这木匠进去了一会儿，拿出一只蟋蟀来同我的斗，不消说，三五回合我的自然又败了。他的蟋蟀照例却常常是我前一天输给他的。那木匠看看我有点颓丧，明白我认识那匹小东西，担心我生气时一摔，一面赶忙收拾盆罐，一面带着鼓励我神气笑笑地说：

"老弟，老弟，明天再来，明天再来！你应当捉好的来，走远一点。明天来，明天来！"

我什么话也不说，微笑着，出了木匠的大门，空手回家了。

这样一整天在为雨水泡软的田塍上乱跑，回家时常常全身是泥，家中当然一望而知，于是不必多说，沿老例跪一根香，罚关在空房子里，不许哭，不许吃饭。等一会儿我自然可以从姐姐方面得到充饥的东西。悄悄地把东西吃下以后，我也疲倦了，因此空房中即或再冷一点，老鼠来去很多，一会儿就睡着，再也不知道如何上床的事了。

即或在家中那么受折磨，到学校去时又免不了补挨一顿板子，我还是在想逃学时就逃学，决不为处罚所恐吓。

有时逃学又只是到山上去偷人家园地里的李子枇杷，主人拿着长长的竹竿大骂着追来时，就飞奔而逃，逃到远处一面吃那个赃物，一面还唱山歌气那主人。总而言之，人虽小小的，两只脚跑得很快，什么茨棚里钻去也不在乎，要捉我可捉不到，就认为这种事比学校里游戏还很有趣味。

可是只要我不逃学，在学校里我是不至于像其他那些人受处罚的。我从不用心念书，但我从不在应当背诵时节无法对付。许多书总是临时来读十遍八遍，背诵时节却居然朗朗上口，一字不遗。也似乎就由于这份小小聪明，学校把我同一般同学一样待遇，更使我轻视学校。家中不了解我为什么不想上进，不好好地利用自己聪明用功；我不了解家中为什么只要我读书，不让我玩。我自己总以为读书太容易了点，把认得的字记记那不算什么希奇。最希奇处，应当是另外那些人，在他那份习惯下所做的一切事情。为什么骡子推磨时得把眼睛遮上？为什么刀得烧红时在盐水里一淬方能坚硬？为什么雕佛像的会把木头雕成人形，所贴的金那么薄又用什么方法做成？为什么小铜匠会在一块铜板上钻那么一个圆眼，刻花时刻得整整齐齐？这些古怪事情太多了。

我生活中充满了疑问，都得我自己去找寻解答。我要知道的太多，所知道的又太少，有时便有点发愁。就为的是白日里太野，各处去看，各处去听，还各处去嗅闻，死蛇的气味，腐草的气味，屠户身上的气味，烧碗处土窑被雨淋以后放出的气味，要我说来虽当时无法用言语去形容，要我辨别却十分容易。蝙蝠的声音，一只黄牛当屠户把刀劘进它喉中时叹息的声音，藏在田塍土穴中大黄喉蛇的鸣声，黑暗中鱼在水面拨剌的微声，全因到耳边时分量不同，我也记得那么清清楚楚。因此回到家里时，夜间我便做出无数希奇古怪的梦。这些梦直到将近二十年后的如今，还常常使我在半夜里无法安眠，既把我带回到那个"过去"的空虚里去，也把我带往空幻的宇宙里去。

在我面前的世界已够宽广了，但我似乎就还得一个更宽广的世界。我得用这方面得到的知识证明那方面的疑问。我得从比较中知道谁好谁坏。我得看许多业已由于好询问别人，以及好自己幻想所感觉到的世界上的新鲜事情新鲜东西。结果能逃学时我逃学，不能逃学我就只好做梦。

照地方风气说来，一个小孩子野一点的，照例也必须强悍一点，才能各处跑去。因为一出城外，随时都会有一样东西突然扑到你身边来，或是一只凶恶的狗，或是一个顽劣的人。无法抵抗这点袭击，就不容易各处自由放荡。一个野一点的孩子，即或身边不必时时刻刻带一把小刀，也总得带一削尖的竹块，好好地插到裤带上；遇机会到时，就取出来当作武器。尤其是到一个离家较远的地方看木傀儡戏，不准备厮杀一场简直不成。你能干点，单身往各处去，有人挑战时，还只是一人近你身边来恶斗，若包围到你身边的顽童人数极多，你还可挑选同你精力相差不大的一人。你不妨指定其中一个说：

"要打吗？你来。我同你来。"

照规矩，到时也只那一个人拢来。被他打倒，你活该，只好伏在地上尽他压着痛打一顿。你打倒了他，他活该。把他揍够后，你可以自由走去，谁也不会追你，只不过说句"下次再来"罢了。

可是你根本上若就十分怯弱，即或结伴同行，到什么地方去时，也会有人特意挑出你来殴斗，应战你得吃亏，不答应你得被仇人与同伴两方奚落，顶不经济。

感谢我那爸爸给了我一分勇气，人虽小，到什么地方去我总不害怕。到被人围上必须打架时，我能挑出那些同我不差多少的人来，我的敏捷同机智，总常常占点上风。有时气运不佳，无意中被人摔倒，我还会有方法翻身过来压到别人身上去。在这件事上，我只吃过一次亏，不是一个小孩，却是一只恶狗，把我攻倒后，咬伤了我一只手。我走到任何地方去都不怕谁。同时因换了好些私塾，各处皆有些同学，大家既都逃过学，便有无数朋友，因此也不会同人打架了。可是自从被那只恶狗攻倒过一次以后，到如今，我却依然十分怕狗。

至于我那地方的大人，用单刀扁担在大街上决斗本不算回事。事情发生时，那些有小孩子在街上玩的母亲，只不过说："小杂种，站远一点，不要太近！"嘱咐小孩子稍稍站开点儿罢了。本地军人互相砍杀虽不出奇，行刺暗算却不作兴。这类善于殴斗的人物，有军营中人，有哥老会中老幺，有好打不平的闲汉，在当地另成一帮，豁达大度，谦卑接物，为友报仇，爱义好施，且多非常孝顺。但这类人物为时代所陶冶，到民国五年（一九一六）以后也就渐渐消灭了。虽有些青年军官还保存那点风格，风格中最重要的一点洒脱处，却为了军纪一类影响，大不如前辈了。

我有三个堂叔叔、两个姑姑都住在城南乡下，离城四十里左右。那地方名黄罗寨，出强悍的人同猛鸷的兽。我爸爸三岁时，在那里差一点险被老虎咬去。我四岁左右，到那里第一天，就看见四个乡下人抬了一只死虎进城，给我留下极深刻的印象。

我还有一个表哥，住在城北十里地名长宁哨的乡下，从那里再过去十里便是苗乡。表哥是一个紫色脸膛的人，一个守碉堡的战兵。我四岁时被他带到乡下去过了三天，二十年后还记得那个小小城堡黄昏来时鼓角的声音。

这战兵在苗乡有点威信，很能喊叫一些苗人。每次来城时，必为我带一只小斗鸡或一点别的东西。一来为我说苗人故事，临走时我总不让他走。我喜欢他，觉得他比乡下叔父能干有趣。

（选自《从文自传》，北京十月文艺出版社二〇〇八年版）

  《语文学习》杂志的编辑要我谈谈治学之道，惭愧得很，"起舞不辞无气力，爱君吹玉笛。"编辑先生的盛情我何能恳辞呢？说经过也罢，算陈述也罢，"泥上偶然留指爪，鸿飞那复计东西。"不过在我将近七十年的逝去年华中，来谈谈我的读书与自学罢了。

  我是五岁破蒙，读的是私塾，又名蒙馆，人数不过七八人，从早到晚就是读书背书，中午后习字，隔三天要学造句。没有暑假、寒假、星期天，只有节日是休息的，到年终要背年书，就是将一年所读的书全部背出来方可放年学。当时的生活是枯寂的，塾师对学生的责任感是强的，真是一丝不苟。

  家庭教育也是培养孩子的一个重要环节。我八岁丧父，母亲对我这个幼子，既尽慈母爱子之心，又兼负起父责，她要我每晚灯下记账，清晨临帖练习书法，寒暑不辍。

  我对老姑丈陈儒英先生是垂老难忘的。父亲去世后，我十岁那年妈妈将我送入一所美国人开的教会小学上学，插入三年级，但是我家几个弟兄的中文根底，却是老姑丈打下的。他是一位科举出身的老秀才。妈妈将我们几个弟兄托付了他，因此我每天放学后要读古文，星期天加一篇作文，洋学堂外加半私塾。

  记得我幼年读的第一本书就是《千家诗》，至今篇篇都很熟悉，那是得益于当年的背诵。当时有些篇章也一知半解，但我都背出来，等以后再理解。比如《幼学琼林》这本书，就是我在私塾中由老姑丈亲授的，书中有许多人物传略、历史、地理常识等。那时我虽然不完全懂得其中的内容，但总觉得音节很美，上口容易，我就天天背诵，长大后就豁然贯通了。想不到就是这本《幼学琼林》对我后来研究建筑史及园林艺术起了很重要的作用，它是一本最概括的索引。要不是我孩提时代背熟了这本书，长大后需要检索类书就十分不方便了。

少年时的博闻强记，是增加、丰富知识的最好时光。我记得那时旧式人家，有门联、厅堂联、书房联、字屏及匾额。写的都是名句、格言等，朝夕相对，自然成诵。有时还了解了这些文人学者的成就及身世。至今老家的许多联屏，我还能背得一字不差。一处乡土有一处的历史，父老们在茶余酒后的清谈，使我得到很多的乡土历史知识，有时我还结合自己的学习，做点小考证。初中时，我已能参考点地方文献，写些传闻掌故之类的文章，开始投稿，赢得老师的好评，今日看来这些文章当然是相当幼稚的。

我中学时所读的语文课本，大多是商务印书馆、中华书局等出版的教科书，所选的内容是多方面的，有古文、语体文。古文中有经书的片段，有唐宋八大家的文章，还有晚明小品以及诗词等。语体文有梁启超的、鲁迅的、胡适的、陈衡哲的、朱自清的、徐志摩的。总之，从篇目中已能看出中国文学史的缩影。我早年一度做过浅薄的文学史研究工作，回想起来是得益于中学语文教师的严格训练与教育。他们不但讲解课文深入透彻，而且最重要的方法是要求学生把课文背出来，所以文学史上的一些精彩篇章全在我肚中了。例如《礼记·礼运篇》中的："大道之行也，天下为公"，梁启超的《志未酬》："但有进兮不有止，言志未酬便无志"等佳句就起了指导学生怎样做人的作用。鲁迅的《阿Q正传》，朱自清的《背影》，这两篇文章学了后，使我认识到旧社会的可憎，父子之情的伟大。还有名人传记，都教育学生要效法好的榜样。而那些朗朗上口的唐诗宋词，读起来比今天的"流行歌曲"不知要感人多少倍。那时的老师讲得透，学生背得熟，一辈子受用无穷。

我之后在大学学习，也没有废弃背书一节。考试时如果没有背的功夫，也考不上高分。今天大家学外文的劲头是大了，应该说是好现象。然而对祖国的语文，去背的人相对地差劲一些。我曾向中央反映过，考研究生，语文应是主试内容之一。不论哪种专业，大学一年级还是要读语文的，如果没有祖国文字的表达能力，亦就是说，怀才无口，终等于零。

如今电脑发展了，但不能使人脑退化。现在的电脑使用很方便，资料复印固然好，但中学语文教师对学生的严格要求仍不能放松。学语文，名篇不背，人脑的记忆功能不就退化了？读书人应尽量利用人的记忆功能。尤其是中小学生，学语文不读不背是不行的，作文光写点体会也是不行的。

梅兰芳、马连良等表演艺术家所以能不用扩音器，取得极佳的表演效果，这正是由于艺术大师们长期勤学苦练，这是那些手握麦克风的歌星们所无法比拟的。

如今，有的教师一上讲台，有些像做大报告，照脚本宣读，学生听听也就罢了。个别教师对教材尚未心领神会，讲起来当然就干巴巴了。说实话做老师的如果不下苦功，不花点力气去研究、熟悉课文，怎么教得好学生呢？我真佩服我们前辈的老师们，他们在十年寒窗中下了多大的苦功啊！

也许我调查得不够全面，有些语文教师不识繁体字，不辨平仄声，不知韵脚，一教韵文，但解文字，不知音节。个别大学中文系的教师也还存在这些现象，中小学语文教师就更不用说了。中国的文字，有形、有义、有声，是世界上特殊而俊秀的一种文字，做老师的应该理解它。我是理工科教师，不少日本的大学教师到中国来进修时带了汉诗，这些汉诗当然都是与建筑有关的，他们请教于我，如果我一无所知，怎么办呢？"学然后知不足，教然后知困。"倘能边教边学，还算是好的，最怕的是说一声"嗨，这是些老东西，封建的东西，落后的东西，淘汰的东西，不现代化了，过时了"，把祖国的文化拒之于门外。

中国的文章重"气"，这是与书画、建筑、园林、戏剧、医学等一样的，要重"气"。因此文章要朗诵，要背，得其气势。谚语说得好，"熟读唐诗三百首，不会作诗也会吟"，这里说的是重在"熟读"两字。学语文，不读不背不理解，要想做好文章，凭你的语法学得再好，也如缘木求鱼。我国著名的文学家可说全不是从语法学习中得到高水平的创作而成名的。语法不是不要学，学是为了检查自己的文章造句，合乎语法规律否，但不能靠语法来写文章。请原谅我今天讲句很不礼貌的话，很多语法老师语法是专家，可是写起文章来，也许不能令人满意。这到底是怎么一回事？恕我难言了，明理人自然知之。

几千年传下来的传统学习语文的方法，它培养了无数的文人学士，我们不能轻易地抛弃啊！白话文不等于白话，口语代替不了文章，学语法不是学作文的唯一方法。熟读《描写辞典》，写出来的文章可能还是牛头不对马嘴的。工具书是重要的，但不是唯一的书籍。读书没有捷径，最愚蠢的方法却带来最聪明的结果，事物就是这样在转化。

我是文科出身，自学改了行，做了三十多年建筑系教师。在中学教过语文、史地、图画、生物等，在大专学校教过美术史、教育史、美学、诗选等。在建筑系我教过建筑设计初步、图画、营造法、造园学、建筑史、园林理论等，并且还涉及考古、版本、社会学等方面的研究，可算是个杂家了。一九四九年前，我是为生活所迫，有课就得教，要教就得准备，不然如何面对学生？辛苦当然是辛苦的，然而这又迫使人拼命干，尤其对青年人来说，好处太多了。现在有些青年教师要开一堂新课，什么先进修、参观啦，花样太多了。温床上长不出参天大树，游击战士有时比正规军事学校的毕业生更善于作战，艰苦的环境能锻炼出人才。多方面的知识，是会有助于专业学术水平提高的。

最后，我得申明：上述谬论仅代表我个人的一些落后的，或不明现状的痴语而已，请读者原谅。我是面对现在青年人语文水平不够理想而发出的呼吁，并无他意。

（选自《陈从周散文》，花城出版社一九九九年版）

谈谈我的一些读书经验

陈垣

历史学家　学者

　　你们马上就要毕业了，本来我有很多话想说，但也不能一下都谈到，今天只谈谈有关读书的一些问题。这可能对你们毕业后在工作中自己进修时有所帮助。先谈一下我个人读书的经过。

　　十二岁以前，在学馆读"四书五经"，只是呆板地死背，不能背就挨打，只有用逃学一法来躲避。

　　十三岁发现张之洞的《书目答问》，书中列举很多书名，下面注着这书有多少卷，是谁所作，什么刻本好。我一看，觉得这是个门路，就渐渐学会按着目录买自己需要的书看。

　　十五岁广州大疫，学馆解散，因此不用学习科举的八股文，所以有时间读自己喜欢读的书，在三年时间里看了读了不少书，打下初步基础。

　　十八岁入京应试，因八股不好，失败。误听同乡一老先生的劝告，十九岁一面教书，一面仍用心学八股。等到八股学好，科举也废了，白白糟塌了两年时间。不过也得到一些读书的办法。有人问我当时读书是用什么办法，其实也没有什么别的办法，法子是很笨的，我当时就是"苦读"，也就是我们现在所说的刻苦钻研，专心致志，逐渐养成了刻苦读书的习惯。

　　科举废后，不受八股文约束，倒可以一面教书，一面读书。当时读书，就是想研究史学。中间有几年还学过西医，办过报纸，但读书和教书从未间断，因此《四库全书总目提要》读过好几遍。可惜《四库全书总目提要》所著录的书，许多在广州找不到。

辛亥革命后重入北京，当时热河文津阁《四库全书》移贮京师图书馆，因此可以补读从前在广州未见的书。如是者十年，渐渐有所著述。

我读书是自己摸索出来的，没有得到老师的指导，有两点经验，对研究和教书或者有些帮助：

一、从目录学入手，可以知道各书的大概情况。这就是涉猎，其中有大批的书可以"不求甚解"。

二、要专门读通一些书，这就是专精，也就是深入细致，"要求甚解"。经部如论、孟，史部如史、汉，子部如庄、荀，集部如韩、柳，清代史学家书如《日知录》《十驾斋养新录》等，必须有几部是自己全部过目常翻常阅的书。一部《论语》才一万三千七百字，一部《孟子》才三万五千四百字，都不够一张报纸字多，可见我们专门读通一些书也并不难。这就是有博，有约，有涉猎，有专精，在广泛的历史知识的基础上，又对某些书下一些功夫，才能作进一步的研究。

我们研究历史科学，需要知道的知识幅度很大，要了解古今中外，还要有自己较专门的学问。如果样样都去深钻，势必由于时间、精力有限，反使得样样都不能深，不能透。但是也不能只有专精，孤立地去钻研自己的专业，连一般的基础知识都不去注意，没有广泛丰富的知识，专业的钻研也将受到影响。学习历史也是如此，中国不是孤立于世界之外的，不了解世界历史，学中国史就必然受到限制，就不能很好地懂得中国。研究宋史，不知道整个中国历史发展过程，则宋史也学不通。研究任何朝代的断代史，都不能没有通史的知识作基础，也不能没有其他必要的各方面的知识。

不管学什么专业，不博就不能全面，对这个专业阅读的范围不广，就很像以管窥天，往往会造成孤陋寡闻，得出片面偏狭的结论。只有得到了宽广的专业知识，才能融会贯通，举一反三，全面解决问题。不专则样样不深，不能得到学问的精华，就很难攀登到这门科学的顶峰，更不要说超过前人了。博和专是辩证的统一，是相辅相成的，二者要很好地结合，在广博的基础上才能求得专精，在专精的钻研中又能扩大自己的知识面。

中国历史资料丰富，浩如烟海，研究的人，不可能也不必要把所有的书都看完，但不能不知道书的概况。有些书只知道书名和作用就可以了，有些书要知道简单的内容，有些书则要认真钻研，有些书甚至要背诵，这就是有的要涉猎、有的要专精。世界上的书多得很，不能都求甚解，但是要在某一专业上有所成就，也一定要有"必求甚解"的书。

同学们毕业之后，当然首先要把书教好，这是你们主要的任务；另外，在自修的时候，可以翻阅一下过去的目录书，如《书目答问》《四库提要全书总目》等。这些书都是前人所作，不尽合于现在使用，但如果要对中国历史作进一步的研究，看一看也还是有好处的。

懂得目录学，则对中国历史书籍，大体上能心中有数。目录学就是历史书籍的介绍，它使我们大概知道有什么书，也就是使我们知道究竟都有什么文化遗产，看看祖遗的历史著述仓库里有什么存货，要调查研究一下。如果连遗产都有什么全不知道，怎能批判？怎能继承呢？萧何入关，先收秦图籍，为的是可以了解其关梁厄塞、户口钱粮等，我们作学问也应如此，也要先知道这门学问的概况。目录学就好像一个账本，打开账本，前人留给我们的历史著作概况，可以了然，古人都有什么研究成果，要先摸摸底，到深入钻研时才能有门径，找自己所需要的资料，也就可以较容易地找到了。经常翻翻目录书，一来在历史书籍的领域中，可以扩大视野；二来因为书目熟，用起来得心应手，非常方便，并可以较充分地掌握前人研究成果，对自己的教学和研究工作都会有帮助。

有人说，有些青年基础知识差，这当然也是一个重要的问题。你们在校四年，虽然已经打下一些基础，但我们要更高地要求自己，今后还要在这方面多多注意。基础知识好比盖房时的地基，地基不打结实，房子就会倒塌。我国各行各业都有注意基本训练的优良传统，拳术、武术，初学时要花很多时间练好一招一式；戏剧科班，先学唱做念打，先练基本功。读书更是如此，古人读书，先背诵一些基本书籍，写字先学会拿笔和写字姿势，讲究横平竖直，作诗先学做联句对句，学习诗韵。研究一门科学，基本知识更是起码条件，不打好基础，就好像树没有根。当然前人对基本知识的要求与我们现在不同，但尽管有不同，而基本知识总是应当注意的。如学习历史，就必须学会阅读古文，要至少学会一种外语，而且要有一定的写作能力，这都是必不可少的。大家在哪些方面还没学好，今后还要在这方面多多努力。

要想获得丰富的知识，必须经过自己钻研和努力，知识没有现成的。只要踏踏实实地念书，就会有成绩，不要以为学问高不可攀，望而生畏，但也不能有不劳而获的侥幸思想。不管别人介绍多少念书经验，指出多少门径，别人总不能替你念，别人念了你还不会，别人介绍了好的经验，你自己不钻研、不下功夫，还是得不到什么。而且别人的经验也不见得就适用于自己，过去的经验，也不一定就适用于今天，只能作为参考，主要还是靠自己的刻苦努力。

读书的时候，要做到脑勤、手勤、笔勤，多想、多翻、多写，遇见有心得或查找到什么资料时，就写下来，多动笔可以免得忘记，时间长了，就可以积累不少东西，有时把平日零碎心得和感想联系起来，就逐渐形成对某一问题的较系统的看法。收集的资料，到用的时候，就可以左右逢源，非常方便。

（原载《中国青年》，一九六一年第十六期）

写与读

老 舍

作家

人民艺术家

要写作，便须读书。读书与著书是不可分离的事。当我初次执笔写小说的时候，我并没有考虑自己应否学习写作，和自己是否有写作的才力。我拿起笔来，因为我读了几篇小说。这几篇小说并不是文艺杰作，那时候我还没有辨别好坏的能力。读了它们，我觉得写小说必是很好玩的事，所以我自己也愿试一试。《老张的哲学》便是在这种情形下写出来的。无可避免的，它必是乱七八糟，因为它的范本——那时节我所读过的几篇小说——就不是什么高明的作品。

一边写着"老张"，一边抱着字典读莎士比亚的《韩姆烈德》。这是一本文艺杰作，可是它并没有给我什么好处。这使我怀疑：以我们的大学里的英文程度，而必读一半本莎士比亚，是不是白费时间？后来，我读了英译的《浮士德》，也丝毫没得到好处。这使我非常地苦闷，为什么被人人认为不朽之作的，并不给我一点好处呢？

有一位好友给我出了主意。他教我先读欧洲史，读完了古希腊史，再去读古希腊文艺，读完了古罗马史，再去读古罗马文艺……这的确是个好主意。从历史中，我看见了某一国在某一时代的大概情形，而后在文艺作品中我看见了那一地那一时代的社会光景，二者相证，我就明白了一点文艺的内容与形式都是事有必至，理有固然。不过，说真的，那些古老的东西往往教我瞪着眼咽气！读到半本英译的《衣里亚德》，我的忍耐已用到极点，而想把它扔得远远的，永不再与它谋面。可是，一位会读希腊原文的老先生给我读了几十行荷马，他不是读诗，而是在唱最悦耳的歌曲！大概荷马的音乐就足以使他不朽吧？我决定不把它扔出老远去了！他的《奥第赛》比《衣里亚德》更有趣一些——我的才力，假若我真有点才力的话，大概是小说的，而非诗歌的；《奥第赛》确乎有点像冒险小说。

希腊的悲剧教我看到了那最活泼而又最悲郁的希腊人的理智与感情的冲突，和文艺的形式与内容的调谐。我不能完全明白它们的技巧，因为没有看见过它们在舞台上"旧戏重排"。从书本上，我只看到它们的"美"。这个美不仅是修辞上的与结构上的，而也是在希腊人的灵魂中的；希腊人仿佛是在"美"里面呼吸着的。

假若希腊悲剧是鹤唳高天的东西，我自己的习作可仍然是爬伏在地上的。一方面，古希腊的三大悲剧家是世界文学史中罕见的天才，高不可及，一方面，我读了阿瑞司陶风内司（注：阿里斯托芬）的喜剧，而喜剧更合我的口胃。假若我缺乏组织的能力与高深的思想，我可是会开玩笑啊，这时候，我开始写《赵子曰》——一本开玩笑的小说。

在悲剧喜剧之外，我最喜爱希腊的短诗。这可只限于喜爱。我并不敢学诗。我知道自己没有诗才。希腊的短诗是那么简洁，轻松，秀丽，真像是"他只有一朵花，却是玫瑰"那样。我知道自己只是粗枝大叶，不敢高攀玫瑰！

赫罗都塔司（注：希罗多德），赛诺风内（注：色诺芬），与修西地第司（注：修昔底德）的作品，我也都耐着性子读了，他们都没给我什么好处。读他们，几乎像读列国演义，读过便全忘掉。

古罗马的作品使我更感到气闷。能欣赏米尔顿的，我想，一定能喜爱乌吉尔。可是，我根本不能欣赏米尔顿。我喜爱跳动的、天才横溢的诗，而不爱那四平八稳的功力深厚的诗。乌吉尔是杜甫，而我喜欢李白。罗马的雄辩的散文是值得一读的，它们常常给我们一两句格言与宝贵的常识，使我们认识了罗马人的切于实际，洞悉人情。可是，它们并不能给我们灵感。一行希腊诗歌能使我们沉醉，一整篇罗马的诗歌或散文也不能使我们有些醉意——罗马伟大，而光荣属于希腊。

对中古时代的作品，我读得不多。北欧、英国、法国的史诗，我都看了一些，可是不感兴趣。它们粗糙，杂乱，它们确是一些花木，但是没经过园丁的整理培修。尤其使我觉着不舒服的是它们硬把历史的界限打开，使基督前的英雄去做中古武士的役务。它们也过于爱起打与降妖。它们的历史的、地方的、民俗的价值也许胜过了文艺的，可是我的目的是文艺呀。

使我受益最大的是但丁的《神曲》。我把所能找到的几种英译本，韵文的与散文的，都读了一过儿，并且搜集了许多关于但丁的论著。有一个不短的时期，我成了但丁迷，读了《神曲》，我明白了何谓伟大的文艺。论时间，它讲的是永生。论空间，它上了天堂，入了地狱。论人物，它从上帝，圣者，魔王，贤人，英雄，一直讲到当时的"军民人等"。它的哲理是一贯的，而它的景物则包罗万象。它的每一景物都是那么生动逼真，使我明白何谓文艺的方法是从图像到图像。天才与努力的极峰便是这部《神曲》，它使我明白了肉体与灵魂的关系，也使我明白了文艺的真正的深度。

文艺复兴时期的作品永远给人以灵感。尽管阿比累是那么荒唐杂乱，尽管英国的戏剧是那么夸大粗壮，可是它们教我的心跳，教我敢冒险去写作，不怕碰壁。不错，浪漫派的作品也往往失之荒唐与夸大，但是文艺复兴的大胆是人类刚从暗室里出来，看到了阳光的喜悦，而浪漫派的是失去了阳光，而叹息着前途的黯淡。文艺复兴的啼与笑都健康！

因为读过了但丁与文艺复兴的文艺，直到如今，我心中老有个无可解开的矛盾：一方面，我要写出像《神曲》那样完整的东西；另一方面，我又想信笔写来，像阿比累那样要笑就笑个痛快，要说什么就说什么。细腻是文艺者必须有的努力，而粗壮又似乎足以使人们能听见巨人的狂笑与嚎啕。我认识了细腻，而又不忍放弃粗壮。我不知道站在哪一边好。我写完了《赵子曰》。它粗而不壮。它闹出种种笑话，而并没有在笑话中闪耀出真理来。

《赵子曰》也会哭会笑，可不是巨人的啼笑。用不着为自己吹牛啊，拿古人的著作和自己的比一比，自己就会公平的给自己打分数了！

在我做事的时候，我总愿意事前有个计划，而后一一地"照计而行"。不过，这个心愿往往被一点感情或脾气给弄乱，而自己破坏了自己的计划。在事后想起自己这种愚蠢可笑，我就无可如何地名之为"庸人的浪漫"。在我的作品里，我可是永远不会浪漫。我有一点点天赋的幽默之感，又搭上我是贫寒出身，所以我会由世态与人情中看出那可怜又可笑的地方来；笑是理智的胜利，我不会皱着眉把眼钉在自己的一点感触上，或对着月牙儿不住地落泪，因此，我很喜欢十七八世纪假古典主义的作品。不错，这种作品没有浪漫派的那种使人迷醉颠倒的力量；可是也没有浪漫派的那种信口开河，唠里唠叨的毛病。这种作品至少是具有平稳，简明的好处。在文学史中，假古典主义本来是负着取法乎古希腊与罗马文艺的法则而美化欧西各国的文字的责任的；对我，它依样的还有这个功能——它使我知道怎样先求文字上的简明及思路上的层次清楚，而后再说别的。我佩服浪漫派的诗歌，可是我喜欢假古典派的作品，正像我只能读咏唐诗，而在自己作诗的时候却取法乎宋诗。至于浪漫派小说，我没读过多少，也不想再读。假若我在十六七岁的时候就接触了浪漫派的小说，我也许能象在十二三岁时读《三侠剑》与《绿牡丹》那样的起劲入神，可是它们来到我眼中的时候，我已是快三十岁的人，我只觉得它们的侠客英雄都是二簧戏里的花脸儿，他们的行动也都配着锣鼓。我要看真的社会与人生，而不愿老看二簧戏。

一九二八年至二九年，我开始读近代的英法小说。我的方法是：由书里和友人的口中，我打听到近三十年来的第一流作家，和每一作家的代表作品。我要至少读每一名作家的"一"本名著。这个计划太大。近代是小说的世界，每一年都产生几本可以传世的作品。再说，我并不能严格地遵守"一本书"的办法，因为读过一个名家的一本名著之后，我就还想再读他的另一本；趣味破坏了计划。英国的威尔斯，康拉德，美瑞地茨，和法国的福禄贝尔与莫泊桑，都拿去了我很多的时间。在这一年多的时间中，我昼夜地读小说，好像是落在小说阵里。它们对我的习作的影响是这样的：一、大体上，我喜欢近代小说的写实的态度，与尖刻的笔调。这态度与笔调告诉我，小说已成为社会的指导者，人生的教科书；它们不只供给消遣，而是用引人入胜的方法作某一事理的宣传。二、我最心爱的作品，未必是我能仿造的。我喜欢威尔斯与赫胥黎的科学的罗曼司，和康拉德的海上的冒险，但是我学不来。我没有那么高深的学识与丰富的经验。"读"然后知"不足"啊！三、各派的小说，我都看到了一点，我有时候很想仿制。可是，由多读的关系，我知道摹仿一派的作风是使人吃亏的事。看吧，从古至今，那些能传久的作品，不管是属于哪一派的，大概都有个相同之点，就是它们健康，崇高，真实。反之，那些只管作风趋时，而并不结实的东西，尽管风行一时，也难免境迁书灭。在我的长篇小说里，我永远不刻意地摹仿任何文派的作风与技巧；我写我的。在短篇里，有时候因兴之所至，我去摹仿一下，为是给自己一点变化。四、多读，尽管不为是去摹仿，也还有个好处：读的多了，就多知道一些形式，而后也就能把内容放到个最合适的形式里去。

回国之后，我才有机会多读俄国的作品。我觉得俄国的小说是世界伟大文艺中的"最"伟大的。我的才力不够去学它们的，可是有它们在心中，我就能因自惭才短的希望自己别太低级，勿甘自弃。

对于剧本，我读过不多。抗战后，我也试写剧本，成绩不好是无足怪的。

文艺理论是我在山东教书的时候，因为预备讲义才开始去读的；读的不多，而且也没有得到多少好处。我以为"论"文艺不如"读"文艺。我们的大学文学系中，恐怕就犯有光论而不读的毛病。

读书而外，一个作家还须熟读社会人生。因为我"读"了人力车夫的生活，我才能写出《骆驼祥子》。它的文字，形式，结构，也许能自书中学来的；他的内容可是直接的取自车厂，小茶馆与大杂院的；并没有看过另一本专写人力车夫的生活的书。

（原载《文哨》第一卷第二期，一九四五年七月）

　　生活中有些事虽小，却使人难以忘怀。一九六八年冬，我被横加罪名关进上海思南路的一个看守所。狭小的监房里，经常席地坐着两人至四人，拥挤郁闷，度日如年。我那打发时光的有效办法，便是像老僧入定似地默默吟诵古人诗词名作，通过形象思维，使心境与诗境融合为一，便有顿忘身在何处之感。终日对面的一位难友，同样受政治迫害，也是古典文学的爱好者，他见我嘴唇微微翕动，自得其乐，不觉发生兴趣，便向我求教一些他未曾读过的名诗佳句。每背熟一首，他就偷偷把诗首两字记在草纸上，反复欣赏。半年过去了，积少成多，他竟能重新背得五六百首旧诗来。一次他问我："你肚子里究竟还有多少诗！"我笑答："照这样进度，大概还能同你再蹲两年班房。"遗憾的是，不久我就先被释放了。临别前他动情地说："亏得你的好记忆力，我这半年牢没有白坐。"

　　在此，我倒不是有意炫耀自己的记忆力；我只是想谈点个人粗浅的体验，即艰苦的境遇怎样培养和训练一个人的大脑智能，突出地表现在知识的记忆存储上。当然，说来也很惭愧：在旧社会，贫穷剥夺了我青少年时代受正规学校教育的机会，我并没有读过任何小学、中学、大学，一生和正式学校文凭无缘，我走的基本上是一条刻苦自学的崎岖道路。

我的童年充满了凄凉和孤苦。一九〇七年，我出生在湖南湘潭县城对面的杨梅洲。母亲生过六个儿女，四个殇亡，只有我和大姐侥幸存活。我家祖辈都是贫苦农民，唯独父亲鹤云一人自幼聪颖，耕耘之余，苦攻诗书，二十余岁便连中秀才、举人，一八九五年进京会试，曾参加康有为发动的"公车上书"。父亲性喜豪饮高咏，广结交游，郭人漳、赵声、黄兴、杨度、齐璜、龚心湛等人都是他早年朋友。当我周岁那年，即一九〇八年十二月，黄兴在广西钦廉上思发动起义，事先想策动钦廉道尹兼新军统领郭人漳内应。郭佯与周旋，暗中却准备逮捕告密，以邀功赏。父亲时佐幕府，却违反郭意，乘机放走黄兴，致与郭发生龃龉，并因此悒郁不欢，不久竟患疟疾死去。父亲一生清廉，身后萧条，除几箱书籍衣物，未留下半亩田地，一间房屋。可怜寡母孤儿只能投奔远乡堆子山一个宾姓的姐丈家中，从此过着寄人篱下的生活。

　　从谙事的时候起，我受到的就是地主富儿们的欺凌。郁郁寡欢的生活却使我很早就对先父遗下的那几大箱线装古书发生了浓厚的兴趣。五岁那年，母亲节衣缩食，将我送进离家不远的一家私塾开始发蒙。从这到十二岁的七年间，我先后换读三所私塾，塾师水平既后来居上，我也愈以成绩优秀异于群儿，渐渐地，私塾所教的从《三字经》《千字文》到"四书五经"之类已不能满足我的胃口。幸运的是，我有父亲留下的那几大箱藏书，对我来说，简直就是一个"涵芬楼"。这里既有部分先秦诸子、《十三经注疏》《史记》《汉书》，也有《资治通鉴》《昭明文选》《古文辞类纂》等，还有唐宋名家诗词选本，以及少数近代著作，如《庸书》《校邠庐抗议》《盛世危言》，类书则有《子史精华》《增广策府》等。这些都是在乡间不可多得的书林瑰宝、知识渊府，为我打开了无比广袤的天地。我翻呵，读呵，简直不知天高地厚，终日手不释卷；但家里无钱买油，到了夜晚总是灯光不继。好在姐丈家邻居经常聚赌打牌，两盏美孚油灯照得通明。我场场必到，搬只小凳蹲在门槛或桌角看书。看得入迷，屋内吵闹全然不顾。有一次赌徒们输钱相殴，直到有人逃出门槛，踏在我身上几乎绊了一跤，我才如梦初醒。那时候我只是为了借光读书，没有想到这种噪声锻炼还使我受益不浅，以后但用脑或写东西，环境清静固然好，即便嘈杂不堪，也不能使我注意力分散。

除了经史诗文，先父还留下不少碑帖、书法真迹。当中我最爱右军、怀素草书，大而一套《淳化阁帖》，小而一部《草字汇》，都够我常日悉心揣摩研习的。没钱买纸，我就端一碗水到宾姓祠堂的大厅前，伏在冰冷的青石阶地上挥毫练字。冬日寒风凛冽，写在石板上的水迹即刻冻成薄冰。我手背红肿，仍不停地练呵练呵。至今我书写小楷也还能悬手运笔的功底，恐怕就是当时练就的。

七年的私塾生涯，我主要依靠自学，习读了各种经史诗文。当时学习所热衷致力的，一是贪多务得，二是烂熟于心。所谓贪多务得，便是拿到书就硬着头皮死啃，从佶屈聱牙的《尚书》《周易》到绚丽多彩的唐宋诗词，无不终日捧诵，一有所得，欣然忘返。当时我这样做，是因为穷乡僻壤无良师指导，只有见书便翻，摸索前进，虽不免走些弯路，但现在感到也有好处。中国古代文化思想的特点是熔文、史、哲为一炉，由于广泛阅读，便可避免知识结构的单一；同时多方涉猎有关古代历史文化的各方面，再向某一学科专攻，也大可取得全面联系和重点突破的功效。当然，贪多务得倘不能熟记于心，则还是贪多不得。而烂熟于心，则依靠反复背诵，务求甚解。常有人反对师塾式的死记硬背，把它归之为一种"笨拙的教学方法"。事实上，启发式固然重要，但死记硬背在童年学习中也不能缺少。通过死记硬背贮存在大脑中的知识信息一时可能无用，但随着年龄增长和理解力加强，便会在各种知识的联系、综合中发挥作用。中国素有"博闻强志"的传统，而西方也有"你记住多少，就知道多少"的谚语。"少而好学，如日出之阳"，充分利用少年时代较强的机械记忆力确很重要。特别对于从事人文科学的人来说，往往需要长期甚至毕生的努力方能见成效，而其间记忆力的好坏尤关重要。因为人过中年，近期记忆逐渐衰弱，而远期记忆仍然保持，故对往事印象深刻，这时候就有赖于青少年时期的记忆储存了。青少年时期记忆越富，则中老年时期做学问就越得其便。现在有不少知识青年很注意搜集和储存资料，有的甚至做了上百万字的卡片。个别同学曾问及我这方面的经验。我告诉他们："最有效的仓库不是卡片箱，而是自己的大脑。卡片再多，不去记住，又有何用？"我青少年自学时卡片做得不多，但写下一张，就务求熟记一张。人脑的信息储存量可以是惊人的，而记忆力的优劣也完全能依靠后天的训练。据专家研究，经过刻苦训练，人的记忆可以增强三到五倍。童年时通过死记硬背所培养起来的记忆力，使后来受用不浅，是我在贫苦自学途中体验最深的一点。

当我十三岁那年，中国爆发了举世震惊的五四运动，新思潮也波及我所生活的湖南乡村。我开始不满足于陈旧的古文经史，为追求新学知识，我只身离家，在湘潭和长沙先后就读三所私办的英数理化补习学校，每每以成绩优异而越级卒业。

记得十四岁时曾参加湘潭益智学校论文比赛。我自拟题目《论孔子在新文化运动中的地位》，繁征博引，洋洋万言，获得第一名奖。文章内容，针对五四运动后一种全盘否定孔孟学说的倾向，通过分析论证，大意谓孔子思想构成了中国几千年独特的历史文化传统和民族心理结构，应该把历代君王利用孔学为统治术同孔学本身的思想价值区别开来，未可一概接受，也不应全盘否定。其时我不曾学过唯物史观，因此文章中还有模糊观点，比如将孔子"大道之行也，天下为公"的"大同"世界拿来同共产主义相提并论。但是在研究方法上，我一开始就注意把过去所学的经史古文等旧学知识同新思想联系起来加以分析，从历史的总体角度去考查和评价某个思想家和各种文化现象。想不到十四岁时的这篇处女作，却已暗示出我今后治学的倾向了。

在长沙协均学校补习部，我时常为《协均周刊》撰文。主编是中学部的史地教师杨东莼先生，他很为赞赏，同我商榷问题，结为文友。

在广雅补习学校我被选为学生会评议长，时左权同志与我同班，也担任学生会一名总干事，每有学潮，积极参加。一九二三年夏，长沙发生日舰水兵打死中国人的"六一惨案"，我们带领广雅学生随示威队伍包围省长赵恒惕官邸，迫使他出来接受抗议。也是在这一次运动中，我认识了郭亮同志。

以后很多次，我挤进广场人群听过毛泽东、夏曦等同志的讲演，这一切都在我思想深处起着潜移默化的作用。

当我十七岁从广雅补校越级毕业时，家中已无钱供我继续升学，为谋生糊口，奉养贫病寡母，我被迫含泪弃学了。适逢湖南邮务管理局招考邮务员，虽要求极高，须年满二十岁，持有大学文凭，但应考者仍人头济济。我可说一个条件也不符合，但经教师极力推荐，获准跟随百多名大学毕业生参加了几场考试。英数史地成绩合格，突出的是一篇论文《屈原贾谊合论》，备受赞赏，想不到我竟以第二名被破格录取了。

那时的邮政和海关一样，完全操纵在帝国主义分子手里。我虽年纪轻轻就跻入高级职员行列，拿到了不少人歆羡的"铁饭碗"，但我看不惯也不屑于去做对洋上司那副阿谀奉承的丑态。唯一好处是，月薪银洋近百元，我可以大量购买各类新旧书籍，从自然科学到哲学社会科学都急不暇择地给予广泛的涉猎。工作之余，我全部身心可说都扑在书堆里进行着不知疲倦的阅读和钻研。这样时间有两年多，而一旦发现和接触到长沙文化书社（毛泽东同志早期活动的产物），我的兴趣又开始转移了。马克思主义理论强烈地吸引着我，凡所有这类书籍，都千方百计弄来研读。

为了系统化地掌握马克思主义理论，我制订了一个较详的研习规划，目的是"特别注重根据唯物史观之见解以观察分析解释一切现象"，并使"零碎纷乱的知识化为有系统而完备之知识"。想当初真还有些雄心勃勃，光研究范围仅社会科学和现代革命两项就包括十七个科目，对研究科目的主次顺序、占用时间以及具体的方法都作了严格的规定。因所学内容太多，为避免精力分散，我采用"主攻击"的办法，并有三个"不做"，即大纲上没有计划的事不做，一件事未了其他事不做，今天的事不放到明天做。除了对每一本重点阅读的著作细细做下笔记外，我又发挥童年就养成习惯的死记硬背，口袋里装满卡片，随时摸出来背诵一段。早起和临睡，我都用一个小时去默诵当天所学的要义。有时我把小册子偷偷带到写字间，用账本公文盖住，趁洋大班不注意，就读上几页。回想当时读书真有一种"恐鹈鴂之先鸣"的紧迫感，可说到了废寝忘食的地步。

　　然而正是马克思主义理论使我眼界大开。它使我清算了自己过去那些幼稚模糊的学术观点，将已有的新旧知识综合化、系统化。我似乎爬上一座高峰，居高临下地观察历史和国故，深深感到只有唯物史观和唯物辩证法才是最科学的治学武器；而"朝闻道，夕死可矣，"这种守死善道、积极用世的思想，则可说我是从小就在书本里受过影响的。正是这样，一九二七年大革命的狂潮终于把我卷入时代激流的漩涡。

　　"书呆子"的一生，做学问愧无成就，但自问酷爱读书学习这一点，却至老未变。有时回忆起当年"荒村十里鸣蛙夜，一点青灯伴读书"的艰苦自学的情景，仿佛仍在眼前。在此社会主义的大好时代，又怎能不更加激励我为祖国四化贡献衰年的决心呢？

一九八二年三月十二日

（选自《治学集》，上海人民出版社一九八三年版）

　　本书所选文章跨度较大，部分是民国时期的旧作，其中有些词句用法与习惯与现在略有不同，为尊重原作，保持原貌，均不作改动；其次，有关数字，有些文章用的是汉字数字，有些文章用的是阿拉伯数字，现均统一用汉字数字。

　　此外，所选文章不少是年代久远的旧期刊上的，但也有好几篇是二十世纪八九十年代的，我们无法联系上作者，但又不忍割舍。如果作者见到此书，盼能与我们联系，电子邮箱：pgl2020@163.com（彭国梁收）。我们将按有关规定奉寄薄酬和样书。再致谢忱！